文明探源与古史重建：
李济学术思想研究

陈广华　著

中国书籍出版社
China Book Press

图书在版编目(CIP)数据

文明探源与古史重建:李济学术思想研究/陈广华著.--北京:中国书籍出版社,2024.11.

--ISBN 978-7-5241-0118-5

Ⅰ.K825.81

中国国家版本馆 CIP 数据核字第 2024SK1211 号

文明探源与古史重建:李济学术思想研究

陈广华　著

策划编辑	成晓春
责任编辑	李　新
封面设计	守正文化
责任印制	孙马飞　马　芝
出版发行	中国书籍出版社
地　　址	北京市丰台区三路居路 97 号(邮编:100073)
电　　话	(010)52257143(总编室)　(010)52257140(发行部)
电子邮箱	eo@chinabp.com.cn
经　　销	全国新华书店
印　　刷	北京市怀柔新兴福利印刷厂
开　　本	710 毫米×1000 毫米　1/16
字　　数	305 千字
印　　张	18
版　　次	2025 年 5 月第 1 版
印　　次	2025 年 5 月第 1 次印刷
书　　号	ISBN 978-7-5241-0118-5
定　　价	68.00 元

版权所有　翻印必究

目 录

绪 论 ·· 1

第一章 李济的生平与学术渊源 ······································ 9
第一节 生平概述 ·· 9
第二节 治学背景 ·· 14
第三节 学术渊源 ·· 19

第二章 挖掘出中国的历史：李济的科学发掘历程 ············ 25
第一节 西阴村遗址发掘 ·· 26
第二节 殷墟与城子崖发掘 ······································· 32

第三章 人类学派的古史学家：李济的考古人类学思想 ····· 56
第一节 李济的考古学思想 ······································· 56
第二节 李济的人类学思想 ······································· 74
第三节 创建中国现代器物学的基础 ·························· 93

第四章 考古学中的历史感：李济的新史学思想 ··············· 121
第一节 正当的历史观 ··· 122
第二节 全新的史料观 ··· 126
第三节 史学方法 ··· 129
第四节 史学境界 ··· 135
第五节 中国上古史重建之路 ··································· 138

第五章 让科学在中国生根：李济的科学情怀 ·················· 167
第一节 "道森氏·晓人"案件 ··································· 167

第二节　李约瑟之问与科学思想的推进……………………171
　　第三节　以身作则推进科学……………………………………182

第六章　追求走出书斋的学问：李济的治学特色…………………194
　　第一节　李济谈治学……………………………………………194
　　第二节　李济的治学特色………………………………………201

参考文献……………………………………………………………………217

附　录………………………………………………………………………233

后　记………………………………………………………………………275

绪　论

一、选题由来与意义

李济先生是中国近代科学考古的奠基人之一,被誉为"考古学之父""人类学派的古史学家""考古人类学宗师"。他所领导的西阴村遗址发掘、城子崖遗址发掘和殷墟发掘,开辟了以科学考古重建古史的新路。他是中国具有近代考古学思想的第一个人、第一位人类学博士,其主持的考古发掘奠定了中国现代考古学的基础,其主编的考古学刊物成为现代中国考古学的必读文章。

在中西文化的双重影响下,李济的学术世界既有人类学倾向,又有史学倾向,深刻影响了中国考古学、人类学、历史学、民族学等学科发展。尤其是,在 20 世纪中国学术转型中,考古学能在短期内成为一门与国际接轨的现代科学,则不能不首先归功于李济及其领导的殷墟团队。

20 世纪 80 年代以前,学界关于李济考古学成就的论述相对较少。改革开放以后,大陆学界才开始关注李济,使实事求是地评价李济成为可能。但与李济的学术地位和影响相比,李经研究仍显不足,系统深入阐述者并不多。

关于其著作目录的介绍,以及他的学行纪略,可参阅两本著作:一是张光直、李光谟编的《李济考古学论文选集》后记;[①]二是其长子李光谟撰《李济先生学行纪略(未定稿)》,收录在北京大学考古系编《考古学研究(二)》[②]。由于张光直是李济在台湾大学考古人类学系的高足,而李光谟

[①] 张光直,李光谟.李济考古学论文选集[M].北京:文物出版社,1990.
[②] 北京大学考古系.考古学研究(二)[M].北京:北京大学出版社,1994.

是其长子,故他们对李济的生平及著作了解较为全面。

李济学术研究结合历史文献,与考古学、人类学结合,以文明探源与古史重建为宗旨。对于李济的学术成就,绝大多数学者集中于其考古学或体质人类学成绩,而对李济的考古思想、人类学思想和科学情怀涉及较少,很少对他的古史重建之路作系统讨论。因此,对李济的学术世界进行观念史考察,无论是对中国史学史、中国现代考古学史研究本身,还是总结其跨学科研究经验,均有一定的学术价值和现实意义。

鉴于此,本著试图从学术史、思想史角度,结合中国近现代思想发展背景,对李济的学术世界做一个全盘通论,对李济的考古人类学思想、古史观、文明观、科学观进行全面研究。以"同情之了解"走进李济的思想世界,努力勾勒其一生的学术概貌与学思历程,为学界了解中国现代考古学史的一个重要侧面,提供一些有价值的学术参考。

二、学术史回顾

目前,李济的学术世界研究取得的一些成果,主要体现在以下三个方面:

一是关于李济生平、著述方面:胡厚宣的《李济〈安阳〉中译本序言》[①]一文,概述了李济的学术历程和著述情况;李光谟的《为了人类知识的增进和传播:考古学宗师李济传略》[②]梳理了李济的学术历程;韩俊红的《追忆中国考古学之父李济先生》[③]一文,对李济的学术人生进行了通盘研究。

二是关于李济学术思想方面:刘文锁的《论李济》[④]一文,以李济的学术背景为切入点,探析了李济的学术思想内涵及其渊源;陈星灿的《李济

---

① 胡厚宣.李济《安阳》中译本序言[J].中原文物,1989(1):60-62,70.
② 李光谟.为了人类知识的增进和传播——考古学宗师李济传略[J].东南文化,1998(1):8-20.
③ 韩俊红.追忆中国考古学之父李济先生[J].学术界,2008(5):233-236.
④ 刘文锁.论李济[J].考古,2005(3):86-94.

与安特生:从高本汉致李济的三封信说起》①一文,阐述了中国考古学初期的发展脉络。张立东的《李济与西阴村和夏文化》②一文,探讨了李济西阴发掘的动机,并对"仰韶即夏文化"的问题作了讨论。查晓英的《"正当的历史观":论李济的考古学研究与民族主义》③一文,论述了李济历史观的人类学特色,并与傅斯年的古史观进行比较;其《李济的中国民族史研究:"去民族化"与"发展科学"》④概述了李济的中华民族形成问题研究成果,揭示了民族文化个性与科学普遍特性之间的矛盾与消解。徐新建的《科学与国史:李济先生民族考古的开创意义》⑤一文,从中国文明的立场出发,考察了李济对中华民族起源与发展问题的开创成果;张子辉的《李济民族史观探析》⑥等一文,考察了李济思想中的民族史观;李如东的《超越方法论民族主义:从李济中国早期文明研究反观亚欧民族学问题》⑦一文,分析了李济从自然史的角度出发,将中国早期文明架构在环太平洋文明空间,超越了方法论民族主义的困境,有助于考察中国文明在亚欧文明世界中的多元一体格局;刘楠楠的《民国时期中央研究院发掘殷墟相关史料一组》⑧一文,选辑了发掘殷墟期间,史语所与河南省政府、中央古物保管委员会等之间的来往函电89通,其中包括李济与蔡元培、杨杏佛、傅斯年、许寿裳等人的来往信函,对了解李济与殷墟发掘事业大有裨益;钟倩的《李济与城子崖遗址的发掘》⑨一文,分析了李济由安阳转战

---

① 陈星灿,马思中.李济与安特生——从高本汉致李济的三封信谈起[J].考古,2007(2):75-87.
② 张立东.李济与西阴村和夏文化[J].华夏考古,2003(1):95-99.
③ 查晓英."正当的历史观":论李济的考古学研究与民族主义[J].考古,2012(6):82-92.
④ 查晓英.李济的中国民族史研究:"去民族化"与发展科学[J].中山大学学报(社会科学版),2012(6):119-129.
⑤ 徐新建.科学与国史:李济先生民族考古的开创意义[J].思想战线,2015(6):1-9.
⑥ 张子辉.李济民族史观探析[J].青海师专学报.教育科学,2004(6):230-233.
⑦ 李如东.超越方法论民族主义:从李济中国早期文明研究反观亚欧民族学问题[J].西北民族研究,2023(3):26-39.
⑧ 刘楠楠.民国时期中央研究院发掘殷墟相关史料一组[J].民国档案,2022(2):5-32.
⑨ 钟倩.李济与城子崖遗址的发掘[J].春秋,2023(2):61-64.

城子崖的原因,概述了李济参与城子崖发掘的历程与功绩;安可、叶娃的《中国考古的类型学》①一文,分析了李济受到梁思永的启发,提出了以量化物理属性为基础的考古学器物分类法,发明了一个由颜色、材料、制作以及装饰连结组成的"类型公式",进而发展成为一种型式分类系统;刘中伟的《李济晋南汾河流域考古调查和西阴村发掘的学术目的》②一文,指出李济汾河流域考古调查以晋南为夏朝早期王都的文献记载为线索,目的是为重建夏朝历史寻找考古证据,进而研究仰韶文化来源以及与中国历史时期文化的关系;刘斌、马文灵的《美国弗利尔美术馆所藏英文版〈西阴村史前的遗存〉研究》③一文,从内容、注释、图版、附录等方面,详细梳理了西阴村遗址发掘中英文报告的差异,并分析了英文版报告未出版的原因。杨天通的硕士论文《李济的考古学理论与实践》④,剖析了李济上古史重建的理论和实践,试图揭示其考古学理论的形成脉络;钟江华的硕士论文《李济与中国近代考古学之构建》⑤,分析了李济与中国科学考古学的建构历程;王晓庆的硕士论文《论李济科学考古思想的建构》⑥,着重叙述了李济科学考古思想的建立与实践,深入分析了其考古思想体系中的科学因素;朱茉丽的硕士论文《试论李济中国上古史重建的路向与方法》⑦,考察了李济由人类学到考古学的学术转型,并分析了其上古史重建的成果形态和性质,涉及其在上古史重建方面的观念、方法等方面取得的探索性贡献,揭示了其在中国考古学基本范式构建上的开创意义;朱茉

---

①安可,叶娃.中国考古的类型学[J].南方文物,2023(3):248-256.
②刘中伟.李济晋南汾河流域考古调查和西阴村发掘的学术目的[J].江汉考古,2023(5):139-144.
③刘斌,马文灵.美国弗利尔美术馆所藏英文版《西阴村史前的遗存》研究[J].考古,2023(6):107-120.
④杨天通.李济的考古学理论与实践[D].上海:华东师范大学,2011.
⑤钟江华.李济与中国近代考古学之构建[D].南昌:江西师范大学,2011.
⑥王晓庆.论李济科学考古思想的建构[D].武汉:湖北大学,2014.
⑦朱茉丽.试论李济中国上古史重建的路向与方法[D].济宁:曲阜师范大学,2013.

丽的《徘徊在科学化追求与民族情感之间——李济学术思想探析》①一文,探讨了李济的科学化追求与民族情感二者之间的碰撞与紧张关系,以及用独特的科学普适性观点缓解二者紧张关系的尝试。

李济去世后,弟子张光直的《人类学派的古史学家——李济先生》②一文,探讨了李济古史研究的人类学方法特色与实事求是的治学态度;许倬云的《李济之先生逝世十周年纪念》③一文,分析了李济的考古学成就,深情回忆了先生对自己学业、工作方面的提携与影响;宋文薰的《我国考古学界的老前辈李济博士》④,对李济的生平、学业和著作做了详细介绍;李亦园的《悼念李济之先生》⑤详细阐述了李济的学问事功,凸显了先生的科学精神和严肃教风;芮逸夫的《悼念李济之先生兼述其在体质人类学上的贡献》⑥一文,简略介绍李济在体质人类学上的贡献,及其对体质研究方面的理想是"全国各省都能有体质测量资料";唐美君的《悼念济之师》⑦一文,回忆了跟随先生学习人类学、史前史以及担任中国东亚学术研究计划委员会秘书的经历,认为其"学问要坐着做"的治学精神及坚韧毅力最令人敬佩;黄士强的《李济老师的治学态度》⑧一文,认为先生"科学、客观、思考周密而严谨"的治学态度最值得景仰;李光周(李济的养子)在《洞洞馆里的思念》⑨一文中,回忆了先生的言传身教,使其懂得"责任"对为人处世的重要性,养成了"向上""重来的勇气""节俭"以及"谦虚"等优良品质。

---

① 朱茉丽.徘徊在科学化追求与民族情感之间——李济学术思想探析[J].史学史研究,2017(2):42-50.
② 张光直.考古人类学随笔[M].北京:生活·读书·新知三联书店,1999.
③ 许倬云.许倬云问学记[M].桂林:广西师范大学出版社,2008.
④ 宋文薰.我国考古学界的老前辈李济博士[J].百科知识,1980(6):22-23.
⑤ 李亦园.师徒·神话及其他[M].台北:正中书局,1983.
⑥ 芮逸夫.悼念李济之先生兼述其在体质人类学上的贡献[J].人类与文化,1979(13):4-7.
⑦ 唐美君.悼念济之师[J].人类与文化,1979(13):10-11.
⑧ 黄士强.李济老师的治学态度[J].人类与文化,1979(13):11-12.
⑨ 李光周.洞洞馆里的思念[J].人类与文化,1979(13):13.

三是关于李济考古学方法方面:汤惠生师的《中国考古类型学的形成与发展——考古类型学系列研究之二》①,分析了李济器物分类的"序数法",在肯定其开创之功的同时,也指出了其方法对类型学研究的消解:即出色的类型学研究与分类无关;陈畅的《三位中国考古学家类型学研究之比较》②一文认为,李济的类型学研究受到人类学方法的影响,同时探讨了李济考古学方法与本土学者的不同;张森水的《李济先生与周口店研究——纪念李济先生诞辰100周年》③一文,从考古方法角度论述了李济与周口店发掘的关系;陈星灿的《中国史前考古学史研究(1895—1949)》④一书认为,李济的器物分类主要借用的是体质人类学方法,指出了其在当时的意义、地位及不足。

此外,关于李济的著作方面,李光谟和张光直主编的《李济文集》⑤,成为目前研究李济最主要、最全面的资料。此外还有李光谟的《李济与清华》⑥《从清华园到史语所——李济治学生涯琐记》⑦。岱峻的学术传记《李济传》⑧全面梳理了李济的人生历程,对其学术交游着墨较多,资料丰富、论述客观,影响甚广。查晓英的《中国现代考古学的思想谱系》⑨,分析了李济学术研究的立场、态度和方法,梳理了中国现代考古学的思想谱系;徐玲的《留学生与中国考古学》⑩概述了李济的考古人类学思想与方法,认为其深受美国"历史特殊论"的影响。黄尚明的《中国考古学之

---

① 汤惠生.中国考古类型学的形成与发展——考古类型学系列研究之二[J].文博,2006(05):21-29.
② 陈畅.三位中国考古学家类型学研究之比较[J].四川文物,2005(06):87-92.
③ 张森水.李济先生与周口店研究——纪念李济先生诞辰100周年[J].人类学学报,1996(04):362-371.
④ 陈星灿.中国史前考古学史研究(1895—1949)[M].上海:三联书店,1997.
⑤ 李光谟,张光直.李济文集[M].上海:上海人民出版社,2006.
⑥ 李光谟.李济与清华[M].北京:清华大学出版社,1994.
⑦ 李光谟.从清华园到史语所——李济治学生涯琐记[M].北京:清华大学出版社,2004.
⑧ 岱峻.李济传[M].南京:江苏文艺出版社,2009.
⑨ 查晓英.中国现代考古学的思想谱系[M].成都:四川大学出版社,2014.
⑩ 徐玲.留学生与中国考古学[M].天津:南开大学出版社,2009.

父——李济传》①,以波澜壮阔的历史为背景,全面介绍了著名考古学家李济的生活经历和学术成就。

综上所述,学界对李济的考古学成就关注较多,对其考古人类学思想、治学特色与科学情怀涉及较少,缺乏对李济学术世界的全面考察。

三、研究方法与学术创新

从学术史、思想史的角度出发,将李济放在中国现代史学的发展进程中,结合中国近现代思想史的发展背景,对其考古人类学思想、古史观、科学观进行跨学科、多视角的分层透视和研究。通过分析中国考古学发展的历史背景、学术源流及社会思潮,以"同情之了解"进入彼时彼境,努力贴近人物的思维世界,描绘李济的学术世界,洞见中国近代学术史的演进,感受中国考古学人付出的艰辛与努力,以期提供一些有价值的学术参考。

遵循以上研究思路,本作拟从观念史的学科视野出发,以问题为导向,采取历史分析、文献研究、比较研究和跨学科研究等方法。

第一,历史分析。李济历经晚清、五四新文化运动时期、抗日战争、迁往台湾等多个历史阶段,其社会发展与生活环境不断变换,经受不同社会思潮的激荡洗礼。因此,本作结合其所处的时代背景,客观分析其学术思想与研究成果。

第二,文献收集。文献来源主要有三个方面:一是《李济文集》,它收录了李济的全部论著,是最基础资料;二是收集同代学者对李济的记录与回忆,以及对其论著的相关评价;三是整理后世学者的研究、挖掘,整理其家人、同事及弟子对李济的回忆与评价,追溯李济的学术轨迹,深入了解其学术路径和学术思想。

第三,比较研究。分析归纳李济在考古学、史学、人类学、科学史等领域的研究成果,并将李济的学术成就与其他学者进行比较,说明其在学术史上的地位。

---

① 黄尚明.中国考古学之父——李济传[M].武汉:华中科技大学出版社,2019.

第四,跨学科研究。李济学识渊博,治学严谨,其研究涉及考古学、历史学、人类学、艺术学等诸多领域。因此,研究他的学术世界,不能单凭某一种方法,而是要运用多学科知识进行研究,才能使我们既看到他在具体学科上的研究与贡献,又能把握其学术思想在不同学科中的反映。

本作创新之处有二:一是全面概括李济的学术世界。将李济学术世界概括为三大方面:考古人类学思想、新史学思想和科学思想。考古人类学思想方面,它不但继承发展了中国金石学的学术传统,还借助西方考古学理论和方法,尝试构建考古学术语体系,建立中国古器物学的新基础,点线面结合建设多样化考古学,同时从人类学的方法以及从美国学术传统出发,来尝试建立中国科学考古学,对整个中国考古学科的走向产生决定性影响。新史学思想方面,他借由田野考古向远古推本寻源,讲述一连串的历史情境,将考古学、人类学、自然科学等纳入史学范畴,利用出土文物印证历史或解决各种古史问题,走出一条独特的"新史学之路"。科学情怀方面,他深入探究"现代科学为何没有在近代中国发展"这一李约瑟难题,一生致力于"让科学在中国生根",探索科学精神,求取科学方法,一心追求真理,逐渐形成了现代理性思维与国际学术视野。

二是深入挖掘李济的学术渊源。在中西双重文化背景下,他既有深厚的中国传统文化基础,又受到西方科学知识的洗礼。他坚持"为知识而知识"的严肃态度,强调细化对象和小范围区域比较,对文化成分进行逐项分析,无疑受到美国博厄斯"历史特殊论"学派的影响;而他运用器物类型学建构器物演变过程,则受到英国考古学家皮特·里弗斯方法的影响,明显带有进化理论的痕迹。因此,其坚持人类学知识与考古研究相结合,治学态度不仅兼收并包,还具有严谨、创新、客观等特点,将崇真求实的精神和客观实证的方法贯彻到考古发掘中去,使学术研究获得前所未有的生命力。

第一章　李济的生平与学术渊源

第一节　生平概述

李济(1896—1979),我国著名的人类学家、考古学家,字济之,1896年6月2日生于湖北钟祥县,1907年随父李权来到北京。1911年入清华学堂,1918年官费留学美国,先后攻读心理学、社会学,获克拉克大学学士和硕士学位;1920年转入哈佛研究院攻读人类学,以《中国民族的形成》一文获博士学位。

1923年李济回国,应南开大学之聘,担任人类学、社会学教授,在此期间,以新郑调查为开端,开始转入科学考古领域。1928年,李济受聘回到母校清华,在新成立的国学研究院做讲师,与著名学者王国维、梁启超、陈寅恪、赵元任等学术大师同执教鞭。①

1926年,李济与地质学家袁复礼调查山西南部汾河流域,并发掘了山西省夏县西阴村彩陶遗址,成为中国人独立进行的首次考古发掘。1928年10月,中央研究院成立后,于广州创立历史语言研究所。这时先生正与美国弗利尔艺术陈列馆商谈合作事宜,傅斯年以考古主任非先生莫属,驰电相邀,先生会晤傅斯年后,同意加入史语所考古组阵营,从此开启了考古人生。这时,董作宾等已经前往河南安阳殷墟小屯进行试掘。随后,先生与董作宾亲赴安阳,实地勘察,制订发掘计划,掘得大宗龟甲、

---

①姜亮夫回忆,这几位先生中,只有李济先生的课不喜欢听,后来发觉是最大的错误。十年后,自费去法国学习考古,想来弥补这时期的损失。见姜亮夫.忆清华国学研究院[A]//夏晓虹,吴令华.清华同学与学术薪传[M].北京:三联书店,2009:396.王元化.学术集林(卷一)[M].上海:上海远东出版社,1994:236-237.

兽骨、陶器和铜器等,为研究中国古代文化开辟新途径。1930年5月,先生自北平至南京,寻勘六朝古墓,后赴济南、临淄等地访求历下及齐都遗迹。11月,与董作宾等发掘山东龙山镇城子崖遗址,掘获黑陶及贞卜、兽骨,发现有异于仰韶文化的龙山文化遗存,主撰《城子崖》一书,于1934年出版。

河南民族博物院院长何日章坚持"豫省之古物应由豫人处理"①,干预殷墟发掘,亲自组织发掘队,见头挖头、见脚挖脚,无记载、无照像、无方向,谢绝史语所发掘,导致殷墟第三次发掘工作因而中断。1930年7月,中华教育文化基金会赠予考古学讲座一席于先生,又自1931年秋季开始,每年补助史语所经费三万元,作为考古工作、语言研究及出版报告的费用。② 1931春,先生与董作宾先生再次前往安阳,会同河南省政府人员进行实地发掘,小屯之外扩至后冈。在后冈,梁思永发现其地层堆积自上而下,小屯、龙山、仰韶三期叠压痕迹厘然可辨;而遗物每相类似,显示三期文化之间的相互沟通关系。李济根据殷墟出土遗物讨论东方古代文化,认为骨卜、蚕桑、装饰艺术等要素皆起源而发展于华北,分别代表周初以前早期中国人的宗教、经济和艺术生活。同时,殷商时代青铜文化的来源问题十分复杂,有赖于殷墟发掘与史前资料的陆续发现,需要广泛的田野考古与深入的比较研究。

1931年九一八事变爆发后,日本传播东北非中国领土的谣言,先生义愤填膺。根据安特生、步达生等科学家的研究成果,他认为"史前时代东北在文化及民族上即为中国之一部",并为傅斯年的《东北史纲》③作成英文节要,于1932年在北平刊行,斥日人谬说,正天下视听,同时供来华

---

①挖掘殷墟古物纠纷,傅斯年去汴仍不能解决[N].大公报,1929-12-11(5).
②杨翠华.中基会对科学的赞助("中央"研究院近代史研究所专刊65)[M].台北:"中央"研究院近代史研究所,1991:198.
③傅斯年的《东北史纲》以朴学考据为本,引述安特生、步达生等人研究成果,参以地理学、古生物学、人种学与考古学等相关学科,证明从史前时代至今,东北在文化及民族上即为中国之一部,说明东北与中国的渊源,民族主义情绪彰显其中。见傅斯年.民国学术文化名著:东北史纲初稿[M].长沙:岳麓书社,2011.

调查的国联调查团参阅;当年3月,以河南古迹研究会名义前往洛阳调查伊阙造像、金墉故城及太学诸遗址。1935年4月,殷墟第九次发掘,自洹水南岸小屯扩至北岸侯家庄。10月,在西北冈掘墓四处,获石器千余件,不乏精品。先生与梁思永确认小屯为殷代故都遗址,侯家庄为帝后陵墓所在地。此时先生继傅斯年之后,兼任"中央"博物院筹备处主任,获专案补助费用,掘得古器物无数,大墓八座和小墓七百多座,商代陵墓规模清晰可见,显现中国古代文化的荣光。1936年春,英国伦敦举行中国艺术品展览会,我国以殷墟所得铜器及其他古代艺术品提供展览,国际人士得以亲睹三千年前的中华文化成就。

1937年,先生应邀前往伦敦及斯德哥尔摩讲学,听众提出考古学是奢侈学科,建立在深厚科学根基之上,需要国防军事政治等方面的完全保障,以不受外敌入侵为前提,而中国国土大面积沦丧,不努力于基本科学研究,奢谈考古,实属怪异。对此,李济认为,"政治需与文化问题分开,中国文化有数千年之悠久,今受别国侵略不过百年,有数千年之文化,决不虞百年来异族之侵凌也"①。同时,先生出席国际科学联合会总会的伦敦大会。回国后适逢抗日战争爆发,先生随"中央"研究院西迁,经武汉、长沙而至昆明,继迁四川南溪李庄。而"中央"博物院筹备处初亦前往昆明,先生随即派人赴陕西宝鸡、三原等地调查彩陶遗址,并自云南昆明至大理、苍山一带探寻史前遗址。1938年,被英国皇家人类学研究所选任为荣誉研究员。1939年3月,先生主持大理附近的马龙等地发掘,得遗址十处。12月,于中和山麓南诏遗址掘获有字瓦片百余,成为研证南诏史的重要资料。此一调查结果,先生主撰编为《云南苍洱境考古报告》,由"中央"博物院筹备处刊行。直到抗战胜利,先生随史语所留川六年间,一面整理研究安阳发掘遗物,一面遣人分赴西北、西南各省调查古代遗址。

1946年春,"中央"研究院返回南京,先生以专家身份奉派参加中国驻日代表团,赴日本东京、京都、大阪等地,调查、接收战时日本军民劫掠

---

① 救国.李济之来英讲考古[N].晶报,1937-04-06(2).

我国的书画、古器物及一切与文化有关的古物①。先后调查了东京帝国大学考古学研究室、京都帝国大学考古陈列馆、东方文化研究所和白鹤美术馆等公立藏处,还有住友氏、藤井善助氏、守屋氏、三合定治郎氏与黑川福三郎氏等私人藏所,使许多重器得以回归故土。

在1948年"中央"研究院评议会第一届院士选举中,李济成功当选"中央"研究院院士。后"中央"研究院、"中央"博物院暨故宫博物院迁台,先生主持督运,终使文物得以安然运台。先生致力于古器物的保存、考古学的提倡推广,早在1934年曾著文提倡三事:一是古物国有,不得私藏;二是设立"国家"博物院,奖励以科学方法发掘整理;三是大学专设考古学系,训练专门人才。先生平生从不私藏古物,负责"中央"博物院筹备多年,建立台湾大学考古人类学系,发掘调查全省各地古代遗址。后来,在史语所所长任内,增开甲骨文、明清档案、人类体骨研究室、殷周铜器实验室等研究场所,对中国的文物考古事业倾注一生心血。

1953年秋,先生率团赴菲律宾参加第八届太平洋科学会议与第四届远东史前会议。1954年秋,接受美国洛克菲勒基金会资助,赴墨西哥大学讲学。1955年,应邀在华盛顿大学讲学。回国后,继任史语所所长。1956年,获"教育部"颁发的国家学术奖文科奖金,1958年2月,被"国史馆"延聘为史料审查委员。1959年,哈佛燕京学社资助成立东亚学术计划委员会,先生被选为主任委员;10月奉命代理"中央"研究院院长,国家长期发展科学委员会聘其为人文组委员;同年秋,获美国福特基金会资助,以访问学人身份在哈佛大学研究一年。

除短期出国访学之外,先生屡却国外专聘。1960年秋,赴美出席中美科学会议,返国未久,继之召开中日韩东亚学术国际会议,劳困不堪,遂患糖尿病及眼疾;1973年晨起偶致蹉跌,不小心摔断了左腿骨,行动十分不便,但手和脑仍在不停工作,读书、写作不辍,以英文撰著殷墟发掘史初稿;遇有重要会议必定执杖参加;晚年将主要心血倾注在中国上古史的撰

---

① 李济.李济文集(卷2)[M].上海:上海人民出版社,2006:174-175.

写。1979年8月1日,因心脏病去世,享年84岁。先后荣获"中央研究院院士""史语所终身研究员""英国皇家人类学会名誉会员"等学术荣誉称号。

在先生眼中,"考古就是一桩吃'土'的苦差"①,而"只有做过长期田野工作的人,才知道执行这一工作的甘苦,才晓得这一课题需要何等的耐性及细心,何等的物资配备,以及更重要,何等的精神支持"②。先生在考古学天地里整整遨游50年,"就像瑶民的千家峒寻根,或是基督徒的找寻天国复临的运动一样,忍受寂寞与困难,锲而不舍去追求他的理想"③,为开拓和建立中国的科学考古学筚路蓝缕,对殷墟发掘与殷商文化研究做出卓越贡献。他先后放弃心理学、社会学、人类学,对考古学的兴趣始终如一,半个世纪的钻研、发掘,找到了一串又一串、发着光和热的宝物。现代考古学都是先有了问题,然后经过考古所获的成果,将这些问题作出解答,在谜底揭晓的刹那间,那份荣耀和兴奋就是快乐,一种"独与天地精神往来"的快乐!

李济一生不囿成见,不迷信权威,一心追求真理。先生是用科学方法研究中华民族与文化的先驱,一生著作等身,共发表150种左右的专著和论文,其中一半以上是专门研究安阳殷墟发掘的,另一些是人类学和古史学论著,被誉为"考古学之父""人类学派的古史学家""考古人类学宗师"。

研究视野方面,他从"人类史"的观念出发,以全人类视角来观察中国的文化和历史。这种世界眼光形成其新史料观,即"平等的眼光"。他将考古学放在重建文化的架构上,将一切考古材料当作人类文化发展记录的一部分。他坚持跨学科交叉的学术视野,利用包括古环境、考古、历史、思想等多个学科的资料和方法,研究中国历史文化。因此,在李济看来,古史研究需要跨出中国版图,去了解人类不同文化的内涵与关联。

课题关怀方面,李济是用科学方法研究中华民族与文化的先驱,其一

---

① 石舒波,于桂军.圣地之光:城子崖遗址发掘记[M].济南:山东友谊出版社,2000:59.
② 李济.李济文集(卷2)[M].上海:上海人民出版社,2006:35.
③ 李亦园.学苑英华:人类学的视野[M].上海:上海文艺出版社,1996:47.

生最关切的学术情怀就是探寻中华民族与文化的来源,情感上具有强烈的"中国本位色彩"。这一问题既牵涉到历史学与考古学,还有人类学与民族学。他一生治学以中华民族文化研究为对象,每所创获皆来自田野实践及科学探讨;论著写作深入浅出,朗朗上口;重科学实证、拒斥无根据的推测及臆断;主编学术报告集及多种集刊,皆为研究中国考古学者所必读刊物;愿为增进国人及世人对中国历史的正确认识,提高中国考古学工作水平及其世界地位努力奉献。

人才培养方面,李济在培养考古学、人类学以及博物馆人才方面作出突出贡献。仅在他所领导的田野考古工作中,就培养出吴金鼎、石璋如、尹连、胡厚宣、高去寻、夏鼐等一批为我国考古事业做出突出成绩的考古学家。近几十年海峡两岸的考古事业,都留下了李济的考古学思想印迹。晚年的李济,在台湾大学还亲自培养出了如张光直、李亦园、宋文薰、许倬云等享有国际声誉的考古学家和历史学者。

科学情怀方面,李济从中国传统思想文化及人生观入手,深入探究"现代科学为何没有在近代中国发展"这一李约瑟难题。他极力宣扬科学,一生致力于"让科学在中国生根"。他谨守科学原则,在操守上保持学者本色,认为做学问的目的只是追求知识本身。他主张学习西方先进学科,探索科学精神,不囿成见,一心追求真理,逐渐形成了理性思维与现代学术视野。

国际影响方面,李济在传统旧学和西方新学的双重影响下,和他领导的殷墟团队以考古学的专业方法从事田野发掘,坚持详细记载考古资料,要求合乎欧美最高学术规范撰写研究报告,开创了中国考古学的"现代派"。先生团结互助的精神、以做学问为唯一目标的优良作风,都是留给后人的珍贵遗产。

第二节　治学背景

一个时代的学者均有其时代烙印,李济也不例外。研究李济学术世界,只能从其所处时代谈起。自鸦片战争开始,西方列强用坚船利炮强开了中国长期闭锁的大门,也揭开了中西文化碰撞的大幕,中国在器物、制度、观念和价值诸层面均受到西方文化体系的冲击。自清末新政到辛亥革命,自废除科举再到五四运动,中国社会经历了前所未有的深刻变革,促进了中国近代社会的新陈代谢。李济就是生活在这样一个充满动荡与变革的时代,一个新旧碰撞、中西融汇的时代,一个近代中国的转型时代。世界主义与民族主义、理性主义与怀疑精神、个人主义与群体意识相互激荡,造就了五光十色的思想氛围。"五四运动"高举反封建大旗,倡导科学精神,极大地推动了思想解放,给陈腐的中国社会带来民主气息,也为学术研究带来崭新气象,逐渐从"中学为体、西学为用"思想走向"中西文化的竞争与融合"。此时,"中国学术研究的主流,整体性从章太炎的'以史为本'转向胡适之的'以史料为本',新文化运动、整理国故、古史辨相继兴起,全面移植西方学术分科,从而实现中国学术的现代转型"[①]。

新史料引发新问题、新观念,新史家也对史料范围与采集方法产生革命性变革。在清末民初"中国文化西来说"甚嚣尘上的时代背景下,以李济、傅斯年、徐旭生为代表的中国学者,立足于中华民族文化的追寻和古史的清理,建立了不同类型的中国古史文化多元论。史学界一方面对以传说与神话为主所建构的传统中国上古史感到怀疑与不满,另一方面又苦于较可靠的替代史料之不可求。于是,一些有远见的史学家便开始思索走出书斋,拨开笼罩在神话传说中的团团迷雾,找寻在史籍经典故纸堆以外的"地下资料"。随着西方科学和进化论的输入,这一时期学术思想界发生两件大事:

一是学术界的疑古辨伪风潮与整理国故运动。在西方理性主义的震荡下,这一时期成为怀疑精神伸展的时代,疑古派应运而生,其代表人物顾颉刚对流传下来的经典史籍发起挑战,提出"层累地造成中国古史"[②]观点,证明古籍的累层、臆测和伪造,提出打破民族出于一元、地域向来统

[①] 陈壁生.经学的瓦解(导言)[M].上海:华东师范大学出版社,2014:3.
[②] 顾颉刚.与钱玄同先生论古史[J].读书杂志,1923(9):3-4.

一、古代为黄金世界和古史人化四项观念,"破坏了古史叙述原有的一切神圣意义以及现实政治可能采用的正当性来源"①。疑古辨伪学说的发展和西方科学的传入,破坏了传统古史系统,"扫除了建立'科学的中国上古史'的道路上的一切障碍物"②。同时,胡适"提出'重新评估一切价值',对于中国人的思维结构、语言结构与社会结构都发生了重大影响"③;追求"有证据的知识",强调"对于一切迷信,一切传统,他只有一个作战的武器,就是'拿证据来'"!④ 而王国维则科学地提出"二重证据法"⑤,试图建构整体的证据法。

二是思想界的科玄之战与科学主义的兴起。以船坚炮利为代表的西方科学,以其强大威力成为一种伟大而全能的力量。尤其是科玄之战后,参与论争的人实际上都受到科学的鼓舞,运用理性的技术解决人类福祉问题;科学成为驱走一切迷信、保守主义的利器。因此,"'五四'所提倡的科学,不光是自然科学如何在中国发展的问题,而是对一切事物都采取科学的态度和方法,也就是牛顿、哥白尼以来对自然的态度,因而使得科学在中国取得最神圣的地位"⑥。在时人眼中,科学既是人类知识的客观保证,又提供了"科学的人生观"体系,成为时人顶礼膜拜的无上法宝,人生观和价值观的判断标准,甚而成为拯救中国的价值信仰,"一切知识学术观点,只有合乎科学的准则,才有立足的可能"⑦。

"那时候大学对自然科学,非常倾倒;除了想从自然科学里面得到所

---

① 胡昌智.历史知识与社会变迁[M].台北:联经出版事业公司,1988:211.
② 夏鼐.五四运动和中国近代考古学的兴起[J].考古,1979(3):193-196.
③ 唐小兵.十字街头的知识人[M].北京:中国人民大学出版社,2013:151.
④ 胡适.五十年来之世界哲学[A]//葛懋春,李兴芝.胡适哲学思想资料选(上)[M].上海:华东师范大学出版社,1981:241.
⑤ 王国维.古史新证(前言)[M].北京:清华大学出版社,1994:3.
⑥ 余英时.中国文化与现代变迁[M].台北:三民书局股份有限公司,2015:182.
⑦ 杨国荣.论五四时期的科学主义[A]//欧阳哲生,郝斌.五四运动与二十世纪的中国:北京大学纪念五四运动80周年国际学术研讨会论文集(上)[C].北京:社会科学文献出版社,2001:195.

谓可靠的知识而外,而且想从那里面得到科学方法的训练。"①因此,随着西方科学方法的传入,知识分子的治学心态已普遍接受了科学观念、进化理论,学术研究范式与方法也发生转变。这种"新"取向有三个代表人物,他们分别是梁启超、胡适和傅斯年。

比如,梁启超尖锐地指出传统史学有"四弊""二病"②,提倡建设新史学,"奠定二十世纪中国史学的基本规模"③。"梁氏所倡导的'新史学'对传统史学的批评、对平民史学的呼唤及其跨学科的治史方法在中国史学界都是开创性和革命性的。"④又如,胡适富于怀疑精神,讲究打破先入之见,"用历史的眼光来整统一切"⑤,用证据进行平心静气的论证;将实验主义方法应用到历史研究,提出"大胆假设,小心求证"的科学方法,以实证主义回应学术转型诉求。再如,傅斯年坚持史料至上,强调开拓新资料、考订历史事实。"他相信史学只是不带任何价值色彩的'史料学'"⑥,将古文经典作为普通史料来对待,以历史眼光检视儒学经籍,而有"史料派"之称。"而当中国典籍都成为史料,便需要引入西方的'学'来整理这些史料,由此,学与史的分离,最终走上了以西方现代学科整理中国史料的现代学术主流传统。"⑦

---

①屈万里.傅孟真先生逝世二十周年祭[A]//蔡尚志.长眠傅园下的巨汉[M].台北:故乡文化出版事业经纪公司,1979:239.

②梁启超将传统史学的缺点归纳为"四弊二病",并谓由此"四弊二病"而产生"三恶果"。四弊为:知有朝廷而不知有国家;知有个人而不知有群体;知有陈迹而不知有今务;知有事实而不知有理想。"二病"为:能铺叙而不能别裁;能因袭而不能创作。"合此六弊,其所贻读者之恶果,厥有三端:一曰难读,浩如烟海,穷年莫殚;二曰难别择,不能别择其某条有用无用,徒费时日脑力;三曰无感触,无有足以激励其爱国之心,团结其合群之力,以应今日之时势。"见陈功甫,卫聚贤,陆懋德,等.中国史学史未刊讲义四种[M].上海:上海古籍出版社,2016:494.

③黄克武.梁启超与中国现代史学之追寻,见黄克武.近代中国的思潮与人物[M].北京:九州出版社,2012:236.

④石莹丽.梁启超与中国现代史学:以跨学科为中心的分析[M].北京:中国社会科学出版社,2010:278.

⑤陈壁生.经学的瓦解(导言)[M].上海:华东师范大学出版社,2014:85.

⑥雷颐.孤寂百年:中国现代知识分子十二论[M].桂林:广西师范大学出版社,2015:214.

⑦陈壁生.经学的瓦解[M].上海:华东师范大学出版社,2014:95.

尤其是傅斯年，他既有深厚的中国学术根底，又有对历史学、语言学、心理学、哲学及科学等西方科学知识的深切了解。但他排斥古今中西门户之见，既保持"亭林、百诗的遗训"，又显出域外学术的影响，呈现中西古今融合创新的特征。他主张跳出单纯的"信古""疑古"，理顺中西学术的关系，摆正中国文化在世界文化中的位置。他主张以自然科学看待历史语言之学，如果人文学不断向自然科学学习，也可以成为实证的科学。

屈万里在《敬悼傅孟真先生》一文中，对傅斯年的治学特色作了客观公允的评价："他治学的口号是：'有一分材料说一分话'，不作玄想的论断。他完全以科学方法，运用最原始的材料，作实事求是的研究。"①为保证研究的实证性，他强调研究的根基在于史料的发掘与新材料的运用；为保证研究的严密性，他强调"小题大做"，从不做大而不当的研究；为保证研究的客观性，他采取一种纯客观的学术态度，提倡一种严格细致、求真务实的科学精神；他要求新入职人员从基础功夫做起，"要把才子气洗干净，三年之内不许发表文章""每两周规定轮流一次演讲"②，体现了其培植后进学术实力的殷切期望。正是在傅斯年的苦心经营下，史语所以搜求史料为重要责任，应用现代考古学方法重建古史，成为驰名中外的学术研究团体，正如胡适先生宣扬的那样，"中国文史的学问，到了历史语言研究所成立以后才走上了完全现代化、完全科学化的大道，这是培根在三百年前所梦想的团体研究的一个大成绩"③。

考古工作方面，傅斯年有一个完整的蓝图，即从安阳至易州，再从洛阳一带往西，沿京汉铁路和陇海线做工作，一直做到中亚地区。在《历史语言研究所工作之旨趣》一文中，他不但清楚地说明了考古学的性质，也具体地指明了考古工作的目标。他认为，中国历史学和语言学的当务之急是直接研究材料，开拓研究材料，扩张研究工具，就是要"上穷碧落下黄

---

① 屈万里.敬悼傅孟真先生[A]//蔡尚志.长眠傅园下的巨汉[M].台北：故乡文化出版事业经纪公司,1979：105.
② 王叔岷.慕庐忆往：王叔岷回忆录[M].北京：中华书局,2007：48,56.
③ 欧阳哲生.胡适文集(12)[M].北京：北京大学出版社,1998：160.

泉,动手动脚找东西"①,而考古学无疑是一种扩张研究的工具。因此,他心中的考古不是"纸上的考古",选定安阳殷墟为首个田野考古据点,并派董作宾先生赴安阳小屯遗址调查甲骨文。此时的田野考古工作最需要的是人才,但到哪里找有能力开拓材料、扩张工具的考古人才呢?当时,与传统金石学家马衡相比,受过西方学术训练、又有田野工作经验的"新派学者"李济,便成为史语所的理想人选。

第三节　学术渊源

一、传统旧学根底

李济于1896年出生于湖北钟祥,出身于传统知识分子家庭。父亲李权饱读诗书,是一个苦读成名的秀才,年轻时就开始教家馆,后来成为本县学堂的先生,教国文及历史一类的课程。父亲的早期教育对李济影响很大,他是孟子的信徒,对程朱孔孟的思想研究很深;相信"文以载道"的说法,认为作文章是终身大事,曾对唐宋八大家和桐城派古文进行摹仿。晚年时,舞文弄墨成了父亲唯一的消遣,但他终身最感兴趣的却是教育子弟。四岁时即送李济进一家书房,学习《三字经》《诗经》《周礼》等古籍,使李济对中国文化产生浓厚的兴趣。父亲思想进步,深受"废科举兴学堂"教育变革的影响,其教育方式很独特。他认为,小孩子读书要先难后易,这样进步会比较大。因此,李济的发蒙不是从"人之初、性本善"开始,而是从"盘古首出,天地初分"学起,先读《四书》,接着跳过《诗经》,直接念《周礼》。除了读经,父亲还教李济朗诵诗歌,听高尚的七弦琴音乐。未读完《周礼》,李济就被父亲送到县里高等小学堂接受新式教育,初尝新教育的滋味,并有机会学格致、体操、东文等新知识,渐渐觉得念书并不是很苦

---

① 傅斯年.历史语言研究所工作之旨趣,国立"中央"研究院历史语言研究所集刊(第一本第一分)[J].1928:3-10.

的事。

后来,李济随父到北京定居,先在北京江汉学堂读书,后转到五城中学,接受名师林琴南的指导。在课余时间,父亲在家中给他补习《孟子》,善于启发诱导、奖励提问。李济对"君子远庖厨"和"仁心"稍感奇怪,但对"民为贵,社稷次之,君为轻""大天而思之,孰与物畜而制之;从天而颂之,孰与制天命而用之"等很是欣赏,认为其符合现代民主政治的思想潮流。15岁入清华学堂①,接受美式教育,不仅养成了清洁、守时和讲秩序、求效率的良好习惯,而且通过做健身操等体育课程培养体力,纠正了中国读书人文弱的积病,也带来了西方文化初步的直观感受。同时,课上接受国文教师马季立和饶麓樵的讲授,选学《荀子》,认为"天行有常,不为尧存,不为桀亡"合乎自然科学的发端思想,下意识中涵养了浩然正气,培植了民族自豪感。课下则听父亲讲解韩愈、柳宗元、苏轼等这些大家的文章,并阅读《水浒传》《济公传》等小说,使其打下牢固的国文基础。

父亲刚正而温和、可亲而不可犯,信仰性善说,认为"天命之谓性,率性之谓道,修道之为教",注重发展孩子的善良品质,而不摧毁其固有天性,这些先进的教育理念对李济的影响不可谓不深。在父亲富有远见的指引下,除了进学堂接受正规教育外,李济还在家中听父亲讲解各种处世方法与人生哲学,不断地开辟新视界:"(一)远在科举时代他就教我朗诵诗歌,叫我听高尚的七弦琴音乐。(二)县立小学堂成立的初期,即将我送入,使我有机会学格致、体操、东文这些新玩意。(三)在宣统末年即毅然地让我考清华。"②父亲的开明教育使他饱吸新知识,就像大浪里的沙被冲上岸,运用于建筑而起了作用。

因此,"清华学堂的洋式训练与当时社会上对'科学'近乎崇拜的向往,使他在还没有机会静下心来体认传统思想的优点之前,就已迫不及待

---

①清华学堂是庚子赔款开办的留美预备学校,以培植全材、增进国力为宗旨,以造成能考入美国大学与彼都人士受同等教育为范围。见清华大学校史研究室.清华大学史料选编第一卷清华学校时期(1911—1928)[M].北京:清华大学出版社,1991:259.

②李济.李济文集(卷5)[M].上海:上海人民出版社,2006:187.

地认同于西方科学的魅力。"①当时的李济只是想出洋留学,学点对国家和社会有用的"洋东西",做点有价值的贡献,为此他很注重英文的学习,好在学校功课安排以英文为中心,就连图画、音乐、体育课也由外国教师上课,这恰合李济的心意。因此,对近代科学思想的接触,引发了他向西方学习先进事物的强烈愿望;而对孟子、荀子等古圣先哲学说不完整、有漏洞,礼论的哲学依据过于神化与玄虚,有替现实政治文饰的嫌疑,对中国传统礼教为阶级制度所作的学术辩护愈发不满,甚至发生"信仰动摇",这些对中国传统文化的疑虑,更加重了其向国外"求奇方"的热望。

二、西方新学洗礼

在美国五年,李济只因好奇而打了一个暑假的工,其余时间均在努力读书,以备日后回国贡献所学。在清华高等科四年级时,受好奇心驱使,再加上美国学者华理考心理学教导的影响,李济选择美国麻省克拉克大学作为留学地点。后来,他觉得心理学的发展似乎是"百家争鸣,莫衷一是",开始对这门学科失去信心。最重要的是心理学研究方法不能达到预期的科学标准,那么所得的结论是否靠得住也就成了问题,因此,李济有一种"学然后知不足"的感觉,同时他还担心这门学问在中国的出路问题。随后,他整天泡在图书馆博览群书,逐渐对人口学产生兴趣。于是在克拉克大学的第二年,李济开始跟随韩金斯教授念人口学和社会学的研究生课程,想从经济与优生两方面来探讨中国人口问题。1920年,以《人口的质的演变研究》一文获硕士学位,还被美国社会学会接纳为会员。考虑到社会学需要数学训练才能胜任,而自己没有接受过这方面的专业训练。博阿士最初在克拉克教书,图书馆留下了许多人类学书籍;克拉克大学校长又开放了所有的图书设备,供学生随时"牛吃草",啃食整片草地上每根青草的尖叶。这样,在霍尔先生的暗示下,李济"东啃一嘴,西啃一嘴""随

---

①李子宁.挖出中国上古史(上)[J].中原文献,1987(01):1-6.

便地浏览,自由地阅读"①,在边阅读边研究的过程中,逐渐对人类学产生好感,最终选择了哈佛大学,继续攻读人类学博士学位。

在哈佛大学,李济先后学习了大洋洲民族与文化、埃及考古学、哲学、梵文及心理学等,还选修了许多本可免修的一至三年级大学课程。在学习《大洋洲民族与文化》课程时,只有李济一个学生,但老师狄克森"每课五十分钟,从头到尾好像是讲给一百个或一百五十个学生听一样"②,那种不苟且的严肃认真态度让他肃然起敬。虎藤老师讲授体质人类学时,要求学生既能认识人骨,又能辨识碎骨片,认对了满分,认错了零分,使李济接受了苛酷的体质人类学训练。当时的哈佛大学人类学系就设在一所皮博迪纪念博物馆里,馆内包括植物、动物、矿物和人类学等几个部门,学习内容包括听课、参观、看图片实物、实习、动手修整实物标本等,导师经常带着馆藏实物给研究生上课。李济除在本系外,还在哈佛大学的佛格博物馆上历史课,便从这些课程中获得不少人类的科学知识。通过博物馆的实物体验教学,他深刻体会到"无论它是粪土,还是珍珠,在学问上是没有先天的分别"③。这年暑假,李济在皮博迪博物馆帮助虎藤先生处理埃及人头骨,如开箱、洗刷、整理等,积累了不少的经验和方法,对其日后处理安阳殷墟人头骨有直接帮助。柴斯教授讲授的希腊考古学课程采用实物教学法,以看图为主,有时还到波士顿市立博物馆进行现场教学,使李济对古希腊、爱琴海文化及西方文明有了深刻认知,同时也鼓起了其对考古学的浓厚兴趣。而行为心理学家麦独孤的到来,再次鼓起李济学习心理学的兴趣,他开始跟着麦教授做心理实验。李济以小白鼠为对象,自创了一种实验方法,在一个长方池子里造一个迷宫,对小白鼠学习游泳和认识迷宫道路的时间长短、错误次数等,做详细记录,并把同样实验施于下一代新鼠,由此研究"上代的习染是否可遗传到下代"。多年后,一位学心理学的朋友告诉李济麦先生,曾在一次国际心理学的会议上,用这些材

---

①李济.李济文集(卷5)[M].上海:上海人民出版社,2006:195.
②李济.李济文集(卷5)[M].上海:上海人民出版社,2006:195.
③李济.李济文集(卷5)[M].上海:上海人民出版社,2006:199.

料作过讨论。

"哈佛大学的这种严谨教学态度与扎实学术训练彻底地改变了李济。他不但掌握了足够的学养,更重要的是培育了对学问、知识尊重的态度,与对真理锲而不舍的追求精神。"①第二、三年的大部分时间,李济都在准备博士论文《中国民族的形成》。本着近代人类学的新知,他稽诸国人体质,远溯三代至明末十大姓氏的起源及流布,与东汉至明季人口的分布统计,参诸城池建筑发展状况,以及南方孟—高棉语群、掸语群、藏缅族群三系与北方匈奴鲜卑、契丹女真、蒙古三系民族融合的史实,探本穷源,实开中华民族人种研究的先河。其英文初稿,雷宝华曾节译为中文刊布。先生复就原文新加增订,于1928年在哈佛大学出版。他的论文运用文化人类学萨莫纳派关于"我群"和"你群"的民族学理论,采取人类学与历史文献综合归纳、考核与互证的方式,以《钦定古今图书集成》中的城墙建筑记录和历代族姓资料以及体质测量资料为素材;从测量中国人的体质特征入手,由中国历代族姓和筑城变化归纳中华民族的规模、成分和迁徙,论述中国人的体质、历代族姓和城邑的变化及中华民族迁徙等问题。研究结果显示,十大姓氏的地望及其移迁过程,也与北方外族及南蛮结合,证明了中华民族是一个多元化的民族。最后,他得出结论认为,中国境内有五大族系,即黄帝后裔、通古斯群、藏缅语群、孟—高棉语群和掸语群,另外还有匈奴族系、蒙古族系和矮人族系三个次要成分。他的意见引起罗素的极大关注,其曾在《中国问题》一书中大段引用李济的文字。

在美国五年,李济深受西方科学知识的洗礼与治学方法的熏陶,为日后学术研究奠定了良好基础。除了获得零碎的知识,李济在留学期间最感珍贵的是做学问的境界和研究方法,认识到学问内容本身与日常生活有着紧密联系,学术方法只是一种常识的推广。同时,他只因好奇而打了一个暑假的工,其余时间均在努力读书,以备日后回国贡献所学。根据了解和观察,当时的中国留学生不在乎学位,而在乎新知,以备回国以后能

---

① 李子宁.挖出中国上古史(上)[J].中原文献,1987(01):1-6.

对国家尽一点责任,"美国的研究环境和条件虽然远比中国为优越,但是他们都不愿仅仅为了个人的学术成就和生活享受而永久留在异域"[1],这既是那时的留学风气,也代表了李济的真实想法,"只是要学点'洋东西',对于国家和社会,做点有价值的贡献"[2]。借用他后来自己的说法,那就是"美国虽好,不是青年人久恋之乡"[3]。

李济于1923年夏季返国,先后在南开大学、清华大学讲授社会学、人类学、古器物学、考古学等学科。先后主持西阴遗址、安阳殷墟和山东城子崖等重要遗址的发掘与研究工作,开启了探寻中华文明的寻根之旅和重建古史的艰辛历程,对中华民族历史文化进行了长达半个世纪的超时空对话与互动。

---

[1] 余英时.中国文化与现代变迁[M].台北:三民书局股份有限公司,2015:52.
[2] 李济.李济文集(卷5)[M].上海:上海人民出版社,2006:199.
[3] 李卉,陈星灿.传薪有斯人:李济、凌纯声、高去寻、夏鼐与张光直通信集[M].上海:三联书店,2005:12.

第二章 挖掘出中国的历史：
李济的科学发掘历程

李济回国后，当时京津地区的学术风气很纯洁、很浓厚，没有掺杂任何其他成分在内，任何国际科学家均能融合到这种风气中，代表着真正的科学精神。而人类学是十分新颖的学科，一些学术人士经常邀请他参加一些学术会议和社交活动，先后被引荐与丁文江、翁文灏和胡适等著名学者相识，并成为中国地质学会正式会员，从而有机会接触一些国内外科学家。其中，丁文江先生具备科学素养，主张建立科学权威，提倡用科学补中国文化的缺点，要把中国研究工作水准提高到与世界最高的标准相较，被李济称为"中国提倡科学以来第一个好成绩""为中国学术开辟了一个新纪元"，因此是"一个划分时代的人"[1]。

丁文江认为只有科学的知识才是真知识，而科学知识的获得需要有一批受过科学训练的人做基础工作，必须有一个健全的组织负责安排调度。因此，他身体力行，在回国初期的西南旅行中，像徐霞客一样，沿着最难走的云南、贵州长途跋涉，用指南针布测草图，用气压表测量海拔，发现了康熙时代所测的一条贯穿云贵的驿道，在地图上错误了两百年。同时，他从训练现代科学的调查人员做起，其训练的学生最重要的一个条件，就是"做田野工作的时候只准走路，仪器、行李要自己扛"[2]。他主持一个纯粹的科学研究机构——地质调查所，为中国近代地质科学事业奠定了坚实基础，对中国古生物、地理、土壤、地震、古人类等学科发展产生了深远影响，培养了一大批中国本土学者，赢得国内外学术界的广泛赞誉。

---

[1] 李济.李济文集(卷5)[M].上海:上海人民出版社,2006:159.
[2] 李济.李济文集(卷4)[M].上海:上海人民出版社,2006:617.

丁文江很重视田野工作，也许是对人类学的浓厚兴趣使他十分关心李济的工作，建议他不要失去到田野收集资料的任何机会。所以，当1924年春新郑发现青铜器后，他便鼓励李济去新郑发掘，并资助经费200元。此前靳云鹏主持的发掘工作从搜集古玩观点出发，青铜器和玉器被掠走，但未经测量、照相和记录等工作程序。李济从考古学观点出发，与地质调查所勘探专家谭锡畴一起挖了少量的试验坑。由于土匪攻城的谣言及当地的不合作，唯一的收获仅在随青铜制品一道出土的废弃物中发现了一些人骨。在北京协和医学院解剖实验室许文生博士的支持下，李济对这些人骨做了详细的观察和测量，写成《新郑的骨》[①]一文。通过这次不太成功的发掘，李济真切体会到，丁文江先生指引他从实际发掘中找寻材料与获得经验的良苦用心。同时，他认识到，做这种工作一定要非常注意现实的政治和社会状况。

1923年，李济首先来到南开大学任教。1925年，在以现代科学方法整理国故的学术氛围下，清华学堂创办国学研究院。李济又受聘回到母校清华，在国学研究院任人类学特约讲师。自1926年主持发掘山西夏县西阴村史前遗址起，李济就和中国现代考古事业紧密相连。1928年出任史语所考古组主任后，李济迈开了殷墟和城子崖发掘的考古征程，取得了开创性成就。

第一节　西阴村遗址发掘

仰韶文化的发现为学术界开辟了一条寻找新史料的新途径，也显示了中国地下埋藏着极丰富的考古资料。从1921年开始，瑞典人安特生在辽宁、河南、甘肃等地开展发掘活动，使人们认识到这一地区新石器晚期文化的重要性。为了验证中国彩陶西来的假说，安特生从风俗、遗物两方面比较了仰韶彩陶与安诺、特里波列的彩陶，并用两年时间调查了甘青地

[①] 载于 Transactions of the Science Society of China. Vol. 3, 1926。中译文载于清华文丛之七《李济与清华》, 1994.

区史前遗存,提出仰韶彩陶与安诺彩陶可能出于同源的假说。为探索这些新石器晚期文化的来源,以及它与中国文化的关系,李济主持了第一次科学考古发掘即西阴村遗址发掘。

一、发掘经费与组织

许多学者认为,李济选择汾河流域进行调查,是冲着文献所记的尧都平阳、舜都蒲坂、禹都安邑而来,或者是怀着探索夏文化的学术目的①。而结合李济的调查报告、考古发掘报告及《安阳》这些原始文本,我们就会发现李济调查的目标并不是要探寻夏文化传统,其目的只是要在晋南寻找一处适合发掘的史前遗迹。②

安特生的发掘和研究表明,仰韶文化有陶器、石器,而无铜器和文字,他认为这应该是一个新石器时代的"中华远古文化",结束了中国无石器时代的历史,为中国历史文化找到了史前源头,开辟了中国史前考古和研究的新天地;但受文化传播论影响,在将仰韶彩陶与中亚的安诺文化、东南欧的特里波列彩陶文化进行比较研究后,他产生了中国文化迁移自西方的论调③。而李济认为,带彩陶器的来源及移动方向问题,我们尚不能确定,对彩陶来源问题只能采取存疑的态度。我们只有把中国境内史前的遗址完全考察一遍,做一个专题研究,才有解决的希望和可能。同时,梁启超在听了李济的西阴村发掘情况介绍后,给次子梁思永的信中谈到,瑞典人安特生在甘肃、奉天发掘,力倡中国文化西来说,"自经这回的发

---

① 李光谟相信,李济选定晋南调查和西阴发掘,主要是因为史籍所载的尧都平阳、舜都蒲坂、禹都安邑均在山西西南。见李光谟.从清华园到史语所:李济治学生涯琐记[M].北京:清华大学出版社,2004:88.
学者陈洪波认为,李济选择西阴村而不是交头河进行考古发掘,最主要的原因是西阴村所在的夏县是传说中夏王朝的中心所在地。见陈洪波.史语所的实践与中国科学考古学的兴起(1929—1949)[D].上海:复旦大学,2008.
② 李济.李济文集(卷2)[M].上海:上海人民出版社,2006:170.
③ [瑞典]安特生(J. G. Andersson). An Early Chinese Culture[J].袁复礼,译.地质汇报,1923(1):1-45.

掘,他们想翻这个案"①。不难看出,李济西阴村发掘主要是针对安特生的仰韶文化研究而来,并通过比较研究对安特生的"中国文化西来说"作出科学回应。②

1924年至1925年,毕士博追求科学考古,代表弗利尔艺术馆意欲寻找机会在中国搞些科学发掘,体现了"为了知识的增进"的工作精神。当他得知中国第一位哈佛人类学博士李济回国后,便邀请李济参加他们的田野工作队。为了抓住实验科学考古的难得机会,在丁文江的建议下,李济答应了他的要求,并提出两个重要条件。第一,应与中国学术团体合作并在它的主持下进行工作;第二,应在中国研究这些发现物。③ 为了促成学术合作,清华研究院与弗利尔艺术馆商量了几条合作意见,包括:考古团由李济主持,经费主要由弗利尔艺术馆承担,发掘报告用中英文各完成一份;所得古物暂归清华保管,以后交中国国立博物馆永久保存等。

与此相比,对于安特生在中国的化石采集,丁文江提议中瑞双方平分化石标本;送到瑞典的化石标本,研究后须送还中国,这成为后来制订有关安特生史前考古发掘品协议的重要蓝本。这一文物分配协议商定后,便以通信形式得到中瑞双方的官方批准,主要内容是安特生在中国的收藏由双方平分,前提是先全部送往瑞典记录和研究,而后将其中一半退还给中国。后在中国的提议下,瑞典成立东方博物馆专门保管这些文物。而由于战乱等原因,直到1936年9月,安特生才将最后一批文物归还中国。④

因此,单从古物分配上来看,与地质调查所和瑞典的合作协议相比,

---

① 梁启超.梁启超家书[M].天津:百花文艺出版社,2017:135.
② 学者孙庆伟认真审查李济的山西南部汾河调查和西阴村遗址发掘报告,结合当时的社会与学术背景,证明李济的晋南之行绝非为了夏文化,目的是探索"中国文化的原始问题",并回应安特生的"中国文化西来说"。见孙庆伟.有心还是无意:李济汾河流域调查与夏文化探索[J].南方文物,2013(3):108-116.
③ 李济.安阳[M].石家庄:河北教育出版社,2000:66.
④ 马思中,陈星灿.中国之前的中国:安特生、丁文江和中国史前史的发现[M].瑞典:斯德哥尔摩东方博物馆,2004:55,63,73.

李济的合作协议坚持"研究成果可以分享,而中国文物不能带出国门",更好地维护了国家权益,显示出其爱国热情与民族精神。正是这一年,清华大学成立了国学研究院,李济被聘请为人类学讲师,弗利尔艺术馆聘用李济为中国的田野发掘队队员。

二、发掘过程与结果

在梁启超先生的建议下,李济选择山西省为第一个考古发掘地点。曾参与仰韶发掘的地质学家袁复礼自愿与李济同行,二人便于1925年至1926年冬季前往山西南部进行考古调查。在那时,一般民众都还不了解科学考古,他们"先后由两位前国务总理熊希龄和颜惠庆亲笔书函介绍,加上山西省省长阎锡山的支持"[①],才得以成行;同时,他们不得不花很多时间与一些当地官员、居民谈判。此次调查漫行约一个月,主要沿汾河流域南行,直到山西省南边界的黄河北岸,发现了三个彩陶遗址和许多历史遗址。李济最终选择夏县西阴村作为具体发掘地点,其当时主要考虑的是现实政治和社会状况,如何有利于发掘的正常进行,而学术关怀只能退居其次。

关于发掘方法。在李济看来,"发掘不是寻宝,不是乱挖,要严格按照文化堆积层,一层一层挖下去"[②],因此,"太重要的地方不敢去发掘,因为一不小心就要毁坏不少的材料,遗后来无穷的追悔"[③]。于是,李济并没有完全掘开遗址的想法,而是先集中精力发掘遗址南部边缘约40平方米大小的区域,每天平均发掘面积仅为1平方米。针对遗址的南面壁立突出邻地三四米的地势,李济采取"拔葱式"的探方发掘方法,总共挖了8个约2米见方的探方。为整体了解发掘后地层的叠压情况,李济采取隔梁

---

① 李光谟."好像初出笼的包子"——记李济二进清华园[A]//宗璞,熊秉明.永远的清华园——清华弟子眼中的父辈[M].北京:北京出版社,2000:209.
② 郑雄.苍凉的辉煌——清华国学研究院和她的时代[M].上海:复旦大学出版社,2021:205.
③ 李济.李济文集(卷1)[M].上海:上海人民出版社,2006:322.

法①，在各方交界处预留土尖，用以控制发掘地层的变化。同时，发掘过程十分注意土色变化。为方便遗物记载，李济又发明了"三点记载法"和"层叠法"。其中，"三点测量"法记载三维坐标，即以零点为坐标，东西行的叫X，南北行的叫Y，下行的深度叫Z；所以，每一件东西，用两根皮尺，在数秒钟内即可以量出其准确位置。而对于屡见的遗物，李济则用层叠法记载层位，即"由起点下行第一米叫作A层，第二米B层，依次递降，用英文字母大写作记。每一层内又分作好些分层。分层的厚薄，由土色及每次所动的土的容积定。分层按上下次序用英文小写字母作记，大字母小字母中间再夹着那'方'的号码就完成一个叠层的记载"②。比如A4b，这个号码的意思就是这件遗物出在第四方、第一层、第二分层。这个发掘和记载的方法虽然烦琐，但非常细密，只需几秒钟就可确定所找物件的原位。

此次发掘获得了一大批陶片等遗物，运回北京后在清华公开展览，引起学术界的极大震动，以科学发掘为特征的考古学得到中国学界的肯定。李济根据此次山西调查和发掘情况，先后写成《山西南部汾河流域考古调查》和《西阴村史前的遗存》两篇学术报告，以西阴彩陶的精细程度为切入点，对安特生的仰韶文化西来说产生疑问。后来，梁思永对西阴村发掘所得陶片进行分类、统计，并与中国其他地区及远东地区的相关遗址进行比较研究，写成《山西西阴村史前遗址的新石器时代的陶器》③一文，第一次将西阴村的考古收获以英文公布于世。而在没有受扰痕迹的一方土中所出的一个"曾经人工切割的蚕茧"，则被史密森研究院的专家鉴定为家蚕

---

① 张新斌,李龙,王建华.河南考古史[M].郑州:大象出版社,2019:77.
② 李济.李济文集(卷2)[M].上海:上海人民出版社,2006:171.
③ 中国科学院考古研究所.梁思永考古论文集[C].北京:科学出版社,1959:1-49.

的茧,证明了中国人在史前新石器时代已懂得养蚕抽丝。①

西阴村发掘后,清华研究院专门设立了考古陈列室,并与大学部历史系合组考古委员会,由李济担任主席。② 但是严格地说,清华研究院还算不上是一个正式的考古机构。由中国人自己设立的考古机构,当首推1928年成立的中央研究院历史语言研究所和1929年成立的中国地质调查所新生代研究室。其中,新生代研究室主要从事新生代地质、古生物和古人类研究;而历史语言研究所的考古工作以追寻中国早期历史时期的考古事业为中心,对商都安阳进行了十五次大规模考古发掘,逐渐形成了一套研究传统,并且培养了一大批优秀的考古学家,直接影响了以后的中国考古工作发展。

西阴村史前遗址发掘成就了李济的名声,1928 年夏,弗利尔艺术馆馆长洛奇知道西阴发掘后,便邀请李济去华盛顿会见,表达了弗利尔艺术馆要与中国进一步合作的意向。回国途中,李济去了一趟广州与傅斯年会见,傅先生请先生做史语所考古组主任,李济被其高远学识、坦诚态度和宏大气魄打动,认为这件事也合自己的兴趣,便应允了邀请,直至1979年去世为止,安阳殷墟成为他的终身事业。

---

① 关于西阴遗址出土的蚕茧标本,考古学家夏鼐先生认为,"这个发现是很靠不住的,大概是后世混入的东西"。卫斯曾对此专门进行过研究,根据周边地区的有关蚕丝资料考古发现,比如:夏县东下冯夏文化遗址中发掘的茧形窖穴;芮城西王村仰韶文化晚期遗址出土的陶蚕蛹;襄汾陶寺龙山文化墓葬中出土的"仓形器";河北正定南杨庄仰韶文化遗址出土的陶蚕蛹;河南荥阳城东青台村仰韶文化遗址中出土的炭化丝织物;甘肃临洮冯家坪齐家文化遗址出土的二连罐上所绘的群蚕图等。因此,"早在夏代以前,晋南广大地区已经开始人工养蚕是比较可靠的,同时作为我国北方人工养蚕的最早起源地也是比较可信的"。从而再次为西阴遗址所出土的蚕茧标本属家蚕之茧提供了例证。见夏鼐.夏鼐文集(第三册)[M].北京:社会科学文献出版社,2017:94.卫斯.我国近代考古学史上的标志碑——西阴遗址首次考古发掘的经过与意义[N].山西日报,2006-02-21(3).
② 齐家莹.清华人文学科年谱(清华文丛之八)[M].北京:清华大学出版社,1999:36.

第二节　殷墟与城子崖发掘

　　李济一生致力最多、成就最大的是考古学研究,尤其是殷墟发掘成为其一生事业的转捩点。安阳殷墟遗址的发现和研究,把中国信史向前推进了数百年。殷墟发现的大量甲骨及相关器物资料,部分证实了传统文献的可靠性,从文献和考古资料两方面证明了商朝的存在,把商朝部分文献引入信史领域,为中国古史重建做出重大贡献。除领导发掘工作本身外,李济对安阳商代文化的大量遗存,还组织进行了近半个世纪的研究,出版了卷帙浩大的学术成果。先生著作等身,共发表150种左右的专著和论文,研究殷墟与殷商文化的著作占据一半以上,其余则是人类学和古史学论著。

　　现代考古学的发展是一个头等天分、头等方法与头等材料的结合,李济先生本身所具备的条件和特质,使他能够出马领导殷墟发掘,从而成功地把中国考古学带到一个新方向,"更多的是他自身迸发、闪耀出的学识与人格光辉所铸就的必然结果"①。"他以不满三十岁的年龄,回国不到四年就执掌国家级研究中心,并主持'将历史知识推进到最前线'的发掘工作,其中固然不无'时势造英雄'的成分。但是安阳发掘本身却不是一个偶然的事件,它是一个在当时学术界酝酿许久方实行的计划。"②

一、殷墟与城子崖发掘历程

　　关于安阳发掘的学术背景,李济在其《安阳》一书中作了简要概述。受传统方法教育的古物家发现甲骨文,在中国开展田野工作的葛利普、安特生、步达生、魏敦瑞和德日进等欧美科学家的学术示范,这两种研究活动汇合在一起,使现代考古学在中国应运而生。其中,傅斯年起了十分关

---

①岳南.那时的先生:中国文化的根在李庄(1940—1946)[M].长沙:湖南文艺出版社,2016:22.
②李子宁.一个传统的诞生:记李济与他的现代考古学[J].湖北文献,1995(117):38-39.

键的作用,除了有渊博的古典知识外,他还有透彻的西方科学知识。① 按照傅斯年当年的构想,安阳发掘主要目的是找寻更多的甲骨文字资料,以填补商代实物史料的阙如,但不料牵一发而动全身,安阳发掘不只出土了大量的甲骨资料,更引发了学术上的一个大变动:不但殷商历史得以改写,理解中国上古史的方法与理念也产生根本性变革。

可是作为考古发掘,安阳发掘过程中所招致的社会性与政治性干扰则是后代考古学者所无法想象的。为了一己私利,古董商不惜动用各种手段,破坏"中央"研究院的学术性考古活动。② 而民众又为知识所限,对古物不正确的观念在作祟,"要是惊动了自己中国人的坟墓,他们就得用严重的罚则作有力的抵制,因是不论何种发掘,都受他们的遏制"③。对考古工作也不能十分谅解,他们不清楚"掘人祖先灵墓"的考古发掘工作与盗卖古董的商人有何分别。比如辛村发掘时,考古工作队95%的精力被用来应付当地士人,因此工作进行得十分困难。1929年10月,河南省政府疑心"中央"研究院发掘安阳的动机,遂以河南民族博物馆的名义另组一发掘队伍,与"中央"研究院的发掘队对着挖,"其目的只在器物之有无,于地层情形、地下状态,皆无专家之记载,因之所出器物,在考古学上

---

① 张峰对"傅斯年与中国现代考古学的建立"作过专题研究。他认为,傅斯年创建了现代考古机构,大力推进考古发掘,提出以"整个的观念"作为考古发掘指导思想,为考古学人才培养作出重大贡献。见张峰.傅斯年与中国现代考古学的建立[J].学术探索,2010(4):97-102.

② 在第十次殷墟发掘期间,1934年11月15日,号称县政府工作人员的李冠领着武官村村长和工人,与当地古董商勾结,以"中央夜晚发掘团"名义从事盗掘活动。殷墟工作队向驻团警察和士兵求救,最终将李冠等人送交县政府。陈存恭,陈仲玉,任育德,访问;任育德,记录.石璋如先生访问记录[M].台北:"中央"研究院近代史研究所,2002:91-93.12月,"中央"古物保管委员会委员滕固、黄文弼赴河南、陕西两省视察,发现殷代故都古迹密布,近来被地痞奸商盗发甚多,满望累累者,皆盗痕也。1936年3月,河南安阳盗掘古墓之风甚炽,彰德县小屯、武安村、侯家庄等村民盗掘古物,售于古玩商,转售于外人,多数流于异域。"行政院"院长电令河南省主席商震,盗掘古墓既摧毁先民制作遗迹,又破坏国家科学事业,危害治安,影响尤巨,"迅饬督察员,依法严究,归案惩办,并迅筹有效办法,防止再度发生"。见卫聚贤.中国考古史[M].北京:中国文史出版社,2015:154,205.

③ [英]霍布森.中国考古学上的新发现[J].朱建霞,译.自然界,1927(2):173-176.

之价值顿为减少"①。1930年3月,河南民族博物馆何日章组织七八十工人,将史语所考古组未完工地段任意发掘、一律毁坏,导致"全部史料,颠倒错乱,无可整理,其所受损失,宁可数计"②;同年12月,小屯、四盘磨、刘家庄一带,王春山、王今品、李全富、董四元等村民聚众盗掘甲骨文字等古器物,还有四盘磨刘金和、刘天奇、李春成、刘合成等以及刘家庄张大羊等四十余人参与其中③。1932年5月,附近村民以"离祖坟太近、伤及地下先人、破了家族风水"④为由,阻挠发掘工作,与工人发生纠纷,甚至诬告陷害发掘团。1934年又有戴季陶通电国民政府,他以狭隘的宗教偏见,诬蔑科学考古为无益与无用,指控安阳发掘为"公然掘墓、破坏民族历史、毁灭民族精神"⑤。1936年1月,国民党95师征用位于冠带巷2号的安阳殷墟发掘团办事处所有房屋,蔡元培分别致信(李济代撰)豫皖绥靖公署主任刘峙、安阳公署王专员,说明办事处房屋是史语所向房主租借,订有长期合同,无法让与,请求严加保护。⑥ 从今日的角度回顾,安阳发掘所遭遇的种种纠纷与挫折,似乎早已因时空的物换星移而显得微不足道,充其量只能当作一个学科传统里不愉快的插曲或不和谐的杂音;然而却足以衬托出一个正在酝酿的时代主题:考古学作为一个解读中国历史的工具而诞生。

殷墟十五次发掘是李济在中国考古学上的重要成就,也奠定了他对中国古史研究的重要基础。自1928—1937年,史语所共进行了3个阶段

---

①"中央"研究院至国民政府呈稿(1929年10月30日)[J]//刘楠楠.民国时期"中央"研究院发掘殷墟相关史料一组.民国档案,2022(2):11-12.

②"中央"研究院至国民政府呈稿(1930年3月14日)[J]//刘楠楠.民国时期"中央"研究院发掘殷墟相关史料一组.民国档案,2022(2):14.

③傅斯年致蔡元培笺函(1930年12月31日)[J]//刘楠楠.民国时期"中央"研究院发掘殷墟相关史料一组.民国档案,2022(2):14-15.

④石兴泽,石小寒.奔波于学术的门里门外——傅斯年师友交往录[M].济南:山东画报出版社,2020:221.

⑤王汎森,潘光哲,吴政上.傅斯年遗札(第二卷)[M].北京:社会科学文献出版社,2015:466.

⑥高平叔.蔡元培年谱长编(第4卷)[M].北京:人民教育出版社,1998:276-277.

15次发掘工作。第一阶段(1928—1934年)主要在小屯进行了发掘;第二阶段(1934—1935年)主要在侯家庄发掘,掘出7座大墓及一个方坑,在东区发现了3座大墓及其周围的1200座小墓。第三阶段(1936—1937年),又继续在小屯村,发掘出不少商代建筑基址及1万多片甲骨。殷墟挖出了大批三千年以上的陶器、占卜用的兽骨和艺术品,解读了这些碎骨、片瓦的意义,坐实了中华民族在商朝的文明状况。

(一)殷墟第一次试掘

关于殷墟第一次试掘的情形,董作宾先生后来写成《中华民国十七年十月试掘安阳小屯报告书》一文。史语所筹备时即派董作宾实地调查出土石经,至白马寺因土匪阻挠未能前往。1928年8月,他前往安阳实地勘察遗址,以查明是否还有一些甲骨值得发掘。到安阳后,他先拜访了本地一些绅士,获得关于甲骨方面的情报。同时,他雇了一个青年人为向导,到挖出甲骨之地亲自查看,发现几个新填上的坑,并捡到一片无字甲骨。综合调查情况,他认为,此遗址仍值得发掘,并拟定了试掘计划。10月,董先生组织了一个由六人组成的工作队,开始了安阳第一次发掘。

此次发掘采取点的试探方法,主要目的是查看地下情形,比较注意甲骨的发掘,对其他出土物并未特别注意。10月13日开始发掘,至30日结束,发掘共进行了18天。发掘选择了三个地点,在村东北洹河西岸的两个点和村中的一个点,出土有字甲骨784片和无字骨头千余片,还有穿孔骨器、动物骨骸、人骨架、蚌片、铁片、陶片等其他出土物。根据地下甲骨的散布情况,发掘队错误地把夯土夯窝误判为水流漩涡,提出"殷墟漂没说"。李济认为,"此次董君挖掘,仍袭古董商阵法,就地掘坑,直贯而下,惟捡有字甲骨保留,其余皆视为副品。虽绘地图,亦太简略,且地层紊乱,一无记载。故就全体论之,虽略得甲骨文(约四百片),并无科学价值。惟彦堂人极细心,且亦虚心,略加训练,可成一能手,并极愿与济合作,斯诚一幸事"[①]。同时,这次试掘也结束了古玩爱好者"圈椅研究的博古家

---

① 刘楠楠.民国时期"中央"研究院发掘殷墟相关史料一组[J].民国档案,2022(2):8-9.

时代"①,为有组织的发掘铺平了道路。

(二)殷墟第二次发掘

此次发掘仍带尝试性质,工作地点在小屯村,分别在村中、村南、村北三处发掘,工作人员有李济、董作宾、董光忠、王庆昌、王湘,参加人员裴文中。从1929年3月7日至5月10日,共作65天。此次发掘工作范围很小,每天雇用工人仅十余人。发掘前,李济认为,"附近邻村据各处调察[查],出商周铜器甚多,且有带彩陶片及石器与绳印瓦片等,地中所藏殆不止一代文献而已。济之计划拟以小屯为中心,辐射四出,尽三五年之力,作一番彻底工作。如此,不但极可靠之三代史料可以重现人间,且可籍[藉]此训练少数后进,使中国科学的考古可以循序发展"②。因此,李济前往开封与董作宾协商,两人同意春节后到安阳再搞一次试掘。由于李济具有西方考古学的科学理念及方法,"这次安阳殷墟的发掘,其重要价值,就在于在研究考证之前,先根据现代考古学的基本知识,作一番有计划有技巧的挖掘功夫"③。因此,从此次发掘开始,工作的重心已由"找宝贝"转到研究地下情形,并不以甲骨文字为限,开始注意甲骨文以外的遗物与遗迹,"把地层上无疑问的出土实物,连陶器在内,尽量地采集"④。同时,发掘工作更为细致,"除系统地记录和登记发掘出的每件遗物的准确出土地点、时间、周围堆积物情况和层次外,还要求每个参加发掘的工作人员坚持写下个人观察到的及田野工作中发生的情况的日记,因而第二次发掘的成果更为显著"⑤。其发掘结果共发现了"字甲五五七四〇片、字骨六八五片,共计甲骨七四〇片。又有大宗陶器、陶片和兽骨,少数石器、铜器及其他遗物"⑥。

---

①李济.安阳[M].石家庄:河北教育出版社,2000:62.
②刘楠楠.民国时期"中央"研究院发掘殷墟相关史料一组.民国档案,2022(2):8-9.
③周予同.最近安阳殷墟之发掘与研究[J].中学生,1930(9):1-8.
④李济.李济文集(卷3)[M].上海:上海人民出版社,2006:57.
⑤沈颂金.考古学与二十世纪中国学术[M].北京:学苑出版社,2003:67.
⑥胡厚宣.殷墟发掘[M].上海:学习生活出版社,1955:53.

从董作宾处了解到小屯遗址现状及其试掘结果,在阅读试掘报告的基础上,李济建立了小屯遗址状况的三个假设:一是小屯遗址明显是殷商的最后一个都城,二是遗址的一个重要中心在出甲骨的地方,三是其他类遗物的时代要视埋藏处多种因素而定。根据这些假设,李济制定了小屯遗址第二次发掘计划。一是为对遗址进行测绘,聘用一个称职的测量员;二是为了弄清楚地下地层,以挖探沟的方法进行试掘以探清地层堆积情形;三是对遗物的出土地点、时间、周围堆积和层次等进行详细记录;四是要求发掘人员坚持写田野工作日记。① 李济将地下堆积分三层:一是殷商文化堆积;二是隋唐墓葬②;三是现代堆积层。同时测量以小屯为中心的遗址地形,由张蔚然负责测绘,于1929年秋季完成测量工作。另外,在整个发掘过程中,对收集到的陶器进行系统记录,这个工作从未间断,而记录方法和分类标准却发生革命性的变化。

另外,发掘与考订是两件不同的工作,各出土物的真正价值,必须经由研究专家审查,然后能确定。因此,5月中旬,发掘工作结束后转入室内整理与研究阶段。随后,史语所暂设专刊《安阳发掘报告》,分期发表研究结果,向公众介绍出土物的发掘经过与种类,以及各种实物的鉴定问题与研究价值。

(三)殷墟第三次发掘

此季工作分为两期,第一期自1929年10月7日至21日,共计两周时间;第二期自11月15日至12月12日,共计四周多时间。因河南军事形势紧张、土匪猖獗,史语所安阳工作站将一部分文物藏于安阳高中和省十一中学,一部分则运回北平,河南地方人士怀疑发掘团私运文物,双方为此发生冲突,第三次发掘被迫中断。③ 为了解决"中央"研究院与河南

---

① 李济.安阳[M].石家庄:河北教育出版社,2000:70.
② 根据这一季的发掘与观察,在有限发掘区域内所发现的五座墓葬都是南北朝或隋唐时代,李济据此断定此时的小屯必定是一块公共墓地。见李济.小屯地面下情形分析初步[J].安阳发掘报告,1929(01):27-48.
③ 马亮宽,马晓雪,刘春强.历史语言研究所与中国现代学术体制的建构[M].北京:社会科学文献出版社,2021:239-240.

地方的工作冲突,傅斯年一面请蔡元培转陈国民政府,说明发掘工作的意义;一面亲赴安阳,与地方要员、士绅交涉,并在河南大学演讲考古,表明学术立场。演讲中,傅先生只谈科学问题、发掘方法,对考古学与古史研究的重要关系详加说明:一是发掘工作只求安全、顺利,绝不据古物为己有;二是科学发掘与采矿大相径庭,不能不经研究、不待完工而急于陈列;三是陈列地点的选择以方便学者研究为标准;四是欢迎地方人士参观发掘方法与研究路径。而对敏感的政治问题与河南省地方的自行发掘不作评论,并与学生热烈讨论,使学生和地方人士对发掘工作的学术意义产生了深刻认识,最终得到河南地方人士的同情与支持。最后,经过艰难的行政磋商,双方商定《解决安阳殷墟发掘办法》五条,即"一、为谋'中央'学术机关与地方政府之合作起见,河南省教育厅遴选学者一人至三人,参加国立'中央'研究院安阳殷墟发掘团。二、发掘工作暨所获古物均由安阳殷墟发掘团缮具清册,每月函送河南省教育厅存查。三、安阳殷墟发掘团为研究便利起见,得将所掘古物移运适当地点,但须函知河南省教育厅备查。四、殷墟古物除重复者外,均于每批研究完结后,在开封碑林陈列,以便地方人士参观。五、俟全部发掘完竣研究结束后,再由'中央'研究院与河南省政府会商陈列办法"①。同时,通过交涉和演讲等形式,"中央"研究院不仅对古物国有观念做了充分发挥,也逐渐促成了古物保管法的颁布与实施。

此次发掘由李济主持,工作人员有董作宾、董光忠、张蔚然和王湘等。除西北地三沟外,这季的发掘集中在村北沿沙丘的地方。发掘开始时的田野工作计划是从沙丘起,对整个遗址进行全面揭露,即采取"卷地毯"的方法,把村北地皮彻底翻出来。由于受到河南省政府发掘队的严重干扰,无奈又重新制定了掘纵横坑的"探沟"发掘计划。此次发掘对陶片的检取寻出了若干切实可用的标准,凡是可以推测全形的以及在全器形态上具有特殊意义的陶片,均在采集范围内,最终登记了五千余片各类陶片。

---

① 刘楠楠.民国时期"中央"研究院发掘殷墟相关史料一组[J].民国档案,2022(2):12-13.

第三次田野工作结果证明,"殷墟的范围实超出小屯村境界以外"①,殷商文化遗迹重要的中心区位于村西北沟与洹河河谷边界之间。在此次发掘中发现了殷商文化最重要的堆积即后来有名的"大连坑"。为了解地下的分层顺序,李济将隋墓地层断面与大连坑未触动的地层进行比较研究,发现殷商文化堆积之上有一个保护层,土色从褐到黑,质坚固,厚度1—2米不等,这层常常是没有任何文化遗物。"大连坑"的出土物及其下窖穴的堆积证明,以下出土遗物和有字甲骨显然属于同一时代:①无字骨和几乎完整的刻字龟版;②各类动物骨头;③多种类型的陶器:白陶、釉陶、红陶和灰陶;④雕刻的骨器和石器;⑤象牙雕刻;⑥距地面10余米深的地下窖;⑦石工具和青铜工具共存;⑧铸青铜器的范;⑨其他出土物。

正如蔡元培所言:"李君(济)最先要解决小屯地层一问题,以为解决其他一切问题之张本。"②地下情况一弄清,单件或成批出土物同时出现的重要性即被广泛认识,这对安阳的继续发掘十分有益。而发掘中发现的彩陶片更是独一无二,这陶片使中国历史学家和考古学家展开了热烈讨论,争论的焦点是仰韶文化与殷商文化的关系问题,这涉及中国早期文化起源这一基本问题。

(四)城子崖发掘

傅斯年在研究古代神话后,提出"夷夏东西说"③,这是西面的"夏"文化已经有了一些眉目,人们自然把眼光转向了东面的"夷"。史语所原计划前往齐国故城的临淄发掘,后因工程浩大而放弃。④ 同时,经过长达两年的详细调查,吴金鼎首次确认,"城子崖遗址及孙家庄南崖之灰土层为龙山文化之最古层"⑤。在得知吴金鼎、于道泉的发现后,李济专程前往

---

① 李济.李济文集(卷2)[M].上海:上海人民出版社,2006:229.
② 蔡元培.安阳发掘报告(序)[J].安阳发掘报告,1929(1):2.
③ 欧阳哲生.傅斯年全集(三)[M].长沙:湖南教育出版社,2003:181-234.
④ 谭城古物在整理中,一部分运平不久将展览,李济之抵平之谈话[N].益世报(天津版),1930-12-20(2).
⑤ 石舒波,于桂军.圣地之光:城子崖遗址发掘记[M].济南:山东友谊出版社,2000:23.

城子崖现场勘察陶片、贝壳、兽骨等,会同学生吴金鼎商量发掘事宜。自安特生发现仰韶彩陶以来,彩陶分布甚广,东自南满,西至西欧,外国学者便提出中国文化全部来自西方。怀着对中国文明"西来说"不服气的心理,傅斯年、李济最终作出挥师城子崖的决定。1930年10月27日,李济与傅斯年赶来济南,代表中研院与山东省教育厅厅长何思源反复磋商,商定由"中央"研究院与山东省政府合组山东古迹研究会,并报经山东省政府同意;李济任工作主任,负责调查与发掘事宜,暂以临淄与龙山为试办区。至此,考古组的田野考古工作移向山东,"要在中国东方的齐、鲁地区,探寻不同于中国西部地区的古文化,证明中国文化的本土性"①。

11月4日,山东古迹研究会在济南正式成立,因严冬将至,可作田野发掘的时间甚短,决定先发掘龙山镇附近之城子崖,原因有二:一是此遗址代表我国北部东方之石器时代文化;二是此遗址包含一种黑色陶器,为从前所未发现者。②7日,城子崖发掘正式开始,发掘人员由李济、董作宾、郭宝钧、吴金鼎、李光宇和王湘组成,共用工人一千多人,发掘面积430万平方米。"发掘工人每6人一组,编号分队,佩戴徽章,统一指挥。发掘坑以长10米、宽1米为一基本单位,发掘坑编号用序数命名,并绘制精确坑位图。在发掘中,有专人做地层观察和出土器物物品记录。有重要古物者,测量其坑中位置与深度,并绘图、摄像。回到室内后先后洗刷、编号、登记、统计和装箱。"③掘地1米处,发现谭国古城垣,同时出土黑陶、铜器、石器以及人骨等古物89箱④,运抵北平整理研究。

城子崖发掘揭示了两层文化:上层为石器铜器兼用时期,所出物品有

---

①张学海.纪念城子崖遗址发掘60周年国际学术讨论会论文集[C].济南:齐鲁书社,1993:1.

②两年半工作:考古成绩展览河南安阳出土山东城子崖出土两大部分之重要物品,研究中国上古史新材料之获得[N].时报,1931-02-23(3).

③傅斯年,李济,等.城子崖[M]."中央"研究院历史语言研究所,1934:8.转引自栾丰实,王芬,董豫.龙山文化与早期文明——第22届国际历史科学大会章丘卫星会议文集[C].北京:文物出版社,2017:148.

④考古主任之济南掘古谈[N].盛京时报,1930-12-20(3).

占卜器、铜器和陶器,陶器以豆为最多,并有版筑城墙遗迹,城基下面多有古战士的遗骸,其中一具遗骸胸内发现铜镞,镞形与殷墟出土物相似且有进化,被认为是商末与周初时期的一种文化。下层属于史前时代的"黑陶文化",所出陶器精致绝伦,均为单黑色,石器有斧、锛、镞、铲等,骨器有锥、针、簪等,陶器有鬲、鼎等。城子崖发掘的结果证明,与较西方的甘肃史前遗物相比,黑陶文化是完全不同的一种史前文化。"这个发现,除了它自身的重要性之外,并供给了发掘殷墟和研究殷墟问题一批极重要的比较材料,好些疑难问题,因此得了一个可靠的解决的根据。"① 在城子崖清理遗物时发现至少六片卜骨,这些卜骨"不但带有钻的圆坎,并且有灼的痕迹"②,它们只经过粗糙的制备,且属于鹿、牛的肩胛骨及一种不能辨定的动物的肩胛骨,而不是龟甲。这和安阳殷墟发掘出土的有字卜骨十分相似,据此推断,这可能是殷墟卜骨的来源。

同时,黑陶文化与仰韶文化相比,显然更接近于历史时期,是中国东部文化圈内由史前到历史时期的一道扼要桥梁,"把我们对于黎明期中国文化较简单的、单调的印象所具有的内容充实了,并增添了丰润的色彩"③。"黑陶文化"的发现是这次发掘的最大收获,在"黑陶文化"层中不但发现了与仰韶文化彩陶迥然有别的黑陶,而且发现了新石器时代的卜骨21件,还有围绕遗址的一圈版筑夯土城墙,"长450米,宽390米,基址厚10米"④。但更重要的是,这个文化的内涵,一方面与殷商文化有所联系,另外也与中国西部的史前文化有明显区别,而自成一个东方系统,显现出中国早期历史的"夷夏东西"之势。

总之,城子崖的考古工作解释了一些殷墟发掘中难以说明的现象,"替中国文化原始问题的讨论找到了一个新的端绪"⑤,进而把史前和历

---

① 胡厚宣.殷墟发掘[M].上海:学习生活出版社,1955:57.
② 李济.李济文集(卷2)[M].上海:上海人民出版社,2006:48.
③ 李济.李济文集(卷5)[M].上海:上海人民出版社,2006:340.
④ 李季.中国古文明起源漫谈系列之三——龙的传人与龙山文化[J].百科知识,1999(4):61-63.
⑤ 张光直,李光谟.李济考古学论文选集[M].北京:文物出版社,1990:189-193.

本工作难免近于猜测。如将年代确知的殷墟所出器物为审定标准,则其他各处所出的陶片杂物,均可用比较方法而得其先后,因此,殷墟不啻为其他古墟知识的年代标尺。

第二,就殷商文化来说,有好些问题是文字所不能解决的,而就土中情形可以查得出的。因此,"中央"研究院为彻底解决殷墟问题,不惜大举工作,其目的就在于此。可以说,若站在学术观点上来看,投下几十万资金,继续发掘殷墟三五年,也是极有意义的牺牲。此次发掘成绩也很可观,出土物品有陶片、字甲、字骨、铜器、石器、兽骨、墓葬、蚌蛤、蚌器、石刻等。

第三,该团自前数日起,增加工人为七八十名,分在四盘磨、高楼庄发掘四盘墓,又发现俯身葬一座,和以前所得共有5座,可证铜器时代有俯身葬的风俗,大概说来,屯村一带应是当时殷墟的中心,所有宫殿居室都在那里。至四盘磨,则似是城外墓葬区域,又高楼庄的发掘虽为试探性质,但结果颇佳。该处发现有黑色陶片,与山东所出土者很有联络的可能,唯此处与殷墟尚未获得极鲜明的联络关系。若找了出来,则殷墟与山东两种文化可以连成一个系统,那我们对古代中国文化就有进一步的认识了。以上数项不过就重大的几点,实则此次发掘所获关于殷商文化的知识尚多,而且还知道炼铜的技术,并且其炼厂应该就在小屯,另外又有一兽骨,长约一米半,宽约9米,则是鲸鱼肩胛骨。这又可以证明当时商人与海滨一带的关系,因为鲸骨及各种兽骨,还有许多石刀及陶片,这些很明显地告诉我们,石刀与这些兽骨确有关系,即他们吃食这些兽肉时,是用石刀来刮割的,可以证明商代虽已进到铜器时代,却还没有完全脱离石器时代。①

(六)殷墟第五至九次发掘

第五至九次发掘的宗旨仍是探寻殷商王朝的建筑基础。小屯的发掘集中在B区和E区,发现了更明显的夯土区。E区发现的一个夯土区是

---

① 发掘殷墟发现更完整之字骨,证明商代商用石器[N].民国日报,1931-05-08(06).

由纯黄土做成的台基,这个台基横断面呈方形,方位向北,但下方遭到后来的破坏。

第五次发掘从 1931 年 11 月 7 日至 12 月 9 日,实际工作一个月零半天,董作宾主持,参加者为梁思永、郭宝钧、刘屿霞、王湘、刘耀、石璋如、张善(清华大学实习生),还有河南省政府派了马元材、安阳教育局李英伯和郝升霖。此次发掘方法、记载情形、收集标准与编号方法与第四次相同,但重视夯土范围、窖穴形式、遗物位置以及地层排叠情形,发现彩陶、黑陶与灰陶三层叠压的文化遗存。

第六次发掘由李济负责,从 1932 年 4 月 1 日到 5 月 24 日,发掘范围扩展到小屯村西南的王裕口和霍家小庄以及小屯村北洹河北岸的侯家庄。此次发掘集中在版筑下方圆坑的构造与排列,"同时在方法上、记录上,都有新的改进"①,比如,"重视遗物的位置,兼注意遗址的范围""由支离片段的寻找,走上系统发掘的道路"②。虽然出土的实物不多,但地下建筑的轮廓却保存良好。一个重要发现是有关建筑遗迹的,即发现几排未加工的大小适度的砾石沿夯土边缘规则地排列着,这些明显是用作支撑柱子的基石。这一发现使我们认识到,在前几次发掘中常遇到类似大小不同的砾石可能也是建筑遗迹。这样看来,探寻工作自然越做越富有意义。同时发现了殷墟曾经经过长期居住的物证,那就是发现了坑内套坑的居住现象。"又发现字甲四三八片、字骨三片,共计甲骨四四一片。此外就是一些普通的陶、骨、蚌、石之类了。"③

从第七至第九次,殷墟发掘工作范围"又从河南安阳县,扩展到河南浚县的辛村、刘庄、大赉店,巩县的塌坡、赵构、马裕沟,成皋县广武镇的陈沟、青苔和山东滕县的安上村、曹王墓、王坟峪"④。董作宾与郭宝钧轮流

---

① 胡厚宣.殷墟发掘[M].上海:学习生活出版社,1955:49.

② 石璋如.第七次殷墟发掘:E区工作报告,安阳发掘报告[J]."中央"研究院历史语言研究所,1933(04):710.

③ 胡厚宣.殷墟发掘[M].上海:学习生活出版社,1955:71.

④ 胡厚宣.殷墟发掘[M].上海:学习生活出版社,1955:71.

领导发掘工作,目的仍是继续探寻建筑基础,深入研究夯土筑法发展的不同阶段。第七次发掘更加关注遗迹现象,"注重在殷墟中找遗址,在遗址中觅遗物,远窥址与址的联络,近查物与物的关系,并详记物、址个体所占的精确处所,探讨它们彼此相互的深刻意义"①。第八次发掘地点在后冈,首次发现大墓,揭开后发现已被盗,但"梁思永发现了仰韶、龙山和殷商文化相迭压的堆积"②。后来,在第九次发掘中,侯家庄也发现了与小屯殷商文化关系密切的堆积。

(七)殷墟第十次发掘

1934年10月3日开工,1935年1月1日停止,共计91天。发掘由梁思永主持,参加人员有石璋如、刘耀、祁延霈、尹焕章和胡厚宣,还有河南省政府派马元材参加发掘工作。雇用工人约百人,均为附近村民,工资每日四角,伙食自带。发掘面积约60亩,"发掘极有层序,凡每一坑坊均有殷墟发掘团成员一人或二人,从事记载坑之大小,出土物之名称、数量,其名贵珍品,就坑即为摄影"③。此次发掘成功地找到了墓地的位置,即侯家庄西北被本地人称为"西北冈"的一处土岗。此次发掘发现大墓4座、小墓63座,大墓规模宏大,应为殷代统治者的帝王陵,呈现俯身、仰身、屈肢等不同姿势,出土了许多青铜器、石器、玉饰品、花骨和白陶等遗物。其中,发掘团掘得六片半甲骨,字多者达二百余,据梁思永称,"此六片半甲骨等于该时代之半部历史,其价值当不可限量"④。

(八)殷墟第十一次发掘

1935年3月5日开工,6月15日停止,持续90多天,开支预算达二至三万银元。当时研究所的资金十分有限,幸运的是研究院总干事丁文江对田野考古有极大的热忱,请"国立中央"博物院分担了部分经费。"中

---

①石璋如.第七次殷墟发掘:E区工作报告,安阳发掘报告[J]."中央"研究院历史语言研究所,1933(04):710.
②李济.李济文集(卷2)[M].上海:上海人民出版社,2006:366.
③发掘殷墟今秋所获不多[N].民报,1934-11-09(1).
④发掘殷墟今秋所获不多[N].民报,1934-11-09(1).

"央"博物院与"中央"研究院订立了暂行合作办法,"考古部分,应发展陈列技术;一切研究工作由历史语言研究所主持之,由'中央'博物院赞助发掘费"①。研究结束后,出土器物送博物院永久保存。据石璋如回忆,此次发掘创造了五个最多:"参加的工作人员最多,用工人数最多,用钱最多,占地最多,收获最多。"②这次发掘工作由梁思永主持,参加人员有石璋如、刘耀、祁延霈、李光宇、王湘、尹焕章和胡厚宣,还有河南省政府派员马元材以及实习人员夏鼐。发掘所得十分丰富,有力地证实科学发掘不仅提供一个找到埋葬遗物的可行方法,而且能促进科学和知识的进步,"同时也是最完善的组织工作和最高的行政效率的典范"③。此次发掘清理了西区4座大墓,揭开了东区411个小墓。不少小墓是牺牲的埋葬,只有头骨或无头躯干,为"人牲"现象提供了确凿证据。在大墓中特别珍贵的是那些易腐烂的竹、木纤维等留下的精细痕迹,还有雕刻的大理石、大的青铜器和精致玉器等。"法国汉学家伯希和与中国学者徐中舒、滕固、王献唐,清华大学的闻一多携燕京大学的陈梦家,以及河南大学师生也相继前往工地参观。"④

在傅斯年致蒋介石的信中,附了李济的拟稿"梁思永对于中国上古史之贡献"⑤,文中对梁思永在侯家庄遗址发掘中的贡献做了详细说明。李济认为,侯家庄发掘事前有精密的计划与准备,执行时谨慎而不躁进,所得的新知识有系统、有条理,所作报告无夸张,无遗弃,实为现代学人的楷模。出土器物蔚为大观,无论"牛鼎、鹿鼎"等古铜重器还是车饰、铜面具等小件铜器,都精美绝伦,具有无上的历史价值。若加以现代科学方法的整理,不但为商代文化绽放异彩,且为古器物研究建立深厚基础;搜集到

---

① 王汎森,潘光哲,吴政上.傅斯年遗札(第二卷)[M].北京:社会科学文献出版社,2015:565.

② 梁柏有.思文永在:我的父亲考古学家梁思永[M].北京:故宫出版社,2016:89.

③ 梁柏有.思文永在:我的父亲考古学家梁思永[M].北京:故宫出版社,2016:89.

④ 梁柏有.思文永在:我的父亲考古学家梁思永[M].北京:故宫出版社,2016:87.

⑤ 王汎森,潘光哲,吴政上.傅斯年遗札(第二卷)[M].北京:社会科学文献出版社,2015:973-974.

的殉葬人骨近千副,为研究殷商民族体质及其与现代华北人体质关系的可靠资料,而中华民族久远的渊源也多一段实物的证据。梁思永《小屯、龙山与仰韶》一文,使若干似无联系的史前遗址,逐渐成为有固定地位的历史资料。伯希和称赞殷墟为近代汉学发展之一最重要阶段,尤推崇梁思永在侯家庄的工作。

(九)殷墟第十二次发掘

1935年9月5日开工,12月16日停止,持续了近百天,规模更大,发掘面积达9600平方米;每日的工人500多,最多达到590余人。[①] 发掘由梁思永主持,工作人员有石璋如、刘耀、李光宇、高去寻等12人。西区发掘了7座大墓,东区清理了近800个小墓。发现的遗物很丰富,除了得到关于大墓的复杂结构和殷商工程技术的大量详细知识外,主要新发现有:①版筑在殷商建筑中所占的地位;②由一个陵墓的经营所看出的殷商时代埋葬制度及对于人工组织的力量;③杀人殉葬的真实性与它的规模;④物质文化之发展阶段及统治阶级之享受程度;⑤石雕的发现及装饰艺术的成就;⑥青铜业的代表产品。

(十)殷墟最后三次田野发掘

安阳发掘的最后三次发掘,集中在小屯探寻建筑基础,主要目的是考察建筑基址。因为实行"平翻"方法,此次发掘发现了许多重要遗迹:揭露出大批祭坛、宗庙、宫殿、作坊和住宅的建筑基址,同时发现夯土层下有地下居所、窖穴、水沟或墓葬等遗迹。这些地下建筑绝大部分是殷商以前的早期文化遗迹,对研究殷代的建筑很有帮助。"就考古学的发现来看,挖穴的技术源于新石器时代,挖窖的技术或者始于殷人,由这些窖穴的遗迹可以知道殷代穴居的制度。"[②]其重要发现,李济分两组罗列:A组是意外获得的发现物,即车马坑和H127坑出土的刻字甲骨档案库;B组是系统的科学记录和逐步收集积累的资料,如人形、动植物、陶器、地下坑穴和居

---

① 石璋如遗稿.安阳发掘简史[M].台北:"中央"研究院历史语言研究所,2019:3.
② 胡厚宣.殷墟发掘[M].上海:学习生活出版社,1955:105.

第二章 挖掘出中国的历史：李济的科学发掘历程

所、地面建筑基址，每一项都为了解最初历史时期人们的生活方式，提供了资料和说明。H127坑是在1936年6月12日，殷墟第十三次发掘时意外发现的惊异收获，全体人员用了整整四天四夜的时间才发掘到底。此坑是一个未经扰乱过的坑穴，为了完整保存原来的堆积情形，考古组决定整块地把它运出来，再送到南京慢慢地分部分进行整理。由于没有起重机、汽车和道路，最后用一种抬棺材的办法，才把三吨多重的堆积搬到火车上。

由于史语所的搬迁工作以及出国讲学等影响，自第七次发掘以后，李济就没有常驻安阳，只是在发掘期间去视察和慰问同仁，但其对发掘工作的指导却一直不曾中止。如1935年的第十一次发掘，正是梁思永主持侯家庄西北岗大墓发掘的关键时刻，其编制了一个比以往大5—10倍的经费预算；李济为支持这一重要行动，在南京为此直接奔走，获得"中央"研究院总干事丁文江的批准，动用了他主持的"中央"博物院事业费来资助侯家庄的发掘，最后取得了令国内外瞩目的卓越成绩。又如，当侯家庄西区四个大墓见底、东区发现大批车器时，李济正在筹备"中央"博物院的院址建设，他于百忙之中还专门购置了电影机带到安阳，给以后的发掘进一步留下了宝贵的电影记录。再如，1936年春节第十三次发掘结束时，发现了H127坑的大量带字甲骨，李济闻知后，特地从南京赶来现场参加指导，为使此坑的原状得以保存作果断决策。

1937年，安阳发掘因为卢沟桥事变的爆发而终止。"战事夺走了他的两位女儿，更将规模渐具的考古组打得流离失所。"[①]李济带着大部分安阳标本与原始记录由南京而长沙、而桂林、而四川李庄，最后到达台湾。而当年的考古工作者，有的则在艰苦的生活条件下磨损了健康甚至病故，最后也只有极少数的工作班底迁到台湾。但是安阳的标本整理与研究工作基本上仍持续进行着，到了李济逝世之前，殷墟所发掘出来的大部分资料已然公之于世。而李济讨论中国史前与殷商文化的代表性著作，大多

---

① 李子宁.挖出中国上古史（续完）[J].中原文献，1987(4):12-16.

是在迁台以后才完成的。

二、殷墟发掘成果

抗战前安阳殷墟近十年的发掘，除小屯及侯家庄外，还发掘了后岗、四盘磨、王峪口与霍庄小庄、高井台子、侯家庄南地、武官南霸台、四面碑、大司空村、同乐寨、范家庄等十余处遗址，并调查遗址六十余处。安阳殷墟收获极为丰富，不但获得了有字甲骨近两万五千片，还发现了宫殿遗迹和王室陵墓，另有陶器、骨器、铜器、蚌器、人骨、兽骨和石玉器十万余件，"最可宝贵之材料，如屈肢葬古墓、俯身葬古墓、殷墟版筑法、殷代冶铜术之发现"①。根据有关方面资料的记载，大体上可以作如下归纳。

（一）甲骨刻辞及器物上之刻画文字

1928—1937年殷墟15次发掘，共获有字甲骨24918片②，彻底消除了古典学者章太炎等人对甲骨文真实性的怀疑。卜辞的内容，"刻录着殷王室各王因迷信而占卜问吉的各种事故，上自国家大事，下至帝王贵族们的私人生活，如祭祀、农事、征伐、田猎、气候、天文、营建、疾病、游乐、生子、梦幻及未来吉凶等等"。③

（二）器物和残片遗存

陶器、铜器数量很大。经登记的出土陶器碎片将近250000片，复原为全形的陶容器1700件。其中，灰陶占总数的90%多，红陶将近占7%，硬陶带釉陶以及黑陶、白陶共占3%左右。"出土的大量铸范、泥芯、各类模具、制范工具、炉盆和炉壁残块、熔渣及大量的青铜器物，为我们研究商代青铜器冶铸工艺提供了极为丰富的实物资料。"④

---

①郑师许.十年来之中国考古学[J].大夏，1934(5):159-172.
②李济.李济文集(卷4)[M].上海:上海人民出版社，2006:505.
③张光远.谈殷商帝王文物及五千多年前蚕茧在故宫:中国考古先锋李济博士百年诞辰纪念[J].故宫文物月刊，1995(149):19.
④申斌.商代科学技术的精华——青铜冶铸业[A]//胡厚宣.全国商史学术讨论会论文集（《殷都学刊》1985年增刊）[C].安阳:殷都学刊编辑部，1985:436.

（三）其他工艺品或工艺品残迹

骨、角、牙、蚌、松绿石等制成的工艺品，在建筑基址和墓葬中都有大量发现，其中不乏极为精美的长齿象牙梳、雕花象牙碗，通体光滑、中有极圆大孔的璧，薄的金叶，快利的鱼形刀等。还有充当货币的海贝，腐朽的木器、漆器的痕迹，仪仗的痕迹，附属于铜器的编织品残余，水银等。

（四）兽骨

杨钟健与刘东生曾对发掘所得的长骨、头骨进行研究，结果显示，殷商时代的安阳哺乳动物种类多达29种之多。除龟甲外，动物遗骸以水牛、猪和鹿为最多。此外，发现有羊、马、兔、狗、熊、象、竹鼠、獏、扭角羚、鳖、鹰、鸡等的骸骨，还有虎头骨、象的牙床、鲸肩胛脊椎及肋骨。从后期鉴定结果看，还有犀牛和孔雀的骸骨。而殷商王室远处田猎的习惯也在甲骨刻辞中得到证实，这与殷王室搜集珍禽奇兽的先秦史籍记载保持一致。

（五）装饰艺术

安阳殷墟发掘出土的铜器、骨雕、石雕上的装饰艺术别具特点，多取周带式花纹。青铜纹饰呈现复杂现象，包括许多不同的母题、图案与线条，主要包括动物形、神话动物形与几何形纹等三大类纹饰。

（六）人骨

安阳殷墟十五次发掘中收集到的人骨几千具，杨希枚教授的体质人类学研究发现，这批头骨共分五个类型：类似北方的查克其类型、南方的美拉尼西亚类型、大洋洲常见的矮小民族类型、爱斯基摩人种类型、较少见的类似"胡人"的头骨类型[1]。

（七）墓葬和建筑遗存

就侯家庄西北岗的三次发掘论，发现大墓10个和1228座小墓，大墓中殉葬的多达一二百人或以上。HPKM1004墓坑的横剖面近似方形，墓

---

[1] 李济.李济文集（卷4）[M].上海：上海人民出版社，2006：560.

坑随着墓室的深度逐渐收缩,整个大坑看起来像中国用来量米和麦的方斗。HPKM1004的盗坑回填土中发现一个跪坐人体残部,酷似现代日本人坐在家中"榻榻米"上的姿势。李济亲自对这石刻人形进行了专门研究。这些墓葬的发现,使我们对殷商时代的墓葬制度有了若干深切的了解。建筑遗存,包括地上的王陵、宫室、坛庙、殿庭,地下居住的洞穴、窖藏的窦坑、墓葬及牺牲坑;地上地基和大部分墙壁都是用夯土版筑法建造,没有发现砖瓦和西方常用的石头,但有木柱和柱础的应用。根据残存石刻、现存灰烬及花土痕迹资料,殷商建筑装饰包括石制雕刻人像、神话动物石雕以及墙壁上的刻画花纹。

(八)殉葬和随葬

除人殉外,墓葬中还发现大量殉葬和随葬品。虽经多次盗掘,但留下的仍具科学价值。殉葬的有大量牛、羊、猪等牺牲,以及大量铜器、雕刻品和贵重玉器。随葬品还有车、马、兵器等,还发现随葬仪仗的印痕和涂色的残迹等。

在李济看来,以上资料是最直接的原始资料,它将史前时代与中国古史有机联系起来,借由这些资料可以对殷商时代的中国文化发展作出丰富且具体的说明。同时,它证实了甲骨文的真实存在,证明中国早期历史文化承袭了不同的文化传统,表现出综合创造能力。

三、殷墟研究成果

作为抗战前殷墟发掘的组织者,李济对殷墟十五次发掘及其研究和出版,是他最大的贡献。除了抗日战争期间仓促转移造成的一部分零碎器物的人骨、兽骨方面损失外,可以说绝大部分出土物是保存完好的。就是这样,李济在20世纪50年代以后深以当年没能保存下一些炭块和炭化物而感到内疚。李济本人撰写的有关安阳殷墟论著的数量很大,可分为十个方面。①殷墟总论:《中国文明的开始》(1957年英、1970年中译本);《安阳发掘与中国古史问题》(1968年);《安阳》(1977年英、1982年日译本);《殷文化的渊源及其演变》(1977年)。②发掘报告:《民国十八年秋季发掘殷墟之经过及其重要发现》(1930年);《安阳最近发掘报告及六次工作之总估计》(1933年)。③文化层序:《小屯地面下情形分析初步》(1929年);《小屯与仰韶》(1930年);《小屯地面下的先殷文化层》(1944年);《由笄形演变所看见的小屯遗址与侯家庄墓葬之时代关系》(1958年)。④人骨:《安阳侯家庄商代墓葬人头骨的一些测量特征》(1954年英文版,1985年中译本)。⑤石器:《殷墟有刃石器图说》(1951年)。⑥陶器:《殷墟陶器初论》(1929年);《小屯殷代与先殷陶器的研究》(1955年英文版,1990年中译文);《殷墟器物甲篇:陶器(上辑)》(1956年);《殷墟白陶发展之程序》(1957年)。⑦铜器:《殷墟铜器五种及其相关之问题》(1933年);《记小屯出土之青铜器上篇、中篇》(1948年、1952年);《豫北出土青铜句兵分类图解》(1950年);《殷墟出土青铜觚形器之研究》(1964年);《殷墟出土青铜爵形器之研究》(1966年);《殷墟出土青铜斝形器之研究》(1968年);《斝的形制及其原始》(1959年);《殷墟出土青铜鼎形器之研究》(1970年);《殷墟出土五十三件青铜容器之研究》(1972年);《殷墟出土青铜礼器之总检讨》(1976年)。⑧其他工艺:《研究中国古玉问题的新资料》(1948年);《跪坐蹲居与箕踞》(1953年);《殷墟出土的工业成绩——三例》(1976年)。⑨殷商艺术:《殷代装饰艺术的不同背景》(1955年英);《殷商时代的陶器与铜器》(1957年英);《安阳殷墟遗址出土之狩猎卜辞、动物遗骸与装饰纹样》(1957年英);《笄形八类及其文饰之演变》(1959年);《殷商时代的历史研究》(1969年);《殷商时代青铜技术的第四种风格》(1964年)。⑩葬俗:《俯身葬》(1931年)。

作为抗战前安阳发掘的主要领导人,李济对发掘成果的撰写出版十分关心并承担重大责任。发掘报告的初步整理和发表比较繁杂,研究成果报告在短时间内绝难完成。八年抗战期间,史语所考古组和古物几经波折,最后到达四川李庄;抗战结束后又迁回到南京。抗战期间研究和出版条件极为艰难,只见到一些初步成果。抗战结束后直到1948年,情况略有好转。这里把李济负责主编的学术成果列举如下:

1.《安阳发掘报告》1—4册(1929—1933),共载有论文34篇,其中多数是发掘报告,少数属于初步研究成果。

2.《中国考古学报》,原名《田野考古报告》,共出 1—4 册(1936—1949),共载论文 26 篇。性质与《安阳发掘报告》同,不过因田野工作范围的推广而改名。鉴于田野工作无法恢复,从第 2 册起更名为《中国考古学报》。除调查和发掘报告外,已包括不少有分量的研究成果。

3.巨册型的《中国考古报告集》,由李济担任总编辑,各册分设主编。从 1934 年起到李济逝世前,共出版了以下数种:《城子崖》(1934);《小屯》:第一本殷墟遗址的发现与发掘;乙编殷墟建筑遗存;丙编殷墟墓葬第二本:殷墟文字甲编一辑;乙编上、中、下三辑;丙编上、中、下三辑;第三本为殷墟器物甲编陶器上辑《侯家庄》。

4.《中国考古报告集新编——古器物研究专刊》,共出版 5 大册(1964—1972 年)。

5.《历史语言研究所集刊》第 27—45 本(1955—1972 年)。

此外,在抗日战争期间,"1945 年出版了《六同别录》,发表了石璋如的《小屯后五次发掘的重要发现》《小屯的文化层》和《河南安阳后冈的殷墓》等报告,以及董作宾对甲骨文的研究文章"[①]。

《安阳》是李济的最后一本专著,1977 年由美国华盛顿大学用英文出版,论述和史料兼备,既亲切细腻,又深入浅出。李济对安阳发掘的来龙去脉做了详细而权威的交代,涉及田野工作、出土物的整理、保管及室内研究等方面,从安阳发掘与中国古史和传说关系的角度,探讨了建筑遗存、经济生活、装饰艺术、谱系、贞人、祖先崇拜和殷商人的体质等研究成果,构建殷商文化的多元图景。他从一个亲历者和领导人的角度出发,对考古组的工作做了详细介绍,用通俗的语言写下了许多难忘的片段和回味无穷的故事,再现了这段光荣历史。

综上所述,殷墟文字材料点活了中国上古史传说,证实了殷本纪等古代历史文献,突破了依据文字记录写作历史的传统限制,把中国的信史推

---

① 中国社会科学院考古研究所.殷墟的发现与研究[M].北京:科学出版社,1994:14.

早了六七百年至一千年。"不管是从这里出土的器物,以及在出土物上所写的文字来考察,还是从龟甲的使用方法来考察,都和过去书籍上所记载的风俗习惯,还有殷代文化的相关传说完全符合。"① 但是,"安阳的学科价值不仅仅局限在这些客观数据上,它的奠基价值更多地体现在考古学知识体系和考古学人才的培育上"②。一方面,安阳殷墟奠定了中国田野考古工作的基础,"安阳培育了中国考古学的区域性历史知识,即如何辨认地层、墓葬、建筑等遗迹单位,如何发掘,如何对器物进行描述和分类,如何实现考古学器物组合和文化上与上古史重建的结合……无论是墓葬和房址的发掘,还是器物类型区分,中国考古学在随后数十年的工作思路都可以在安阳找到早期线索"③。另一方面,殷墟发掘为中国上古史研究奠定了科学基础,包括考古组"十兄弟"④在内的许多田野考古工作者都是在殷墟工地里训练出来的,"可以说殷墟发掘是培养中国近代考古学人才的摇篮"⑤。

因此,"殷墟的发现、发掘与研究史,正是中国考古学史的缩影"⑥。安阳发掘是中国学术史上一次富有特别意义的事件,在影响上却远胜于周口店发掘工作,先后发掘了四万三千平方米,发掘出遗址十二个,"架起了中国史前史和中国历史的桥梁,为追寻中国文明的起源开启了正确的方向"⑦。无论是发掘计划的延续性,还是田野发掘工作水准,安阳殷墟均达到了当时无法企及的高度,而载入中国考古学的光辉史册。

---

① [日]内藤湖南.东洋文化史研究[M].林晓光,译.上海:复旦大学出版社,2016:5.
② 徐坚.暗流:1949 年之前安阳之外的中国考古学传统[M].北京:科学出版社,2012:13.
③ 徐坚.暗流:1949 年之前安阳之外的中国考古学传统[M].北京:科学出版社,2012:3.
④ 考古组"十兄弟"包括:李景聃、石璋如、李光宇、刘(尹达)、尹焕章、祁延霈、胡厚宣、王湘、高去寻、潘悫。
⑤ 蔡凤书.中日考古学的历程[M].济南:齐鲁书社,2005:51.
⑥ 唐继根.考古与文化遗产论集[M].北京:科学出版社,2009:372.
⑦ 陈星灿.考古随笔(三)[M].北京:文物出版社,2020:263.

第三章 人类学派的古史学家：李济的考古人类学思想

第一节 李济的考古学思想

中国科学考古学与近代中国时局密切相关，一方面它继承了中国传统金石学的内容，与甲骨研究有很深的渊源；另一方面也与西学东渐的学术大背景以及新文化运动破旧立新的社会风气息息相关。中国传统古史观被疑古风潮摧毁，使当时的学术界普遍认识到，要解决中国古史问题，考古工作的必要性必须受到前所未有的重视，于是产生了借助"锄头科学"重建古史的考古派①，而傅斯年、李济无疑是这一派的代表。他们领导的安阳发掘不只是资料处理与收集方法的变革，对整个学科走向也产生决定性的影响。透过有步骤的发掘程序及有系统的资料排比，李济突破了宋代以来以文献典籍校正器物名称与功能的传统，而从器物本身及

---

① 周予同认为李济是"史观派中的考古派"，因为他不仅以发掘整理这地下的史料为满足，且进而解释这些史料。由"甲骨学"的名称而转变为"小屯文化""青铜器时代文化"或"白陶文化"研究，以与以前一时代的"仰韶文化""新器时代文化"或"彩陶文化"研究相对，这正表示中国新史学发展的标识。《殷墟铜器五种及其相关之问题》一文，认为殷商文化不是单纯的古代的中国文化，而是复合的文化，这文化有三个来源：一是本土的文化代表这文化的是甲骨文字、鬼卜、蚕桑业和一部分陶器。一是西土的文化，也就是和仰韶文化有关的文化，代表这文化的是陶业。一是南亚的文化，代表这文化的是稻米、水牛、青铜器中所含的锡及文身的民俗。考古派可以说是"将死的材料返为活的人事的记载，以便治史者引起对于本国以往历史之温情与敬意"。考古派持"考史明变"的观点，希望治史者抱一种"无征不信"的客观态度，其出发点是理智的、学究的。考古派的研究方法虽比较琐碎，研究的范围虽比较狭窄，但这种为史学基础打桩的苦工是值得赞颂的。见朱维铮.周予同经学史论著选集(增订本)[M].上海：上海人民出版社，1996：552－553.

其考古情境来解读这些"哑巴材料"。

一、考古学术语体系的构建尝试

从东周以降,中国金石学经过宋代的高峰发展而成为一门正式学问。到了有清一代,从金石碑刻到印玺、封泥、画像石、瓦当、钱币和墨砚等各类遗物,到十九世纪末二十世纪初,西域汉简、敦煌文献和殷墟甲骨的出土,使中国长久发展的金石学传统终于转向了地下出土材料。而西方人纷纷来到中国搜集古代文物,把西方现代考古学的一些概念和方法带到中国。"今天我们所用的陶、铜、玉器名称及描述的术语,有关墓葬的术语,田野考古中有关不同性质'土'的术语,都是在早期河南考古工作的过程中形成的。"[①]而"中国考古学中更为基础的文化层、灰坑、建筑、墓葬等遗迹的辨识都是从安阳田野中培育出来的"[②]。

一是器物命名方面。为古器物定名实在是一件需要细心思考的工作。器物的名字起源于它的形态或使用者较多,有些传统学者似乎完全依据器物的功能进行定名,而功能是否与形制有固定的联系,则是一个需要深入探讨的课题。给古器物命名就等于考订每一类器物的生命史,这种考订必须以实物为主,探求它们的功能及其形制的演变。因此,我们便面临两大问题:一是名字与形制的关系;一是形制与功能的关系。若从实物出发,则器物的形制问题容易解答,形制既有时代变异,又有地域差异,这两种因素导致的形制演变便会产生很多变种,因此要用不同的名称加以区分。而器物的功能问题相对难以解决,一个有效的途径是观察器物被放置在地下的原始情形,由此推测它的功能。

关于陶器的定名,李济认为应该遵循两个重要规律:一是名称随用处走,通过定名就可以确定器物的用处。如尊,本是装酒的,它圈底时候是

[①] 刘斌,张婷.河南地区考古对中国早期考古学术语形成的贡献(1921—1949)[J].西部考古,2017(14):375-401.
[②] 徐坚.暗流:1949年之前安阳之外的中国考古学传统[M].北京:科学出版社,2012:13.

如此，它变成以牺形为造型的象形样式，它的名称用处还是如此。二是形制随时代变化：形制不但与名无永久关系，它与用处也不一定有永久关系。如觚形器，可以为痰盂，而鼎形可以为香炉。因此，我们必须了解这种分别，方能讨论古物变化的意义。^① 他提出，以古文字形比较实物和把陶器形式与铜器比较是命名的两种具体方法，同时参考《西清古集鉴》等著录，对于殷墟部分陶器，尝试用形态或特征命名。

关于铜器命名方面，李济坚持"名者，实之宾也"的名副其实原则，既不沿袭中国古器物学的旧名，也不赞同梅原末治、高本汉之应用"利器"与"武器""用器"之名。李济提出以"锋刃"指代器物形态的一部，所指现象具体切实，"可以澄清形态与功能混淆的局面，收若干打扫的效用"[②]。

此外，在器物纹饰方面，凡是指制造程序的如堆塑、彩绘、刻画等，均用"文"字结尾，即划文、刻文、堆文等；凡是指花纹形态或成分的，都以"纹"结尾，如方格形纹、三角形纹、鱼形纹等；凡是讲装饰艺术的一般情形时，即以"文饰"为代表，而具体的装饰构成图案，则称为"花纹"。李济根据《吕氏春秋》的界说，将"有首无身"的复合动物正面称为"饕餮"；将代表一个腹饰四分之一的每一个单位称作"象限面"。

二是墓葬术语方面。(1)按照葬姿，分为"屈肢葬""俯身葬"与"仰身葬"；(2)按照葬具，把用砖作墓室的唐墓叫作砖葬；(3)按埋葬物，把墓葬中以铜刀、铜斧、砾石三种器物为随葬品的墓叫作刀斧葬。

三是与地层相关术语。将灰土填满的地穴和地窖统称为灰坑，将自然形成的天然土叫净土；将人类作用过的土称为活土；两种以上土混合而成的土叫杂土；漆木器腐朽后遗留在泥土上的纹饰叫作花土[③]；由夯土、淤土构成的地层叫版筑层、淤土层；位于地表的地层叫地面层，翻动扰乱过的地层叫翻动层。

---

① 李济.李济文集(卷3)[M].上海：上海人民出版社,2006:3-4.
② 吴相湘.民国百人传(第四册)[M].台北：传记文学出版社,1979:239.
③ 李济认为，一些印在"花土"里的图案仍清晰、鲜艳，为研究这时期装饰艺术的发展提供了丰富的资料。见李济.李济文集(卷2)[M].上海：上海人民出版社,2006:374.

综上所述，今天考古学界所用的陶、铜、玉器名称及描述的术语，大都是在早期考古工作过程中逐渐形成的。殷商时期的器物遗存、墓葬及建筑遗迹都极富地域色彩，最终催生了一批具有中国特色的考古学术语。

二、考古地层学和类型学的方法探索

地层学和类型学是考古学研究的主要方法，在实际的研究工作中发挥重要作用。地层学是18世纪末期以来地质学研究中的一个主要部分，被引用到考古学中，逐渐发展出考古地层学。它是研究人类的文化遗存在地层中的堆积状态和层序，以求了解相对的时空关系，进而探究人类社会文化的变异。20世纪初期，以安特生、葛利普等为代表的西方地质学家、古生物学家来到中国，开展地质调查、收集中国标本以及文物，带来了以"标准化石"确定相对年代的地层学方法。而面对大量难以及时处理的考古资料，作为整理资料和解释出土文物的一种基本方法，类型学便应运而生。它主要依据文化遗存的共同属性或特征，进行系统化的组织、分类，了解文化遗物形制之间的变化关系，进而探寻其中所蕴含的文化意义。李济用地层学和类型学探求殷商文化，兼用历史文献与实物考古去研究商代历史，成功应用了地层学和类型学方法。因此，其弟子张光直认为，地层学和类型学"发展的基础还是李济先生用锄头在小屯最先奠立下来的"[①]。

（一）发掘阶段的地层学与类型学

遗址、地层、文物合成的文化层是考古学的中心理论。因为一个遗址的地层，由于形成线条相同，其土质及土色应相同或相似。反之，不同的地层在土质及土色上也是有差别的。通过细心观察与经验积累，李济推出作为研究出土实物依据的三个条例[②]：一是可以自证的实物，出土的地方必须准确；二是在没有扰乱的地层中，同时出来的实物可以视为同源、

[①] 张光直.对李济之先生考古学研究的一些看法(代序二)[A]//李济.李济文集(卷1)[M].上海:上海人民出版社,2006:13.

[②] 李济.李济文集(卷2)[M].上海:上海人民出版社,2006:218-219.

同时；三是在翻动过的地层出来的品物，它们的来源应该由它们的形象确定。

田野发掘中揭露的任何遗存，必须借用地层的关系以确定其时代。若缺乏地层依据或层位关系混乱，就会令古代遗存失去科学价值。因此，他利用文化层及地层学理论，作为上古史研究的重要根据。1929年发掘小屯村时，李济对小屯地下情形做了初步探察，指出小屯包含三个文化层：最底部的是殷商时期的主要文化堆积，其上面是隋唐墓葬，最上面是现代的堆积层。

随着日后发掘及大量的器物出土，李济又将小屯文化层分为四期：前金属时期，时间是新石器晚期，其文化特征为黑陶产品；在黑陶的上层是王朝前的青铜早期，时间约在公元前1384年；青铜中期在青铜早期上面，这时已进入商代，时间约在公元前1384—1111年；最后的是商以后的青铜中期，时间约在公元前1111年。殷墟的某些发掘地点，有些文化层属于西周或更晚。比如他指挥的"大连坑"发掘，将地层分为11层。因此，这些不同的土质或颜色，是否受到阳光的照射而改变，或者由前人的文化活动如耕种、建屋、挖掘而致，必须详加考虑，甚至要将不同地层的土质做科学测验才可以找出答案。今日看来，他对地层的重视，即土地的质地、土质的软硬与类别以及土壤的颜色等方面研究，仍有参考价值。

由于安阳殷墟出土重要的甲骨文，是殷商最后一个都城，其地层堆积极其复杂。因此，李济从开始主持殷墟发掘之日起，就很敏锐地注意到这一点，提出了正确策略，将殷墟发掘引领到正确的轨道。因为殷墟地层复杂，加上出土遗物繁多，李济对遗址地层的分析研究也经历了不断尝试和修正的实验过程。在发掘初期，李济认同董作宾提出的"殷墟淹没说"，认为小屯地上文化层是由洪水淤积而成，而将夯土当作洪水淹没的沉淀土，其证据主要有三方面：一是在村北发掘时，在黄沙灰土层发现重逾二十磅的石蛋；二是在斜二与斜二北支地层中，较轻的大片骨质物在上，而较重的大片陶片在下，这种位置分配与它们在水中的下沉速度相吻合；三是在未翻动的灰土层发现一个淹死的成童，嘴中全是淤土，这是洪水淹死人的遗留,最可证明洪水经过的事实。鉴于以上事实,李济推测淹没殷都的那次洪水是极大的,"至少可以运送十几磅重的石蛋,并且顷刻之间毁坏人命"①。殷墟第四次发掘后,考古组采取长沟式的发掘,发现了圆穴洞和地窖,尤其是像聚墨的砚台似的无数凹痕。结合城子崖发掘中发现的版筑建筑基址上的凹纹,李济开始放弃"水淹说",认为"版筑说"最为合理②,保持文字的甲骨原在地显然是堆积而非漂移。

随着发掘的深入开展,经过长期的比较与经验积累,他逐渐认识到,"各种实物的时代只能由它的本身性质及出土的情形而定"③。若对坑穴堆积遗物加以适当细心利用,它们可以成为十分有价值的断代资料;要是我们知道了古物的出土情形,那么我们对于古物的相对时代也就得到了一个了解的根据。但是"地层的叠压关系固然是最好的断代时代的材料,但是综合在一起看,仍不能作为一个标定时代的绝对根据"④。因此,土质土色的地层问题必须与类型学分析结合起来综合考虑,比如,李济认为"在翻动的地层中,同著的实物自然也有同原的可能;要是从形象上可以定出它们的相似来,那就没有什么疑问了"⑤。又如,"一方因地层而定殷商遗存的性质,一方又假殷商的物品考较地层的变化"⑥,两者相互为证才能解决小屯的一部分地层问题。再如,李济先生曾借由殷墟最后三次发掘所出土的灰坑,找寻出小屯地面下的先殷文化层。小屯地面下留存的遗迹主要有三:灰坑、版筑和墓葬。其中,灰坑是灰土填满的地穴和地窖,殷墟后三次发掘共记录了469个灰坑,它们形制、构造和大小发生了很多变化。"比较上下灰坑自身的构造与包含的内容,似乎是可以用作断定它们时间相距长短的唯一标准。"⑦因此,李济研究的第一步是尝试按照器物的形制为标准,对各个灰坑出土陶片进行分类统计。然后,他对

---

① 李济.李济文集(卷2)[M].上海:上海人民出版社,2006:216-217.
② 李济.李济文集(卷2)[M].上海:上海人民出版社,2006:282-283.
③ 李济.李济文集(卷2)[M].上海:上海人民出版社,2006:260.
④ 李济.李济文集(卷2)[M].上海:上海人民出版社,2006:53.
⑤ 李济.李济文集(卷2)[M].上海:上海人民出版社,2006:218.
⑥ 李济.李济文集(卷5)[M].上海:上海人民出版社,2006:6.
⑦ 李济.李济文集(卷2)[M].上海:上海人民出版社,2006:294.

上下叠压灰坑内所具陶片的类别相似度进行比对,找出各自异于他坑的特点。随后,他又找出三个主要出土黑陶的灰坑,进一步分析三对灰坑上下层陶片的变迁,发现黑陶在殷商文化层完全没有发现,就此断定黑陶是殷商以前的文化遗留。最后,他又分析了各坑的全部包含物及其差异,才断定黑陶在小屯代表一种先殷的文化层。①

有了完善的发掘方法及地层学,才能进一步分析地下建筑物,如住所、窖穴、祭祀坑、墓葬、沟、蓄水池以至于残存的台阶、墙基等。比如,李济曾对平顶鸟型骨笄进行类型学研究,依据标本代表鸟型形态,依发展顺序将此型骨笄分成五级加以说明,即写真鸟型、无眼鸟型、象形鸟体甲种、象形鸟体乙种和象形鸟体丙种。他对五级标本的形态、出土地点、出土地层进行详细论述,并通过对五型骨笄演变的时空架进行构梳理,探讨小屯遗址墓葬与侯家庄墓葬的时代排列(表3-1)。虽然每一级标本都有其发展及形态,但从写真鸟体到纯几何形的象征鸟体,呈现逐段蜕变的发展态势,"就其原在地点的地层说,时代的先后恰与形态演变的秩序吻合"②,这样由形制繁简而定时代顺序,最终证明没有直接叠压关系的小屯遗址与侯家庄墓葬的时代关系,即"侯家庄西北冈大墓葬开始时,已近于小屯的版筑中期"③。

表 3-1　小屯遗址与侯家庄墓葬时代之联系

平顶鸟型骨笄分期	小屯遗址		侯家庄墓葬		平顶鸟型演变等级
	遗址及其层次	出土骨笄	墓葬	出土骨笄	
Ⅰ前期	下灰土坑	B2312	大墓以前	无	第一级
Ⅱ早期	乙七版筑基址	B1284	HPKM:1001	B2281	第二级
Ⅲ中期	丙一版筑基址	B2408	HPKM:1002	B2295	第三级
Ⅳ晚期	灰土堆积上层	B2186	HPKM:1174	B2293	第四级
Ⅴ后期	地面扰动土层	B1276	无	无	第五级

又如,要证明随葬器与所殉的人处于同一时代,"除了随葬品的形制

---

① 李济.李济文集(卷2)[M].上海:上海人民出版社,2006年:293-306.
② 李济.李济文集(卷2)[M].上海:上海人民出版社,2006:312.
③ 李济.李济文集(卷2)[M].上海:上海人民出版社,2006:307-313.

演变迹象外,我们尚需从器物纹饰及出土坑地层的记录上看它们所表现的秩序"①。"要不是靠着妥善运用地层学和类型学的方法,便很难将堆积如山的考古材料,整理出一个头绪的;更不用说,建立一个清晰的考古文化的年代学框架,划分清楚它们的区、系、类型,并进而了解彼此间的谱系关系了。"②因此,坚持地层学和类型学相互为用的工作方法,对于揭露和了解殷墟遗址的结构和内涵发挥了重要作用。

(二)室内整理中的地层学与类型学

李济对地层学和类型学方法的运用,并不仅限于室外田野发掘过程中,即使在出土器物的整理和分析中,他也充分综合运用地层学与类型学方法,以科学分类的眼光解剖器物形态。

1. 陶器

"陶器形状随时间逐渐而平稳地变化,纹饰也经历了持久长期的改变。考古学家按照这些可见的变化将残破和完整的器皿分类,建立了相对的序列……"③李济关于殷墟陶器的研究,靠着三种记录,即"(甲)出土时的记录及它们在地下的原在情形,以及所在的地层与其他地层的相对位置。(乙)与同时同地层或墓葬出土的他种器物的关系。以上两项记录包括发掘中的记载、照相及图录——这都是断定它们历史价值之原始证据。(丙)他们的质料、做法、形制,以及文饰的研究,为出土后的几种基本工作"④。同时,从考古学立场研究陶器,将会碰到一系列问题,如它们的地层分布、制作方法、形式、纹饰等。

由于战时条件艰难,李济试图与地质研究所的实验室合作,对陶土成分进行化学分析,但由于化学药品缺乏,只好放弃了这一研究计划。于是,李济便从陶器的形态研究做起。当时仅找到彼特里的一本《史前埃

---

① 李济.李济文集(卷3)[M].上海:上海人民出版社,2006:514.
② 臧振华.中国考古学的传承与创新——从《历史语言研究所工作之旨趣》说起[A]//"中央"研究院历史语言研究所.学术史与方法学的省思:"中央"研究院历史语言研究所七十周年研讨会论文集[C].台北:中央研究院历史语言研究所,2000:169.
③ [美]杜朴,文以诚.中国艺术与文化[M].张欣,译.北京:北京联合出版社,2014:14.
④ 李济.考古琐谈[M].武汉:湖北教育出版社,1998:192.

及》作参考资料,但李济发现彼特里的分类标准与我们的出土器物很不相适,参考价值便大打折扣。于是,先生花了几年时间用统一的比例将所有标本绘图,并为完整标本拍照;全面考察各种标本样品,仔细研究它们的质地、形制和纹饰;并对单个标本按照外观重新分类,并参照梅尔兹的色度表,对灰、红、黑、白、硬陶和釉陶的典型标本分别进行吸水力试验。试验结果表明,灰陶、黑陶和白陶之间的差别较小,一般在15.5%与20.5%之间。但上述三种陶片与硬陶标本相比差异极大,每片硬陶的吸水率还不到1%,这些数据为陶器研究奠定了相对可靠的基础。

通过比较研究,李济确立了关于陶器安排的两个基本思路。第一,决定把小屯和侯家庄的所有陶器都计算在内。通过详细研究田野记录及审查所有地下堆积的包含物,李济发现小屯有龙山文化时期的人曾经居住过,实际发掘出土的陶片和容器,无非是史前时期、早商期、殷商这三个时期制造的,而它们又是连续发展的。因此,只能是把全部收集品都放在一起进行整体分析研究。第二,放弃参考埃及学者皮特里的编写架构及其分类思想①,设计出安排陶器的"序列"法,以每件容器底部的形状特征为分类标准,共分六大组别,即圜底、平底、圈足、三足、四足、盖子。在每类中,仍按彼特里的安排法,即矮体大口者在前,一直推展,把体高口小者放在最后;同时兼顾有耳有柄把及其他附体者,用"中间加上英文字母"的方法来表示周壁、横截面与附着器的有无等这些个性特征,并且在数目字及号码字的中间均留有预备位置,以便将来安插新的形制。

基于以上理念,李济的殷墟陶器分析原计划为上、下两辑。上辑是形态学的分析性描述,下辑以历史学的研究为主旨,报告陶器在地面下的分布情形及其历史意义。但由于这批材料数量庞大,再加上战乱播迁而失

---

① 皮特里等埃及学者的办法是就那陶器形制,按照次序,重编名目;分成时代,互相比较,由此定那形制的演化;再由形制的演化,转过去定那时代。见李济.李济文集(卷3)[M].上海:上海人民出版社,2006:4.

散的影响,最后只完成了上辑①。从李济先生对陶器所编的"序数"工作,即可显示出他的类型学方法。序数编制以容器底部的形态为类别形制的基本标准,每一名称都有一个图样替他做解说,共计143式、359型②。所排列的顺序不仅便于检查,还能顺着这个秩序看出自然的类别来。同时,他把不同形制的陶器编排成一套图录,左上角写序数、右下角写出土地、左下角备他种说明。而在学者唐继根看来,"李济关于殷墟陶器的分类方法看似客观,其实很烦琐,不便于把握……但他所体现的尽可能摒弃主观因素的分类思想,一直影响着后来整个中国考古学类型学的发展"③。

2. 铜器

陶器的序数排列为青铜器研究奠定了一定基础,也为研究商都墓葬和王陵出土的青铜礼器提供重要的背景资料。商代青铜礼器呈现两个特征:一是大部分器形为西周初期所承袭,如鬲、觚、鼎、爵等;其二,大部分器型在殷商时代或史前文化的陶器中能找到原型。殷商青铜器是周朝器皿的祖型,而青铜礼器继承了新石器时代陶器器形。

"他(李济)以为类型学不应只在区分形态,不应只在表达变化,他强调对'单类形制多样性'应试图解释其原因……"④因此,李济的青铜器研究,从铸造程序、形制的原始和演变、装饰艺术的设计与内容、款识特征、名称问题、制作目标及其用途沿革等诸多方面展开,仅铸造技术就牵涉到青铜原料、铸造方法、原料开采方法及其有关的一系列问题。铸造、形状、纹饰和文字是基于对器物本身的直接观察,而名称和功用则牵涉到文献研究,即历史的记录与早期文字和语言的意义。"李济先生深切了解到类型学的分类不能为质材所限,须要打破质材的藩篱,才能说明不同质材间

---

① 下辑的材料早已齐备,但李济始终找不出所需要的三个月工夫来完成,他对此很感惭愧。见李济.李济文集(卷3)[M].上海:上海人民出版社,2006:217.
② 李济.李济文集(卷4)[M].上海:上海人民出版社,2006:520.
③ 唐继根.考古与文化遗产论集[M].北京:科学出版社,2009:46.
④ 陈芳妹:艺术史学与考古学的交会:殷商青铜器艺术史研究方法的省思[A]//"中央"研究院历史语言研究所.学术史与方法学的省思:"中央"研究院历史语言研究所七十周年研讨会论文集[C].台北:"中央"研究院历史语言研究所,2000:210.

的形制关系。"①因此,他把纯粹源自铜器自名的"鼎""簋"暂时悬着,直接分析不同质材的器物形制,以器物最下面部分为分类的依据,而有三足器、圈足器、圜底器、平底器、四足器等名目的出现。这种分类法不仅打通了不同质材间器物的形态关系,还能呈现出形制成形与铸造技术之间的有机联系。

同时,有关实验方面的工作主要是由万家保协助完成。万家保在台湾大学工学院受过训练,具有冶金学和工程学方面的知识,有工业制模的经验,并且对铜范和青铜器很感兴趣。所以他根据田野工作者收集的资料,利用修复模型系统研究青铜器铸造程序,以探讨青铜器的生产方法。铜器实验研究结果表明:商代工匠是用块范法铸造青铜礼器,它不同于西亚和欧洲以锻造和失蜡法铸造铜器的传统,填补了中国科技史研究的一个空白②。考古组同仁们收集到几千片陶范,有的经拼合后还能复原。同时,在哈佛燕京学社的资助下,史语所专门建了一个研究青铜铸造技术的小实验室。实验从商代青铜器的原型块范制作开始,当块范组合在一起后即成为青铜器外表的负面;然后是将熔化的青铜汁浇铸在组合的陶范内,经冷却凝固、清整处理后,便得到各种形状和性能的青铜器件。③而李济则重点研究青铜器的器形、功能、铭文、纹饰及其母题等方面。多年持续合作研究的结果,出了青铜礼器专著五本,已在《中国考古报告集新编》上发表,分别是青铜觚形器、爵形器、斝形器、鼎形器和五十三件青铜容器的研究。加上之前关于戈和矛等武器的研究和石璋如关于兵马车的研究,史语所完成了青铜器的全面研究工作。先生在《殷墟出土青铜礼器之总检讨》一文,对青铜器作了以下概况性论断④:一是青铜时代最早

---

① 陈芳妹:艺术史学与考古学的交会:殷商青铜器艺术史研究方法的省思[A]//"中央"研究院历史语言研究所.学术史与方法学的省思:"中央"研究院历史语言研究所七十周年研讨会论文集[C].台北:"中央"研究院历史语言研究所,2000:209.
② 谢崇安.李济先生的考古人类学实践和成就[A]//吴国富.文化认同与发展[M].北京:民族出版社,2011:88.
③ 李济.李济文集(卷4)[M].上海:上海人民出版社,2006:1-69.
④ 李济.李济文集(卷4)[M].上海:上海人民出版社,2006:461.

制造的以兵器居多,实用器物出现较晚;二是以青铜制造日用品,只是有权阶级的专利;三是骨雕及木雕艺术可能盛行于新石器时代,但它们是青铜装饰艺术的一大来源;四是殷商时代已是中国青铜时代的中期,以青铜制造日用品已有很长历史,而冶铸技法演化到了很高阶段。因此,"商代分铸法的使用,和附件中活块模、活块范的出现,是对中国青铜冶铸工艺的新的贡献和发展"①。

在李济看来,技术与艺术是青铜铸造活动的两面:一方面,铸造技术的实验与改进大都反映在装饰的设计与布局上;另一方面,装饰图案的设计创意往往由铸造技术的发明而受到启迪。鉴于此,先生不仅理出了觚形器纹饰发展的时间次序,还进一步推断侯家庄与小屯的先后时代关系,可谓地层学与类型学相结合研究的范例。

作为考古学的两个基本方法,虽然地层学和类型学在考古资料、文化分期、编年和文化区域系谱的建构上发挥重大作用,然而它们的作用仍然有限,对于资料的解释显得力不从心。考古学家可以运用层位学将遗址的地层堆积划分清楚,但很难解释堆积背后人群的行为状况或社会文化。而类型学的分类方法可以分出器物类型,找出它们的变化序列,但看不出人类对器物的使用行为及其差异,更谈不上对其反映的社会或宗教关系进行解释说明。因此,要把考古材料化作历史资料还差一大段距离,关于器物背后的文化起源与变迁,还需要有人类学、民族学等理论作根基,方能把握考古学材料的历史意义。

三、点线面结合,建设多样化的考古学

在考古工作中,李济坚持先以实证精神确立基点,再以发展观念进行线的延伸,最后以宏阔视野进行面的拓展,实现三者和谐统一。

(一)田野发掘方法方面

考古学研究的是人类活动遗留的遗迹遗物,目的是探寻人类文化、社

---

① 卢连成.青铜文化的宝库:殷墟发掘记[M].成都:四川教育出版社,1996:139.

会结构或风俗习惯等历史面貌。一方面,要掌握各种遗物的特质、规律,就必须懂得考古调查、发掘及整理研究方法,否则就无法综合分析各类遗物,重现古代遗存所显现的历史现象;另一方面,也要按照不同遗址的地势、分布情况,而采用相对应的发掘方法。因此,李济认为,"科学发掘的结果,不仅能以古代遗址及遗物之科学价值取信于公众,并能促进对其施加必要保护,并传布科学考古学之进步"[1]。

早在西阴村发掘时,李济就采用了探方及布方方法,开拓了中国科学发掘的先河。当时,先生发现遗址是一个灰土岭,地势南面壁立,突出邻地约三四米,于是决定采取"劈葱式"发掘法。他在这里只开了一个坑,东西八米,南北四米,在这个坑内又分为八方。同时,他在遗址测量及地层记录方面也采用了"三点测量"及"层叠"记载法。前者就是用纵长、横长和深度三个坐标值,记录器物在发掘坑中的出土位置,也就是用经度、纬度与深度的三维坐标来标明器物的准确位置;而后者则是为了屡见物件记载的便利,进一步将地层按标准面下的深度区分为人工层位,然后再在各层中按土色细分自然层位。虽然从考古学方法发展来看,这些已经是考古发掘的基本方法,但"三点测量"法、"层叠"记载法依据土色及每次所动土的容积定分层的厚薄,"的确是现代考古学中地层学的精髓"[2],很有启蒙意义。

今日看来,遗物分层应由其自然分布决定,而不是强迫性的深度或阔度来定。因此,学者陈星灿认为,先生"用一米的深度划分大层"的发掘方法是不正确的,因为"这个大层必然会把文化的自然层次分割开来,造成错觉和误会"[3]。由此可见,李济的发掘方法并非十全十美,但在当时已经很科学化了,与安特生的发掘方法相比,其发掘方法已有三方面进步。一是采取了探方发掘方法,边长各 2 米的探方对于在一个小范围内观察

---

[1] 石舒波,于桂军.圣地之光:城子崖遗址发掘记[M].济南:山东友谊出版社,2000:57.
[2] 杨富斗.对西阴村遗址再次发掘的思考[J].三晋考古,1994(01):14-17.
[3] 陈星灿.中国史前考古学史研究(1895—1949)[M].北京:社会科学文献出版社,2007:122.

第三章 人类学派的古史学家:李济的考古人类学思想

地层及遗物出土的情况极为方便准确。二是更仔细地观察自然层的变化情况,注意到地层的不整齐及厚薄不一的特性,在第四探方竟然把4米左右的地下堆积划分为33层,足见李济对土质土色观察的详细化。与安特生但求深度记录相比,根据这些层次对出土物进行记录显然更合乎科学的要求。三是注意到打破及扰乱的现象,如李济提到第三方南部第二大层到第三大层之间有一块与周围的土色不一样的黄土,又指出在下面还有一个后来的"侵入";还提到第三、四方发现过耗子洞,洞内有谷糠等,并且"自信这些'后来的侵入不能扰乱这层次问题'。这些晚期文化现象的处理看似简单,其实为室内研究奠定了良好的基础"①。

有了西阴村的发掘经验,李济在殷墟发掘时便得心应手,并力求方法的多样化,"总结出基本发掘规程,积累了辨识中国考古学特有的遗迹现象的经验"②。发掘小屯时,先生视环境的不同,因地制宜,先后采用了不连贯及纵、横、连、斜、支及"点"的发掘法,走向密集的"线"的发掘,进而达到"面"的发掘。正如石璋如先生所言,"李先生所使用的考古方法,就是随着地理环境与时代演进及经验的累积而改变。如果我们把李先生所用的方法随着时代排列起来,差不多等于一部田野发掘方法史"③。从"劈葱式的刮地皮"到"兼探四境的由内求外",他那种"先作'点'的探寻,后作'线'的观察,再作'面'的拓展"的发掘方法,仍被现代考古学所沿用。"安阳十五次发掘所采用的各种科学化田野发掘技巧,经过参与发掘工作者的发扬,成为日后田野发掘工作的一个学习典范。"④因此,李济能够随着时代的演进、环境的不同以及经验的累积改进发掘方法,"嗣后田野考古的人员每遇一新的遗址,即实行他的四个步骤:那便是先做点的探找,

---

① 陈星灿.中国史前考古学史研究(1895—1949)[M].北京:社会科学文献出版社,2007:121.
② 徐坚.暗流:1949年之前安阳之外的中国考古学传统[M].北京:科学出版社,2012:11.
③ 石璋如.李济先生与中国考古学[A]//"中央"研究院历史语言研究所.新学术之路:"中央"研究院历史语言研究所七十周年纪念文集(上)[C].1999:147.
④ 李子宁.挖出中国上古史(续三)[J].中原文献,1987(03):6-11.

次做线的观察,再做面的揭露,最后做体的发掘"[①]。

(二)中国早期文化探索方面

通过研究,李济对殷商文化作了以下论断[②]:一是殷商文化层是长期堆积而形成的文化层,可分为方圆坑时期和版筑时期,这一点无论从建筑遗址还是器物的形制与纹饰,均可看得出来。二是殷商文化是进步的文化,石器中的刀,陶器中的皿与鬲、骨器中的笄与镞,青铜器中的戈与矛,这些殷墟器物的形制总是处于变化之中,而甲骨文字的字形、占卜的方法与花纹的母题都表现出尚变的趋向。三是殷商文化是多元的文化,骨卜、蚕桑、黑陶、戈与璧等出土品原始于东方,青铜业、空头锛与矛等确与中亚、西亚有关;而稻、象与肩斧则显然与南亚相关。

先生认为,商文明取得了高度的文化成就,而"通过与境外国家的交往而吸收了一切有用的文化因素,同时对新石器时代末期已在世界各地传播开来的新思想采取了接纳的态度"[③]。他指出,华北地区有两个主要文化传统,一是西北及沿中蒙边界一带彩陶民族发展的夏文化;一是东部沿海一带黑陶民族发展的东夷文化。在李济看来,殷人先祖最先征服东部沿海地区的"东夷人",在吸收他们某些艺术传统的同时,教会他们新的作战技术;后来,又在这支全新训练的军队帮助下,征服了西面的"夏人",并从夏那里学到了许多值得学习的东西。我们虽不能确定受到"夷夏东西说"多大影响,但"李济对西夏、东夷与原商这三种人群的关系的叙述多少具有一种'东征西讨'的影子"[④]。

与彩陶文化和黑陶文化相比,殷商及先商遗迹的文化表现出以下重要特点:①制陶业的新发展;②利用青铜铸造工具、武器及铭器;③高度发

---

①石璋如.李济先生与中国考古学[A]//"中央"研究院历史语言研究所.新学术之路:"中央"研究院历史语言研究所七十周年纪念文集(上)[C].1999:147-150.
②李济.李济文集(卷2)[M].上海:上海人民出版社,2006:289-290.
③李济.李济文集(卷4)[M].上海:上海人民出版社,2006:503.
④张原.考古学中的"文明观"与"历史感"[A]//王铭铭.民族、文明与新世界:20世纪前期的中国叙述[M].北京:世界图书出版公司,2010:273.

展的文字体系;④大规模的墓葬及人牲;⑤战车的利用;⑥进步的石刻①。以上六种文化没有一件能和仰韶或龙山文化有关系,而东夷和西夏两种文化传统均不是殷人祖先的传统,殷代的祖先可能是从跪姿发展到坐姿的中国人。因此,殷商并不是由单纯的仰韶文化或黑陶文化发展起来的,文字、艺术及礼器等重要成分却有另外的根基所在,即殷商文化的基本成素则"另有所自"。

同时,与殷商文化层紧接的黑陶文化和彩陶文化层出土的部分石器,是殷商文化层所没见过的器物。如城子崖和两城镇黑陶文化遗址发掘出土的坡肩石斧,寺洼、仰韶、不招寨及河阴等彩陶文化遗址出土的两端有切迹的长方石刀等②。这说明,殷商文化不仅与彩陶文化有些距离,还与黑陶文化之间也有一段距离。③ 一个内容丰富的大规模殷商文化不可能只靠一个来源,"像仰韶及城子崖这种文化的底子,不得别处的帮助,绝不会发育殷商这种伟大的花果出来"④。

那么商文化从哪儿来?李济认为,应该有一个"原商文化"⑤存在。他推测,"殷商以前仰韶以后黄河流域一定尚有一种青铜文化,等于欧洲青铜文化的早、中二期,以及中国传统历史的夏及商的前期"⑥;他相信"将来可能山西、山东一带,找到一个早期的青铜时代文化,由此而演进为

---

① 李济.李济文集(卷1)[M].上海:上海人民出版社,2006:371-372.
② 李济.李济文集(卷3)[M].上海:上海人民出版社,2006:353.
③ 梁思永先生曾从后冈龙山文化的陶器、蚌器、占卜和葬式等方面与殷商文化进行对比,推断龙山期到小屯期之间大概经过相当的时间和几代的承继者。同时,龙山文化和小屯文化不是衔接的,小屯文化的一部分是由龙山文化承继得来,其余不是承继龙山文化的那部分,大概代表一种在黄河流域比龙山晚的文化。见梁思永.梁思永考古论文集[C].北京:科学出版社,1959:95,97.
④ 李济.李济文集(卷3)[M].上海:上海人民出版社,2006:457.
⑤ 裴文中先生也有类似看法,在他看来,在龙山文化之后,殷代文化之前,不能不有一个过渡时期的文化,我们可以称之为"原始的中国文化"。见裴文中.中国石器时代[M].北京:中国青年出版社,1964:79.
⑥ 李济.李济文集(卷3)[M].上海:上海人民出版社,2006:458.

商"①。同时,从小屯出土种类繁多的动物遗骨来看,原商文化的人们应该习于狩猎。而有字甲骨记录了商王狩猎前的占卜和狩猎后的生活,无疑表明商王室对狩猎有普遍的狂热。因此,商代文化是文化复合体,"融汇了很多不同的文化源流"②,是"综合了东夷、夏与先殷三种各不相同的文化传统结合的产物"③。同时,李济根据典型遗址和青铜器,开创性地对中国的青铜时代进行了分期④,如表3-2所示。

表3-2 中国的青铜时代

时间	典型遗址	特征	年代
早期	小屯丙区 YH379 窖(安阳)	开模铸铜刀,刀身一面为铸铜之自然面	商王朝前
中期Ⅰ	小屯甲区(E16)侯家庄王墓(安阳)	块范铸造、心型戈及其他大的容器	商朝(公元前1384—前1111)
中期Ⅱ	辛村墓葬(浚县)	铸法同上,带有胡的弯戈,四足容器消失	西周
晚期	山彪镇墓葬(汲县) 琉璃阁墓葬(辉县)	考工记所描写的戈,具尖头的内、戟	东周

为了解决青铜文化来源问题,李济将殷商材料与史前材料比较贯通。在殷墟石器中,锤制石斧承自"彩陶文化",而磨制石锛则在黑陶文化中常见,殷墟石器的起源或在戈壁附近的中石器时代打制石器之中。同时,殷墟青铜器形制则可以在新石器时代器物中找到祖型,如"青铜容器的形制仿造陶料和木料容器,青铜器用具和武器则如实地沿用石质用具和武器"⑤;而许多周代的礼器,"在形制与质料两方面,不少可以追溯到殷商时代,并可追踪它们演变的痕迹"⑥;后周时代的若干青铜制的、当作仪仗

---

① 陈星灿.胡适与安特生——兼谈胡适对20世纪前半叶中国考古学的看法[M].北京:文物出版社,2009:203.
② 李济.中国文明的开始[M].南京:江苏教育出版社,2005:32-33.
③ 李济.李济文集(卷4)[M].上海:上海人民出版社,2006:511-512.
④ 李济.李济文集(卷1)[M].上海:上海人民出版社,2006:360.
⑤ 李济.李济文集(卷4)[M].上海:上海人民出版社,2006:506.
⑥ 李济.李济文集(卷4)[M].上海:上海人民出版社,2006:595-596.

用的斧钺之类,"是用实用的石斧和其他的端刃器演变出来的"①。殷墟出土的一种有刃石器,在殷商时代的青铜锋刃器中仍然在继续制造;周代镇圭的原型,也可以在殷墟出土的有穿端刃器己型标本中找到若干石制标本;侯家庄西北冈的石玉器证明,周代的"璧""琮""笏"等礼器,至少在殷商时代甚或史前时代已经开始使用。比如,HPKM1002大墓出土的片状环形类玉石器中璧形、环形及璇玑形器达16器之多。因此,殷商与史前存在密切的文化延续关系。

晚商青铜文化进入鼎盛阶段,出现了精美礼器,而"礼器所代表的商礼也是首都平民阶层所尊崇的规范,商代礼制及其规范在首都大为普及"②,因此,商代文明"为后来的周朝的孔子及其学派所代表的人文主义哲学奠定了相当的基础"③,"承商代青铜文明之盛,创造出发达的西周礼乐文明"④。而青铜戈从殷代中期开始,经过周代,直到秦朝,延续了一千多年;殷周之间经过几百年的艰辛试验,最终于战国时期将戈与矛合而成为武器——"戟",这与"辕门射戟"的传统故事十分吻合。这种武器的类型学演变把殷代和周代的文化在共同基础上联系起来,而"就以后的周及春秋战国所流行的铜器鬲鼎等类形制参证起来,可见殷周文化之直接关系"⑤。同时,父死子继的制度在殷代覆亡前已经实行了四代,说明周代王位继承制是殷商制度的延续。而西周甲骨与殷墟甲骨在卜辞文例上却非常接近,西周行政区划的内、外服制也是商代制度的发展,"这反映出商、周两个部族的文化共性"⑥。总之,"西周数百年还是铜器时代,其文化质素,和殷商文化并无大别"⑦。由此看来,"殷墟文化在很多方面都曾

---

① 李济.李济文集(卷1)[M].上海:上海人民出版社,2006:430.
② 牛世山.神秘瑰丽:中国古代青铜文化[M].成都:四川人民出版社,2004:65.
③ 李济.中国文明的开始[M].南京:江苏教育出版社,2005:19.
④ 牛世山.神秘瑰丽:中国古代青铜文化(引言)[M].成都:四川人民出版社,2004:11.
⑤ 姚绍华.近四十年中国考古学上之重要发现与古史之展望[J].新中华,1936(19):70-81.
⑥ 黄爱梅,于凯.器之藏:考古学视野下的中国上古文明[M].上海:上海教育出版社,2005:183.
⑦ 郑德坤.郑德坤古史论集选[M].北京:商务印书馆,2007:346.

给予周文化以极大的影响。周文明就是建立在商文明基础上的,并将其推进到一个新的高度"①。

综上所述,李济"从殷墟抓整个中国古史中横来竖去的条条线索"②,以商代文化为坚强据"点",后作"线"的拓展,上启彩陶文化、黑陶文化和先商文化,下接殷商文化与周代文化,从"面"上探索中国文化的早期起源与后续发展。"带字的甲骨结合着青铜器,青铜器结合着陶器,乃至可以追溯到更古老的时期的各种器物。通过这些联系,中国早期历史就跟原史,而原史则跟史前紧密地衔接了起来"③。因此,不同质料器物形制的延续性,明显说明了殷商与史前文化、周文化之间无疑存在密切的文化延续关系,这在一定程度上完成了城子崖发掘时的学术愿景,即"希望能由此渐渐地上溯中国文化的原始,下释商周历史的形成"④。

第二节　李济的人类学思想

李济是运用科学方法研究中华民族及上古文化的第一人,其学术生涯的初始阶段集中在人类学领域,其初衷是找寻中国"所属的人种在天演路上的阶级出来"⑤。其领导的安阳发掘起因于史学动机,其结果却进入考古人类学领域,目的是使有关上古与史前的文化论述在中国学问领域取得发言权,用"石器时代""青铜时代"等时空框架代替三皇五帝的朝代系谱,用"制作原始"的探究取代"载籍真伪"的辩论。然而,"历史愈注重说明文化的发展,就愈轻视政治的记载,那么'人类学'对于历史的补助力量也将更为增加扩大"⑥。从此,历史的研究开始让步于文化的研究。而

---

① 中国社会科学院考古研究所.殷墟的发现与研究[M].北京:科学出版社,1994:469.
② 张光直,李光谟.李济考古学论文选集[M].北京:文物出版社,1990:988.
③ 李济.中国文明的开始[M].南京:江苏教育出版社,2005:57.
④ 张学海.纪念城子崖遗址发掘60周年国际学术讨论会论文集[C].济南:齐鲁书社,1993:14.
⑤ 李济.李济文集(卷5)[M].上海:上海人民出版社,2006:412.
⑥ 杨鸿烈.史学通论[M].长沙:岳麓书社,2012:227.

第三章 人类学派的古史学家:李济的考古人类学思想

人类学侧重于人类文化的研究,"以人类学的方法以及从美国学术传统出发来尝试建立中国近代考古学,进而重建中国科学上古史"①,成为李济学术思想的一大特色。"他(李济)研究考古学,并非局限于器物本身,而是带着强烈的人类学关怀,要从发端处奠定理解中国文明的基础。"②至此,踏上考古之路的李济把注意力从人体测量转向文化问题,进而追求中国文化的起源这一重大问题。

一、人类学立场与观点

关于人类学,李济比较认同美国学者罗泊尔的看法,他认为"人类学把人类一切的现象当作自然科学现象去研究,研究有关人类的资料正像研究地震、狂风、蚂蚁、树木、果子一样"③。人类学的宗旨在于研究人类及其产品,它涵盖了人类研究的各个阶段,是各门人类研究学问的一个集合。因此,人类学问题的确定性要更难一些,从而产生了形而上学的自身困境。一个人类学家可以为这门伟大的人类研究坚持不懈地解决相关问题并做出贡献,但最终结果可能会转向考古学、人种学或者语言学,或其他的一些人类学分支,这一困境的解决完全依赖于人类能否以一种真正科学的意义研究自身。而从事少数民族研究的民族学者,"最要紧的似乎是应该从说他们的话、读他们的书(假如有的话)入手"④。因此,为中华民族文化前途计,我们应该从认识自身的身体做起,以关于自己身体的准确知识为基础,"方能取得更多的他种准确知识;由此再作真理追求的准备,方能说到真正的真理追求了"⑤。

一个理想的考古学家,不但必须有考古发掘的知识与技术,更必须具备全人类文化史的视野,李济治学便具有明显的人类学特色。作为人类

---

① 徐玲.留学生与中国考古学[M].天津:南开大学出版社,2009:212.
② 张亚辉.历史与神圣性:历史人类学散论集[M].北京:世界图书出版公司,2010:146.
③ 李济.李济文集(卷1)[M].上海:上海人民出版社,2006:282.
④ 李济.李济文集(卷5)[M].上海:上海人民出版社,2006:124.
⑤ 李济.李济文集(卷5)[M].上海:上海人民出版社,2006:34.

学家的他习惯于用分析法处理问题,注意从不同角度和一切可以比较的景象来看待人类文化。在"疑古"风潮影响下,中国史家大多将周代之前视为传说时代,而李济基于挖掘出土的器物,将古史传说变为了史实,建立了一段被可靠地下器物所证明的历史。在作出结论之前,李济像古生物学家对待化石那样,按部就班地对文化内容逐条列项作深入细致研究,探讨各自的传播与流变,进一步与其他地区相似文化作类比,最终归纳出一般性结论。

李济认为"文化认同对人文学研究可能带来的负面影响",并明确提出科学研究的普世性问题,即不仅要去欧洲化,还要去民族化。① 他既是一位中国文化珍品的守护者,尽最大努力守护和研究中国文化;又是一位热心的国际主义者,避免陷入狭隘的民族主义。史学家只有摆脱"欧洲中

---

①学者查晓英对此有详细的论述与分析。见查晓英.李济的中国民族史研究:"去民族化"与"发展科学"[J].中山大学学报(社会科学版),2012(06):119-129.

第三章 人类学派的古史学家：李济的考古人类学思想

心观"①和"中国中心本位"等偏见，才能回归史实，呈现民族文化多元并存与互补的历史观。其中，"欧洲中心主义的历史结果就是抹除非欧洲的其他地区、人民，在数世纪的互动过程中，对欧洲发展所发生的作用，而且，还相反地在他人的历史和欧洲史之间，画出了遥远的距离"②。而在

---

① 比如，有些欧洲学者认为，"凡人类的一切现象，只要运用亚利安文字系统所产生的逻辑工具分析出来，就算得了归宿了"，"凡是世界上人类一切的思想，以及所表现的方法，若不能纳入亚利安文字的逻辑系统，就算是没法讨论"。见李济.李济文集（卷5）[M].上海：上海人民出版社，2006：256.

姚大力认为，萨义德和斯皮瓦克、霍米·巴巴等人在后殖民批判领域的研究成果揭示出，殖民主义的遗产给"现代"知识生产及其思想成果打上了随处可见的欧洲中心论印记，后殖民批判的主要任务就是批判欧洲中心主义，取消中心与边缘的区别。见姚大力.追寻"我们"的根源：中国历史上的民族与国家意识[M].北京：三联书店，2018：217.

萨米尔·阿明在其《欧洲中心论》和马丁·伯纳尔在其《黑色雅典娜：古典文明之亚非根》中均批判了欧洲中心论。见[德]安德烈·冈德·弗兰克，巴里·K.吉尔斯.世界体系：500年还是5000年[M].郝名玮，译.北京：社会科学文献出版社，2004：14-15.

查克拉巴蒂写了一本《把欧洲区域化》的著作，呼吁大家走出西方中心论，也就是走出用西方文化的过滤镜来考察文化变迁的做法。将欧洲从人类历史的中心位置，拉到普通地方位置中的一处。见王晴佳.新史学讲演录[M].北京：中国人民大学出版社，2010：82.

伯克霍德认为，在历史研究的人类学趋向下，新的历史建构在努力摆脱世界资本主义体系之中的欧洲中心主义。"作为历史的主要演员的西方被取代，被逐出中心地位，更不用说作为唯一演员的西方了"，"在所谓的边缘出场的行动者也在中心以及他们的家乡闪亮地出场了。"见[美]Robert F. Berkhofer Jr.超越伟大故事：作为文本和话语的历史[M].邢立军，译.北京：北京师范大学出版社，2008：298-308.

王国斌认为，要超越欧洲中心论，首先应当回到欧洲；将欧洲民族国家形成与资本主义发展的实际发生情况，作为历史过程而非抽象的理论模式。而在具体研究中，王国斌则采用比较研究方法，既用欧洲经验来评价中国的事情，又用中国的经验来评价欧洲，比较结果显示，中国与欧洲既有相同点，也有相异处，同时兼具普遍性和独特性。见[美]王国斌.转变的中国：欧洲变迁与欧洲经验的局限（导论）[M].李伯重，连玲玲，译.南京：江苏人民出版社，2005：2.

顾明栋认同阿里夫·德里克的观点，认为萨义德的东方主义在根源和历史上与"欧洲中心主义"有紧密关系，它疏忽了"东方人"参与有关东方话语阐释的地位，极少关注被殖民者在殖民心态中的角色，因此它以政治为导向，以意识形态为动机，极易引发文化战争。见顾明栋.汉学主义：东方主义与后殖民主义的替代理论[M].张强，段国重，冯涛，译.北京：商务印书馆，2015：14-15.

② 德克力.中国历史与东方主义的问题[A]//[德]魏格林，施耐德.中国史学史研讨会：从比较观点出发论文集[C].台北：稻乡出版社，1999：138.

"中国中心本位"①方面,中国古代就有"内其国而外诸夏,内诸夏而外夷狄"的华夷观念,"内外、华夷所形成了的秩序和尊卑关系,更根深蒂固地成了中国人天下观的基础"②,也阻碍了中国的民族往来和文化交流。

李济从人类学的角度出发,将考古发掘出土的古器物视为有生命的历史产品,将古器物研究提升到前所未有的新境界,"他在研究青铜器与重建古史之间,有极为灵活的互动与精彩的对话,使青铜器得以在古史的关照中活跃起来……"③通过对安阳青铜器器形演变的研究,李济看出其有不同的来源,这来源问题可以从两个方向去追寻。一是国内方面,既要集中注意力在黄河流域寻找,也要分一部分精力到扬子江以南的区域;二是国外区域,如中亚西亚、两河流域以及太平洋区域各地④。殷商青铜装饰艺术既包含两河流域成分,又影响到全太平洋区域各地的一些民族,包括南北美洲及太平洋全部——南达新西兰、北及阿拉斯加。⑤"商朝人所用的图案及其设计与安排,现在仍有若干保存分布在太平洋各处的民族中。"⑥而喜马拉雅山、乌拉尔山以西区域的装饰艺术传统,则在殷商时代装饰艺术中难觅踪迹。

很显然,"在和其他成熟文明接触之前,中华文明和印度文明一样,都经历了独立的创新发展时期"⑦。比如,"商文化的真正基础,仍在亚洲东部"⑧。其中,青铜文化整体来说显示了地道的本地特性。因此,李济非常关注青铜礼器的演变,对爵和斝这两种容器的起源和演变作了明确探

---

①学者王明珂认为,典范中国民族史造成许多人的"汉族中心主义"及"中国中心主义",它们在中国根深蒂固的程度远比人们所知要深远。见王明珂.反思史学与史学反思:文本与表征分析[M].上海:上海人民出版社,2016:307.
②李焯然.中心与边缘:东亚文明的互动与传播[M].桂林:广西师范大学出版社,2015:7.
③陈芳妹."科学化"的青铜古器物学的建立[J].故宫文物月刊,1995(149):37.
④李济.李济文集(卷5)[M].上海:上海人民出版社,2006:559.
⑤李济.李济文集(卷5)[M].上海:上海人民出版社,2006:90.
⑥李济.李济文集(卷1)[M].上海:上海人民出版社,2006:4.
⑦[美]罗兹·墨菲.东亚史[M].林震,译.北京:世界图书出版公司,2012:36.
⑧李济.李济文集(卷1)[M].上海:上海人民出版社,2006:378.

求,它们明显是中国本地的发展物。武器中的戈和弯头大刀无疑也是土生土长的作品①;鼎、甗、斝、罍、壶、簋、觯和卣等青铜器明显为中国本土器物②。在铸造技术上,商代工匠用块范法铸造青铜礼器,这迥异于西亚、欧洲以锻造和失蜡法铸造铜器的传统。在青铜纹饰上,方形铜器大多满装花纹,圆形铜器多采用周围的花纹装饰,如安阳发现的一个提梁卣有各式各样的七圈图案从下往上推,显示对称或相随的排列,"这种花纹布置的方法与花纹设计,跟地中海的古希腊以及两河流域的倾向显然并不一样"③。

比如,关于小屯文化中的南方因素问题,李济引用董作宾关于甲骨文形成的解释观点,说明有肩石斧、锡锭、米、象和水牛等物品,可能是藩属国贡献给殷王室的,证明长江以南也是殷王朝可以到达的领域。因此,"殷墟的文化,除受山东文化影响之外,同时也受西方的影响,而又和南方的文化有关,如水牛、米,以及纹身之风(马来的习惯);且又和东海有交通关系。所以殷墟文化之来源,不是来自一地,而是自东、自西、自南,各方面来的"④。

又如,"殷文化之基础深植于甚早的史前时期"⑤,石、陶、骨等材料制成的日常器物,大都可以在史前找出其原始形态。殷墟陶器具有特别的地方特色,"灰陶是承袭仰韶,黑陶是承袭龙山,而带釉的硬陶似乎是与扬子江流域下游附近一带的陶器有关"⑥。同时,"殷墟还接纳了西南早期

---

① 李济.李济文集(卷4)[M].上海:上海人民出版社,2006:573.
② 李济.李济文集(卷2)[M].上海:上海人民出版社,2006:433.
③ 李济.李济文集(卷4)[M].上海:上海人民出版社,2006:621.
④ 李济.关于中国古代史的新史料与新问题[A]//徐正榜,陈协强.名人名师武汉大学演讲录[M].武汉:武汉大学出版社,2003:49.
⑤ 李济.李济文集(卷1)[M].上海:上海人民出版社,2006:381.
⑥ 李济.李济文集(卷4)[M].上海:上海人民出版社,2006:621.

巴蜀文化的三角援戈,因其有效的啄击功能而在殷墟晚期得到较多使用"①。而殷商青铜也可以在龙山文化及其他文化中找到发展背景,其明显是从华北新石器时代陶器器形演变而来的。其中,方形铜器是从木器演变来的,圆形铜器是从陶器仿制或演化而来的②。"铜爵即是由陶爵变化出来的"③,最早的陶制爵形器没有柱也没有尾,只有甚短小的流;后来由于实用及制作上的需要,流身延长、流口下倾后,便渐渐生柱,最后有尾的产生与发育。而方鼎、方卣等方形器,都是效法木器的仿制品,其花纹及形制均保持若干木器的传统④。青铜斝则是糅合了鬻形器、三足陶及带立柱的木器三类器物的综合产物,其柱和錾的排列形态明显取法于黑陶时代鬻的结构,而其立柱则效法木器的样本⑤。青铜罍形器与原始于木雕的罍、雕刻的木器及编织的装饰艺术关系十分密切,其原型大概是木制或土烧陶器⑥。

再如,对觚形器花纹的比较研究证明,铜器花纹至少有三种来源:史前陶器、骨刻与石雕以及若干木器残碎遗存⑦。青铜器的花纹组织、母体选择以及纹饰配置等方面,均是黄河流域文化的原始发展⑧,它一部分继承史前时期,一部分则是殷商时期的发展,表现出十足的东方色彩。螺线形纹饰源于彩陶和黑陶时期,后来发展为云雷纹,像鱼、人面、植物或有角动物等生物图形,可追溯到半坡等彩陶遗址时期,无装饰的爵、觚和鼎曾经摹拟龙山文化的弦纹。

---

① 郭妍利,范建国.从青铜兵器看夏商时期中原地区在早期文明中的地位[A]//中国社会科学院考古研究所.殷墟与商文化:殷墟科学发掘80周年纪念文集[C].北京:科学出版社,2011:186.
② 李济.李济文集(卷4)[M].上海:上海人民出版社,2006:515.
③ 李济.李济文集(卷2)[M].上海:上海人民出版社,2006:272.
④ 李济.李济文集(卷4[M]).上海:上海人民出版社,2006:97.
⑤ 李济.李济文集(卷4)[M].上海:上海人民出版社,2006:187.
⑥ 李济.李济文集(卷4)[M].上海:上海人民出版社,2006:316.
⑦ 李济.李济文集(卷4)[M].上海:上海人民出版社,2006:46.
⑧ 李济.李济文集(卷4)[M].上海:上海人民出版社 2006:573.

第三章 人类学派的古史学家:李济的考古人类学思想

因此,"中华古文明,从诞生之日起,就是在一个开放竞争的格局中,在长期跨地区文化的交流中,日益丰满成熟起来的"①。李济既承认中国本土文化要素的存在,强调中国早期文化在世界文化的中心地位,又关注外来文化要素,注重中西文化交流。比如,"殷墟出土锋刃青铜器与欧洲青铜文化晚期的实物,有极相似的地方"②,青铜器中带插口的斧和矛、陶器中的喇叭形罐和圆底罐、石器中的丁字形斧和凿等,这些器物身上明显具有文化移植的痕迹③。又如,安阳出土的作刺兵用的矛,"不论在外形或是从细部上看,都跟爱尔兰青铜时代第三纪的制品有异常相似之处";"马拉战车是由于中国跟西方接触才传播进来"④。再如,殷商时期兽头兵器,不论形制和花纹显然与外蒙古、贝加尔湖区、叶尼塞河中上游的米努辛斯克盆地的出土文物都有其共通性。而台湾高山族原始艺术、美洲西北岸印第安人的木雕、图腾柱等太平洋民族艺术,在商代艺术中经常见到⑤;象征王权的铜钺,其双肩造型很可能源自东南沿海,属于自新石器时代以来西太平洋到南中国海沿岸普遍存在的有肩石斧文化系列。同时,釜锛或斧等几乎不能在中国找到祖型,而与西方文化存在相似之处,这很可能是与外界交往的结果。

在李济看来,中华民族没有民族偏见或狭隘看法,具有良好的民族性和不耻下问的风度;而中国早期文化有着超然的特性和优美的弹性,既立足本土,又吸收外来。"中国接受了西方一部分的文化,但加重了浓厚的地方特色"⑥。学者郑德坤也曾对商文化层进行考察,发现除铜器及文字之外,麦子、马车、建筑以及矛钺等文化质素与近东文化相似,由此可知殷

---

① 黄爱梅,于凯.器之藏:考古学视野下的中国上古文明[M].上海:上海教育出版社,2005:191.

② 李济.李济文集(卷3)[M].上海:上海人民出版社,2006:456.

③ 李济.李济文集(卷4)[M].上海:上海人民出版社,2006:507.

④ 李济.李济文集(卷5)[M].上海:上海人民出版社,2006:113.

⑤ 李济.李济文集(卷4)[M].上海:上海人民出版社,2006:626.

⑥ 李济.李济文集(卷3)[M].上海:上海人民出版社,2006:458.

商文化接受外来影响很多,"不过经过商人的运用,就将这些外来的和原有的质素融入一炉,而造成殷商的灿烂文化了"①。不难看出,这与李济的殷商文化多元说如出一辙。

"以整个人类的观点来看人类,才是最根本的问题,这是人类学家最重要的立场。"②李济认为,我们应当以人类全部文化为目标,从利用自己的语言、思想习惯研究自己的文化做起,不把自己的文化放在一个固定位置,也不故意抬高或压低自己的文化。"由于全人类是他研究的背景,他研究中国历史时,可以真正做到不偏不倚,诚实地追寻古史的最可能接近真相的面目,不受偏见的蔽囿。"③由于商文明与彩陶文化、黑陶文化之间存在着断裂问题,而原商文化并未发掘出来,因此,商文明的发生仍有许多问题需要解决。

但他提醒人们,中国的考古事业起步晚,发掘工作时间短且范围有限,仅对华北等很小地区进行过适当挖掘,大多地区仍是考古学的处女地;即使这些发掘地区也仅做了不到一半的工作,许多可能获得丰富成果的地区尚未发掘。因此,李济相信,"如果别的重要的地区也像恒河流域一样经过系统的彻底挖掘与研究,那么获知这一基本问题之最后答案,只不过是时间早晚而已"④。

二、心理学、双语互证、人类学三者结合的研究方法

李济强调异国与本土眼光的互补性,一直提倡一种心理学、双语互

---

①郑德坤.郑德坤古史论集[M].北京:商务印书馆,2007:345.
②李怀宇.知识人:台湾文化十六家[M].桂林:漓江出版社,2012:74.
③李光谟.李济与清华[M].北京:清华大学出版社,1994:179.
④李济.中国文明的开始[M].南京:江苏教育出版社,2005:33.
同时代的学者姚绍华也对中国古史研究充满信心和期待,他说:"我们更希望考古学家此后更有系统地、大规模地从事调查发掘,以中国历史文化之悠久,地下资料蕴藏之丰富,倘能大家分工合作,则中国古史之拨云雾而见青天,成一种世界上最完善的历史,也不是不可能的。"见姚绍华.近四十年中国考古学上之重要发现与古史之展望[J].新中华,1936(19):70-81.

证、人类学三者结合的研究模式①。这种方法要求研究者必须会说中国话,用中国文字去思考,内省自己的思维过程,最后用另一种语言文字记录下来。李济深切感受到,研究自身的思维构造时,无法对其语言不偏不倚地描述,跨越国界具有很强的迫切性。因此,习得一门外国语言,就相当于获得了一面镜子;而一个国外汉学家"从国外的立场研究中国文化的整体要学汉语、古文字等"②,如果语言的本质确实对思维方式有影响,习得与母语截然不同的第二语言,将会让他对原来的思维方式进行反思。③

以文字为基础对世界各个种族文化进行划分,就可以觉察到使用字母文字的民族和使用象形文字的民族之间存在根本差别。尽管字母文明的各个方面都很新颖,能够容纳各种变化,但它有一个严重的内在缺陷即缺乏稳固性。西方的历史一遍又一遍地重复着同样的故事,希腊兴起又衰落,罗马兴起又衰落,阿拉伯兴起又衰落,这种现象在一定程度上可以用字母语言的高流动性来解释,因此,用字母语言作为工具来保存任何持久的思想都是靠不住的。李济将字母民族的智力财富比喻为瀑布,没有其他的民族能在思想的丰富性上超过他们,也没有其他的民族能像他们那样快地抛弃自己的思想。西方人称自己的文明为动态的,这一点确凿无疑,也和他们语言的本质相切合,"太阳之下皆旧闻"这一欧洲谚语暗示其变化的永不停歇,所有的欧洲人每天都试图得到一些新东西,一旦得到又马上抛弃,这是欧洲文明的一个痼疾。而汉语在方方面面恰好是字母语言的对立面,"汉字的最大优点是变化相对较小。虽然不断有新字出现,有些字的意思也会有些新变化,但是汉字群的主体是不变的"④,它稳

---

① 李济.李济文集(卷1)[M].上海:上海人民出版社,2006:301-309.
② 王巍.问学之路:考古学人访谈录Ⅲ[M].上海:上海古籍出版社,2017:172.
③ 学者罗志田对李济的看法十分赞同。他认为,研究历史,不但要深入阅读史料,更要设身处地,尽力从当时人的想法与关怀出发。因此,"李济所主张的双语或多语思维……可说是确凿不移的精当之论"。见罗志田.经典淡出之后:20世纪中国史学的转变与延续[M].北京:三联书店,2013:253.
④ [美]罗兹·墨菲.东亚史[M].林震,译.北京:世界图书出版公司,2012:63.

固、方正、优美,一如它所代表的精神;它缺乏字母语言绝大多数的优点①,但是简朴和最终真理的化身,它历经风雨和磨难而岿然不动,保护了中国文明达4000年之久。

同时,人类学研究最捉摸不定的进展是人类学家做出的"身体和思维相从变动"的总假设,这更多的是由于缺乏心理学常识,唯一弥补的方法就是用象形—字母文字的方法对思维进行遗传研究。如果一个人能用字母语言来描述象形文字对他思维方式的影响,然后对结果进行反向鉴别,那么人类就能以最客观的方式最终找到最高的自我。

综上所述,在李济看来,中国的人类学难题不仅仅是单纯的技术问题,目前的任务主要是收集各种事实。由于对中国人的知识极其有限,其起源也非常模糊,因此不仅应对中国人,还应对中国西南部的土著人、西藏人、蒙古人和西伯利亚人进行考古调查、人体测量调查、人种调查和语言调查,这些人种都对中国人的形成做出了贡献。这些问题都是规模宏大的,顺着这条路线走下去,将展示出进行巨大科学探索的广阔天地。这样,一个东方人自身累积的自尊,引导其带着彻底的怀疑开始了他的人类学探索。

三、人类学的研究探索

从历史上看,经过殷、周、战国、永嘉及靖康四大移民时期,每次大移民都是由北南来的侵犯,其结果是华北地方的土著吸收了草原的侵犯者,而移到长江流域以南的人又和华南土著混杂。作为表型上的一个生物单位,中华民族仍在继续不断地变异,其体型的差异性、混血性使李济确信,中华民族绝非人类学家所承认的典型蒙古种,"有教无类"这句名言曾给予中华文明绝大的持续活力。

---

① 关于拼音文字的优点,钱玄同先生认为拼音文字在辨认、书写以及印刷等方面均很便利,因此他主张将国语改用拼音文字,即所谓汉字革命。见钱玄同.汉字革命与国故[A]//桑兵,张帆,於梅舫,杨思机.国学的历史[M].北京:国家图书馆出版社,2010:310-312.

(一)体质人类学

体质人类学主要借助化石和现代灵长类研究人类的起源演化、人类的种族变异及体质特征,研究人类的生物性及其与环境、文化的相互影响。从早期传统体质特征分析,到最近兴起的遗传人类学研究,体质人类学提供了一个较为科学的证据。传统的体质人类学研究是将人体测量数据加以分类,将之分为不同的人种类型,随后就其测量样本数据判断其所属种族类型。但近年来兴起的遗传人类学,将体质人类学的科学性导向遗传学,已跨入了自然科学的范畴,使其处于社会科学与自然科学之间的位置。

李济先生历来重视体质人类学研究。归国不久便翻译步达生的两篇体质人类学著作。① 步达生的研究证明,石器时代东北沙锅屯人与河南仰韶村人在体质上与近代的华北人相近。先生虽忙于考古学研究,但对体质人类学保持浓厚的兴趣。到台湾后,曾经测得迈西多邦和特比仑两社全部十六岁以上的男103人,女113人。根据这次观测的资料作详细研究,写成《瑞岩民族学调查初步报告的体质》一文,发表在《文献专刊》(第二号)山地文化特辑第七章。通过研究,李济认为:"蒙古褶与箕形上门齿,两者虽都是蒙古人种的重要体质特征,但不一定并存在每一个蒙古人种的身体上。"②

关于中国人种问题,苏联学者列·谢·瓦西里耶夫提出"阶梯传播"的假说,认为"那些使殷文化城市型的重大成就,其来源应归功于外来信息的借用"③,如中国的青铜文化来自西方,石器时代文化也受到西亚等外来文化的影响。中华民族学家林惠祥综合不同的意见,列出八种之多,即巴比伦或旧西来说、埃及说、印度说、印度支那说、中亚细亚说、蒙古说、

---

① 李济.李济文集(卷1)[M].上海:上海人民出版社,2006:7-23.
② 李济.李济文集(卷1)[M].上海:上海人民出版社,2006:260-274.
③ [苏]列·谢·瓦西里耶夫.中国文明的起源问题[M].郝镇华,等,译.北京:文物出版社,1989:364.

新疆说或新西来说、土著说①。其中,以巴比伦说最有影响,"该说由法国学者拉克伯里所发明,清末时就由蒋智由等率先传入中国,经刘师培等人传播,影响很大"②。

李济则采用体质人类学的理论及指数,将测量的中国人以省份及编号区分,用综合量化的资料归纳中国人的体质特征。在《中国人的种族历史》一文中,他概述了中华民族问题的研究历程,自被德人布鲁门巴氏归入蒙古人种开始,直至今日美国豪威尔教授等的一些意见。近期的孔思教授认为,蒙古人种脸形的起源由于气候影响,而其发展则是在智人移到美洲之后的事情。李济认为,"中华民族的体质在历史时期继续不断地变异,很明显地反映出今日在地区上的不同"③。虽然现在的中国居民在人体测量学上显示比较大的不同,但在大陆上或多或少出现一种复合的体型,东南亚也发生了另一种民族迁徙的倾向。现代人口迁徙的逐渐扩大,很像是那些遗民在其所经路线上与土著民族混血过程的进一步加深。如果人种学者要坚持保持中国人种的纯粹,让我们引用魏敦瑞在二十年前所提出的问题:"产生混血人的个体是哪些人呢?"他的答案是很有名的:"在我们这个星球上,绝没有任何'纯种'。"④因此,先生以为,中华民族的种族史可做这种理论有效性的充分证明。

分析北京人时,李济综合了步达生、魏敦瑞及杨钟健的研究成果。他认同魏敦瑞所讲,现代蒙古人是由北京人演化而来,原因有:①在北京人头骨的顶部,由前到后有突起的矢状脊,这种情况在北方中国人身上很常见;②枕骨部分与顶骨接界处,有四五块小碎骨,这也在蒙古人种中常见;③鼻骨形态,北京人的鼻骨宽度在最上端与中部没有分别,这也是现今蒙古人的体质特征之一;④眼眶下缘是圆转的,与眼窝底部齐平,这与现代

---

① 蒋炳钊,吴春明.林惠祥文集(中)[M].厦门:厦门大学出版社,2013:252-253.
② 黄兴涛.重塑中华:近代中国"中华民族"观念研究[M].北京:北京师范大学出版社,2017:253.
③ 芮逸夫.悼念李济之先生兼述其在人类学上的贡献[J].人类与文化,1979(13):4-7.
④ 李济.李济文集(卷1)[M].上海:上海人民出版社,2006:316.

蒙古人一样；⑤上颌骨有厚肿，与外耳道的厚肿。以上这些全是蒙古人的特质。根据许文生教授的华北平原中国人体质测量结果，李济认为，中华民族只有两种特征体现蒙古种特征：一为杏仁眼，一为高颧骨。但前者在被观察的921人中只有30.7%眼褶颇为显著，8.9%完全没有，其余则在二者之间。眼形只有14%是平行的，5.1%显著倾斜，其余都只是略带倾斜而已。先生认为，中华民族体质在历史时期的不断变异，明显反映出今日民族在地区上的不同。这些不同的现象，不仅含有生物学上的过程，且与历史背景有关；中国人的体型，包括日本人在内，和所有北蒙古人是有分别的。中国人和其他东亚人的关系是混杂性的。① 杨钟健还对侯家庄369个头骨进行了逐个测量，把它们分为五组类型，即类蒙古人种、太平洋类黑人种、类高加索人种、类爱斯基摩人种和一种未定形态。与上述五个对照组相比，他发现侯家庄头骨各项标准差都较大。因此，它们在人类测量学测量项目和形态特征两方面，都表现出混合的特征。

在《再论中国的若干人类学问题》一文中，李济指出，近三百年来，中国文明在欧洲学人心目中，或则高度重视，或则极端轻视。如法国福尔特尔等人把中国文化作过度的夸张，而如德国黑格尔之流则予以攻击。但这两派人的共同弱点则在于缺乏"证验的想法"。李济以为，研究中国文化的历史家对中文的精通只是必须具备的初步，同时应学习人类学，包括体质人类学、史前考古学及民族学，对人类学所研究的问题须具备相当熟悉的认知，如现代人类及其祖先的统一性与人类文化的渊源等。又因中国制度、思想与特殊文字等关系，许多制度和心理生活都在文字中反映出来，因此历史学者又必须具备语言学及文字学的修养。②

在《中国民族之始》一文中，他参据裴文中、德日进、魏敦瑞、虎藤等对山顶洞人种族研究的解释，认为山顶洞遗存人骨代表旧石器时代晚期中华民族的一分子。李济认为，当初很可能确有黄、黑、白三种人并存，并举

---

①李济.李济文集（卷1）[M].上海：上海人民出版社，2006：310-316.
②李济.李济文集（卷1）[M].上海：上海人民出版社，2006：301-309.

出荀子非相篇所说的"闳夭之状,面无见肤",以及山海经的"毛民之国"的毛民与日本的虾夷人恰恰相符为证。中华民族形成的大概经过似乎是①:洪积期后,土壤的品质、粮食的种类、矿质的分布以及自然环境中若干尚不知的成分集在一处,选择了一种黑发的、黄皮肤的人作这一块地方的主人翁,把原始近于白种人的"毛人"淘汰了,送到东洋去;把原始的杂有大量黑种血液的"矮人"淘汰了,送到南半球去。可惜,这里他几乎完全借用魏敦瑞的研究结果:成年男性头骨像西欧的白种人,而女性头骨类似美拉尼西亚人型,另一骸骨属于爱斯基摩人类型。因此,这种体质分析与他关于中国十大姓氏来源的民族学解释相比,其研究结果大同小异,证明中华民族是多元的。

根据人体测量学的理论,相同种族的数值应是相同或颇为接近。李济用人体测量学的方法,比较不同时期中国人的双颧骨间宽测量值;以头形指数比较金石并用时期、商代时期和现代华北组三组的平均值。其《现代中国人的体质特征》一文,证明现代中国人体质"成分"的复杂性,结论是中国人有五个主要种族成分:短头狭鼻的黄帝后代、长头狭鼻的通古斯族、长头阔鼻的藏—缅语族群、孟—高棉语族群、掸语族群,另有匈奴、蒙古族、侏儒族三个次要成分;其测量范围,除了头长、头宽、脸长、脸宽、鼻长、鼻宽外,还有肤色、胡须、眼色、眉毛、眉脊、眼睑、前额、颧骨等。② 但是,"现在人类学家把遗传说得过分的神秘,一切的一切都在遗传中找解释,究竟还是有些解释不清楚的"③,民族的结合大半是文化性的。在中华民族形成过程中,除了生理遗传成分外,更重要的是复杂的文化成分:如由群居而起的配偶选择标准;共同应付环境改变而采取的若干行动;由人力改进的新环境对人类身体及生理发生的影响等。因此,"我们可以从单纯的血缘单位所构成的'种',演为综合的文化单位所形成的'族'这一

---

①李济.李济文集(卷1)[M].上海:上海人民出版社,2006:280.
②李济.李济文集(卷1)[M].上海:上海人民出版社,2006:51-222.
③李济.李济文集(卷1)[M].上海:上海人民出版社,2006:280.

过程中,看出每一民族经过的一般历史"①。

王道还指出,李济的体质人类学研究深受狄克森的影响,狄克森分析人种依赖的是头、面、鼻的长与宽两个向度,他假定人种的那几个测量特征终古不变,而从现代的测量数据中可以分析出现代族群的种族史②。例如,他假定长头与宽头分别代表一个古代的原始人种,而"中头型"是那两个古代族群"混血"的结果。所以,分析任何一个现代族群,从重建"种族史"的角度来看,重要的是"长头"与"短头"的"成分",那才是"种族成分"的指标。

随着研究的不断深入,"今天中国疆域为核心的东亚大陆,曾经是人类起源的最重要的原始发祥地之一"③,初步完成的人类基因组图谱显示,中国人与蒙古人的基因排列十分相似。但这只是初步研究结果。现在最大的困难在于缺少可代表中国各区域的足够的人体测量材料,李济认为,我们需要大量的人体测量工作,至少每县应该量1000人。而吴金鼎的《山东人体质之研究》一书是在李济指导下完成的,这一工作主要是弥补其博士论文中体质资料的不足。

(二)文化人类学

"考古学的每一进步和发展,是和文化人类学上的诸分支学科,如古典进化论、文化相对论、功能结构理论、传播论与文化圈说、新进化论等的发展相关联的"④,文化人类学是"在文化范围内,选择一个节目,譬如衣食住行一类的习惯及能力,分门别类,寻找它们的分布,找它们传播的路

---

① 李济.李济文集(卷2)[M].上海:上海人民出版社,2006:82.
② 王道还.史语所的体质人类学家[A]//"中央"研究院历史语言研究所.新学术之路:"中央"研究院历史语言研究所七十周年纪念文集(上)[C].1999:163-188.
③ 黄爱梅,于凯.器之藏:考古学视野下的中国上古文明[M].上海:上海教育出版社,2005:19.
④ 石兴邦.中国新石器时代文化研究的逻辑概况[A]//张学海.纪念城子崖遗址发掘60周年国际学术讨论会论文集[C].济南:齐鲁书社,1993:38.

线,演变的迹象,追溯它们的原始"①,即把复杂的文化内容细分成若干较小的单位。"人类学家的目的是理解单个的文化以及总体的文化概念,它们抵制那种普遍存在的将文化分等级的做法。"②最小的单位称为"特征",若干特征构成一个"文化成分",若干成分集合便形成一个文化体,若干文化体最终交织成一个文化类型。由于单个文化特征只有在社会系统中才有功能性意义,因此,"人类学家必须首先寻求理解与整个社会系统相关的每一个特征"③。比如,李济以射箭为例对此加以具体说明,弓、箭以及射的方法是三个个体,弓是弦与背两个成分的结合,弓背的质料就是特征。"这些特征、成分及个体的发展程序,就是文化的演变"④。

在处理西阴村、城子崖和安阳殷墟等遗址考古材料时,李济均涵盖了"遗址内出土材料本身的问题、与传统中国史实的联系问题,以及与整个人类史的关系问题"这三个方面的问题。例如,他对西阴遗址彩陶文化进行研究时,即注意到三大问题:西阴文化的内涵、西阴文化与后来文化的关系以及西阴文化与西方历史文化的关系。又如,黑陶文化中卜骨的存在,说明殷商文化中有文字甲骨的早期历史,因此李济对卜骨进行研究时,不只是从地层上确定卜骨与黑陶文化的关系,更借以建立其与殷商文化的联系,并追溯其在中国以外地区的传播。

作为人类学家,李济"把器物当作物质文化之一,把青铜器放在文化人类学的系统中。不只表现文化的现象,更要说明其工艺性质"⑤。比如,他利用牛、鹿等动物遗骸,结合"牛鼎"与"鹿鼎"等器物纹饰,阐述了青

---

①李济.李济文集(卷1)[M].上海:上海人民出版社,2006:285-286.
②[美]威廉·A.哈维兰,哈拉尔德·E.L.普林斯,邦尼·麦克布莱德,等.文化人类学:人类的挑战[M].陈相超,冯然,等,译.北京:机械工业出版社,2014:40.
③[加]布鲁斯·G.崔格尔.理解早期文明:比较研究[M].徐坚,译.北京:北京大学出版社,2014:17.
④李济.李济文集(卷1)[M].上海:上海人民出版社,2006:281-293.
⑤陈芳妹.艺术史学与考古学的交会:殷商青铜器艺术史研究方法的省思[A]//"中央"研究院历史语言研究所.学术史与方法学的省思:"中央"研究院历史语言研究所七十周年研讨会论文集[C].台北:"中央"研究院历史语言研究所,2000:210.

铜器装饰艺术的写实风格。其中,侯家庄安阳出土的牛鼎,其"水牛头雕刻甚深而对称,其两角与德、杨二氏所述的水牛角至为相似"[①]。而鹿方鼎,其中央的鹿头纹雕明显,眼、耳、角和下颚均依自然位置布局,只有前额与鼻部凸出部分予以"型式化"的印象。因此,从装饰艺术看,它们深具写实性。又如,带有五组饕餮纹饰的骨质把手,与北美阿拉斯加和英属哥伦比亚地区的特林吉特艺术文化直接相关,证实了殷商文化含有中亚等西部文化因素。再如,"他在研究完全没有装饰的素面铜器时,指出了线条与空间本身所表现的美观;在排列单形器、爵形器的发展时,也特别指出古代青铜铸造的实验精神以及技术的艺术表现与礼仪的需要。在他做筓形器物的演变与句兵的分类时,把这三方面高度地融合,以说明原料、技术、文化背景与社会结构之间的相应关系"[②]。

(三)历史人类学

从人类学的角度来看,姿态是具有象征意义的文化物品,反映了社会的结构和价值。李济对小屯和侯家庄出土的石刻进行比较研究,论述它们各自所代表的传统及其对早期历史所起的作用,并对中国习俗传统进行了认真考据,进而指出它在中国古代史上的意义。结果显示,中国的跪坐习俗从商朝起,一直持续到汉朝末年,后来才有椅子、凳子。同时提出有关肢体语言的问题,一定程度上带有历史人类学的意味。

据说日本称跪坐为"正坐",这一早期习惯似乎是由朝鲜传去的,而朝鲜又仿自中国。根据胡适的介绍,通过翻阅朱子的《跪坐拜说》,李济了解到,朱文公已把中国早期的跪坐考订得十分清楚[③]。后来,李济又托一位日本考古学同事查阅日本相关资料,发现日本大概十五、十六世纪时才有跪坐习俗。那么,中国的跪坐开始于何时呢?

---

① 李济.李济文集(卷4)[M].上海:上海人民出版社,2006:592.
② 许倬云.许倬云问学记[M].桂林:广西师范大学出版社,2008:99.
③ 朱子集内说,在南宋朱子时代,成都曾保有汉时的文翁像仍是席地跪坐的。见李济.李济文集(卷5)[M].上海:上海人民出版社,2006:241.

根据殷墟石刻,李济讨论了与跪坐有关的各种习惯。两石刻的出土情形虽有详细记录,但他们出土的地位已不在原处,因此缺乏能够证明它们时代与用处的直接证据。随后,李济从殷墟象形文字、殷墟出土的其他实物与人类学、民族学资料三方面寻找坚实的旁证。

首先,李济以《甲骨文编》为资料来源,找出与"人"有关的殷代象形文字12个,从文字结构上看,女、母、妾、命、邑等字都很像人跪坐的形状,确认商朝人已有跪坐的习惯。

其次,殷墟出土的其他实物方面,最要紧的是侯家庄HPKM1550墓出土的一件玉佩,代表蹲居的侧面,刻划的是十足的蹲居像;陈仁涛收藏的安阳四盘磨石造像相传出土于殷城,石像作"袒胸缩腿竖膝两手支地蹲踞而坐之状"①。这两件旁证肯定了商代人习于蹲居与箕踞的事实,与跪坐相比,蹲踞与箕踞的习惯更为流行。

再次,人类学与民族学的资料方面,从人类进化史的观点来看,人的身体总是好逸恶劳。人类放置身体的方法,除直立而外,共有坐地、蹲居、跪坐与高坐。相比较而言,跪坐比其他几种方式都要吃力,因此在坐具发明以前,蹲居与箕踞是最普遍的习惯。除了国内所见的史料,在南太平洋群岛以及北美的太平洋沿岸所流传的木刻中常常碰到类似的石刻。如巴博氏的《图腾华表》一书,便收集了56件北美西岸的图腾雕刻,蹲居与箕踞的人形大半与侯家庄佩玉所保持的姿态相近。

最后,李济将两石刻的装饰艺术与史前遗址进行比较,认为侯家庄石像除腿上的锯齿纹外,其图案大多用一些短而直的窄线条,折角处则另起刀锋,没有连续曲线的构图,明显承接的是黑陶文化的刻划笔法;小屯石像全部文身均用较宽的各种曲线,如螺旋纹、目纹、长直线纹及钩状纹等,应该沿袭的是彩陶文化的彩绘风格。

小屯的蹲踞石像与侯家庄的跪坐石雕所蕴含的信息,说明了夏、商、

---

① 李济.李济文集(卷4)[M].上海:上海人民出版社,2006:494.

周三代跪、坐、蹲等坐姿的不同。直到周朝,跪坐才被视为臣服、祭拜、礼貌的象征,而把蹲踞当成不礼貌的行为。综合比较分析的结果,李济认为,蹲居与箕踞是夷人的习惯,而跪坐是商朝统治者的起居习惯和礼貌之举;周人发展为"礼"的系统,成为中国礼教文化的基础,这就是早期人类坐姿演变的历史意义。①

第三节 创建中国现代器物学的基础

学者陈芳妹对李济晚年的青铜器研究记忆犹新,1977年的李济已经行动不便,须持铁架助行,但他坚持每周都要到"故宫"目验研究青铜器。"他扶着铁架,一步一步缓慢而坚毅地走到书桌前,端详准备好在桌上的青铜器,神情如此专注,如此不厌其烦,如此一丝不苟地,丈量着每件青铜器每个部位的尺寸、厚度,记录它们的形制及纹饰特点,以及铸造痕迹等,仿佛其中有探索不尽的远古文化的奥秘。"②这种锲而不舍的精神奠定了李济建立古器物学的新基础,在研究方法和课题方面均取得开创性成就。李济率先利用考古所发掘出的器物来研究殷商文化,"他的《殷墟陶器初论》和《记小屯出土之青铜器》开创了殷墟器物研究的新途径,也给文物研究树立了好的典范"③。

一、对待器物的科学态度

中国古器物学建筑在考古学与民族学的田野工作新基础之上,要创建这个新基础,首先应检讨古器物学的旧基础即传统金石学,它根据历史文献与器物铭文为器物命名,对古物进行收集和分类,推断器物的功能,其典型代表是宋人吕大临在天祐七年写成的《考古图》。吕氏以简单的文字、客观的态度,用图像摹绘每一器物的高度、宽度、长度、容量,考核器物

---

① 李济.李济文集(卷4)[M].上海:上海人民出版社,2006:483-502.
② 陈芳妹."科学化"的青铜古器物学的建立[J].故宫文物月刊,1995(149):24.
③ 段振美.殷墟考古史[M].郑州:中州古籍出版社,1991:271.

的源流与产地;除款式外,也兼述器物形制及文饰。每物绘其图并摹其文,释文列在下面,将器物出土的资料,如出土地收藏者复加考证。稍后《宣和博古图》每类各有总说,绘摹之后,释文列在下面,后列其器的高深、口径、阔的尺寸,容若干升,重若干两,详加考证于后;它的问世确立了典型的金石学传统。可惜,经宋元、明清,许多金石学著作大都注重器物的文字解释或器物名称考订。罗振玉儿子罗福颐的《三代秦汉金文著录表》,列出可靠的古器物5423件,可惜只是粗略地记录,而没有明确的县、市、乡等详细出土地。

　　李济认为,个中原因是传统学者多半带有好玩的性质,抱着不理智、半艺术的治学态度。他们将器物当作古物或宝贝来看待,其商业价值高于学术价值。其中,完整的、花纹好的、带铭文的器物具有最大的诱惑性,具有最先入选的优先权;对于一些残破的,不论有没有历史价值,也会不谈甚至弃置,至少造成10倍的损失。因此,古董市场的古物是经过一长串淘汰手续的适存品,"凡是一件到古董商手的古董均代表好些珍贵史料的摧残消灭"①,而科学发掘出来的器物只是过去"不入收藏家眼"的或"不值盗掘者一顾"的或"幸而免劫"的劫余品而已。同时养成了一种"半截式的古物研究习惯"②。一方面已经认定古器物有价值,但另一方面对其来源则不愿深究。

　　由于缺乏现代考古观念,古器物家只集中收藏刻有铭文或花纹的器物。"他们的目的是捞金开矿,不管什么文化关系,有时很珍贵的考古学上的文化证据,在破坏和无意识中埋没无余。"③比如,刘体智编的《善斋吉金录》收藏的44件觚形器全是有铭文的,花纹方面以全装的最多,占45.45%,没有花纹的只占6.82%;黄睿编的《邺中片羽》三卷所收录的13件觚形器均是有铭文的,文饰方面也全都是全装或半装的(9件全装、其余4件半装);端方的《陶斋吉金录》、吴云的《两罍轩彝器图释》及吴大澂编的《恒轩所见所藏吉金录》等著录所收录的觚形器,同样也均是带铭文

---

① 李济.李济文集(卷1)[M].上海:上海人民出版社,2006:331.
② 李济.李济文集(卷2)[M].上海:上海人民出版社,2006:256.
③ 胡肇椿.考古学研究热潮中:现在考古学者应取之态度与方法[J].考古学,1932(1):9-21.

的,文饰方面也都是全装或半装的。①

他认为应以科学的态度对待古器物,原因有二:一是古器物的范围应超出三代的范围,二是资料必须经过有计划的搜求、采集和发掘。完整的田野考古工作,除了将发掘地点的地层分类外,更重要的是将不同地层的器物分析、归类,以便找出不同时代、不同地区、不同类型的文化特色。其分析方法是按不同时代、不同文化或同一文化的不同阶段,"把各种古器物本身的历史作一系统的陈述,包括它的制造方法、形制、装饰、功能等。根据第一手的地下知识,能作一系统的陈述"②。因此,李济不甘心在古器物学限定的范围内苦苦挣扎,不满足于古董家经手的材料,重视考古发掘出土的器物,"一片残陶也许比一颗钻石更为贵重,一纸残破的写本也许比整套精装的书更为可珍"③。而他所讲的古器物是指在遗址及遗迹上发现的遗物,"无论是璀璨夺目的皇冠,还是暗淡无光的小陶器,都是祖先留下的无价之宝"④。

在李济看来,"根据古董商的古玩,要建立理论完备的古器物学,是不可能的:科学的古器物学必须建筑在现代考古学的知识上"⑤。考古发掘出土的青铜器是一批可以永久保存的切实可靠的原始资料,而"田野考古的资料,已经帮助我们把青铜器的研究,重新建筑在一个科学的基础上"⑥。在李济看来,"地下古物的'价值'的高低,完全是由该物出土时的地层层位关系与其他器物、现象的伴随关系(即原始记录的记载)所决定;一块破陶片的价值不见得会比一件完整的铜器价值更差。只要它们都有

---

① 李济.李济文集(卷4)[M].上海:上海人民出版社,2006:7-8.
② 李济.李济文集(卷5)[M].上海:上海人民出版社,2006:146.
③ 李济.古物[J].东南文化,2010(01):79-82.此文系根据南京博物院珍藏的李济先生手稿整理后公开发表.
④ 北京市文物研究所.田野考古学入门[M].北京:燕山出版社,1994:1.
⑤ 李济.李济文集(卷5)[M].上海:上海人民出版社,2006:261.
台湾学者陈芳妹也看到了这一点,罗越所引证的主要材料由于缺乏出土地点,也没有共同出土物,只是一个个孤立的个体。见陈芳妹.艺术史学与考古学的交会:殷商青铜器艺术史研究方法的省思[A]//"中央"研究院历史语言研究所.学术史与方法学的省思:"中央"研究院历史语言研究所七十周年研讨会论文集[C].台北:"中央"研究院历史语言研究所,2000:224.
⑥ 李济.李济文集(卷1)[M].上海:上海人民出版社,2006:433.

出土的正确记录,它们就都能提供我们新知识,都能贡献我们对当时人类生活状况的了解"[①]。因此,对待器物的科学态度应该是把青铜器当作史料看待,用一种纯学术的标准衡量器物的价值:一是要把器物研究建立在纯学术基础上,就是在判别古器物的客观价值时必须完全放弃个人爱憎,完全以学术标准来衡量器物的价值,因此,地下古物必须属于国家所有,个人不得随意收藏或买卖;二是要对王国维的"地下材料"观念加以扩充,从现代考古学的角度对其重新界定,即"凡是经过人工的、埋在地下的资料,不管它是否有文字,都可以作研究人类历史的资料"[②]。

李济认为,从学术方面看青铜器,必须要有全面的观点。一是铸造技术问题,要答复铸造程序这一问题,就需要如采矿、冶金、金相学、制陶、合金等很多现代科学的专门知识;二是艺术的表现问题,装饰艺术往往牵涉到时代信仰、民间风俗和崇拜对象等与社会学、民俗学和宗教学有关的问题;三是纯粹史学问题,即与断定时代有关问题,由历史常识推断若干青铜器发生的问题构成与历史有关的问题。因此,"要估计一件器物的学术价值,不但要知道它绝对的时代,也应该知道它准确的出土地点。这可以说是古器物学的'相对论'"[③]。

二、进化论影响下的器物分类

李济从纯学术的观点出发,以考古发掘出土的器物为样本,对器物的形态演化、科学分类等基础性问题进行了有价值的探讨。

(一)李济的器物进化思想

用生物进化原则来指导研究人类社会,成为欧美人类学家一直坚持的研究方向和途径。进化论尝试使所有的自然现象都适合其进化模式,人类也不例外,"由狒狒进化出了长臂猿,由长臂猿进化出了黑猩猩,由黑猩猩进化出了大猩猩,由大猩猩进化出了直立猿人,由直立猿人进化出了人"[④]。但也有人发现其意义的核心是极其空洞的,适者生存只是人类发

[①]李子宁.挖出中国上古史(中)[J].中原文献,1987(02):4-10.
[②]李济.李济文集(卷3)[M].上海:上海人民出版社,2006:539.
[③]李济.李济文集(卷1)[M].上海:上海人民出版社,2006:428-429.
[④]李济.李济文集(卷5)[M].上海:上海人民出版社,2006:304.

第三章 人类学派的古史学家:李济的考古人类学思想

展的众多诠释之一,至今没有一个成功的实验揭示进化论公式所依赖的遗传规律。因此,从思维自身来研究思维,确定它的类型和规律,必须基于广义的进化原则,而不能基于狭隘的达尔文公式,包括进化思想在内的各种理论需要经受持续再验证。从欧洲学者的观点来看,不管如何欧洲都处于文明的顶端并将长久保持,所有的人类学家都必须向经典学者们致敬,任何敢于违背此传统的欧洲学人都会受到排挤,甚至被视为离经叛道的不法之徒。但作为一个处于起步阶段的严肃科学事业,人类学首先要做的是检验所有的西方科学教条。"当达尔文的生物进化论以及斯宾塞的普遍进化论被运用到社会领域并产生出'社会达尔文主义'之后,进化论就获得了普遍世界观、价值观和社会改革观的意义。"[1]民国初年的中国思想界逐渐接受了达尔文的进化学说,"大学、中学以及小学讲生物学的教科书,无不把达尔文奉为祖师,尊若神灵。讲政治、讲学术、社交谈话、文章游戏,所用的与进化论有关的名词,触目皆是"[2]。李济也不例外,他认为"人类的文化,不过是生物进化中的一种副产品",生物的人类和文化的人类似乎为"两组平行的集体的演变"[3];而中国的历史文明是"从长达十万年的史前时期逐渐演变过来的"[4]。在抗战期间,李济视察"中央"博物院时,曾对馆员索予明谈起:"从图中表现出来每件器物的差异,就能明显看出来它所代表的时代,与先后期特征。"[5]李济或许受到皮特·里弗斯方法的影响,尝试勾画各类器物的演变过程。根据英国考古学家皮特·里弗斯(Pitt Rivers)的理论,一根澳洲土人使用的棍棒可演变成多种器具。详见图3-1。

---

[1] 郑大华,邹小站.西方思想在近代中国[M].北京:社会科学文献出版社,2005:113.
[2] 李济.李济文集(卷5)[M].上海:上海人民出版社,2006:262-263.
[3] 李济.李济文集(卷2)[M].上海:上海人民出版社,2006:119.
[4] 李济.李济文集(卷1)[M].上海:上海人民出版社,2006:305.
[5] 索予明,口述;冯明珠,代笔.烽火漫天拼学术:记李庄时期的"中央"博物院[A]//蔡玫芬.八徵耄念:"国立"故宫博物院八十年的点滴感想[M].台北:故宫博物院,2006:24.

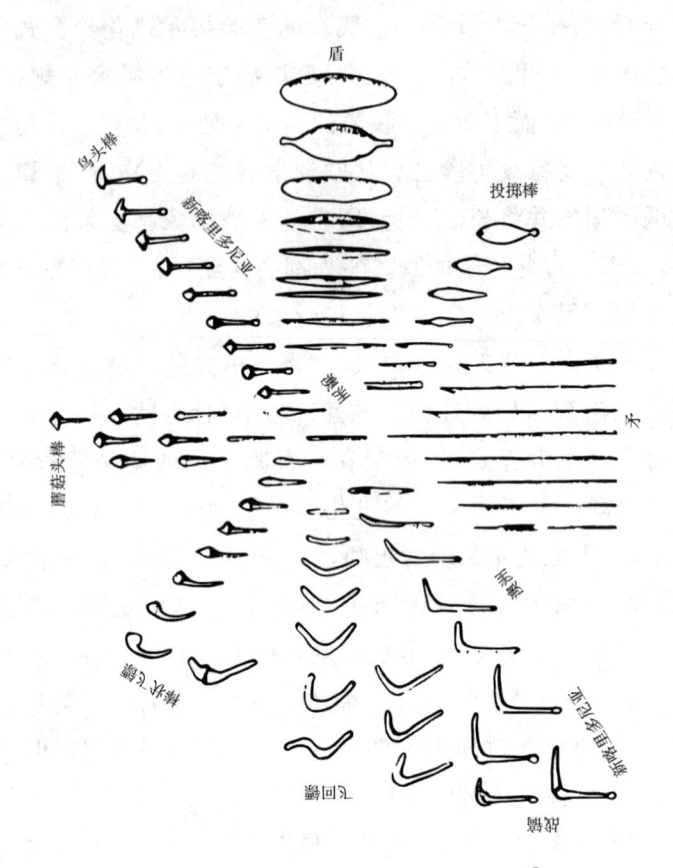

图 3-1　里弗斯澳洲土著武器的进化图①

---

① [美]乔治·巴萨拉.技术发展简史[M].周光发,译.上海:复旦大学出版社,2000:20.

第三章 人类学派的古史学家:李济的考古人类学思想

李济曾将兵器戈由其石器的原始形态、青铜的仿制品及各种铜戈的变化,直至《考工记》所记载的晚周标准样式,早周时期胡或颈产生及流变等,"依地区分成小屯、侯家庄、辛村、琉璃阁和山彪镇五组,由以测铜戈上下刃线的比率,以建立胡穿由无而有,由少而多的进化史"①,这一系列变化完全探溯出来。即从石器时代无穿无胡的石戈,到商周时期无穿无胡和单穿带胡的铜戈,再到春秋时期双穿、三穿和四穿带胡的铜戈。同时他将豫北五组句兵(即戈)类别为两系、14式,详细表列,展示由殷商中期到战国末年的形态演进。详见图3-2。

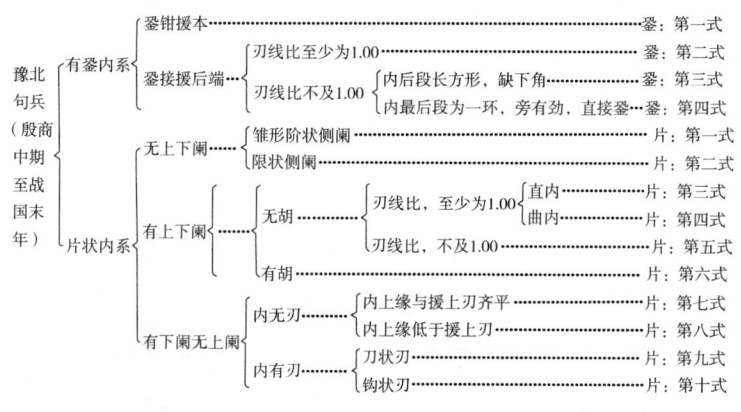

```
                         ┌─ 銎钳援本 ─────────────────────── 銎:第一式
              ┌有銎内系 ─┤                    ┌─ 刃线比至少为1.00 ─── 銎:第二式
              │          └─ 銎接援后端 ──────┤ 内后段长方形,缺下角 ─── 銎:第三式
豫            │                               └ 内最后段为一环,旁有劲,直接銎 ─ 銎:第四式
北            │          ┌─ 无上下阑 ─┬─ 雏形阶状侧阑 ─────────── 片:第一式
句            │          │             └─ 限状侧阑 ──────────────── 片:第二式
兵            │          │                    ┌ 无胡 ─┬ 刃线比,至少为1.00 ┬ 直内 ── 片:第三式
(殷商中       │          │                    │        │                    └ 曲内 ── 片:第四式
期至战国 ────┤片状内系 ─┤ 有上下阑 ──────────┤        └ 刃线比,不及1.00 ──────── 片:第五式
末年)         │          │                    └ 有胡 ─────────────────────────── 片:第六式
              │          │                    ┌ 内无刃 ┬ 内上缘与援上刃齐平 ─── 片:第七式
              └          └ 有下阑无上阑 ─────┤         └ 内上缘低于援上刃 ───── 片:第八式
                                              └ 内有刃 ┬ 刀状刃 ──────────────── 片:第九式
                                                       └ 钩状刃 ──────────────── 片:第十式
```

图 3-2 豫北五组句兵总分类图②

同时,他将戈套柄的"内"形,由直形发展到曲形,并在柄上加上文饰,勾勒"戈"内形态的演变历程。详见图3-3。

---

① 杜正胜.新史学与中国考古学的发展[J].文物季刊,1998(01):33-52.
② 李济.李济文集(卷3)[M].上海:上海人民出版社,2006:626.

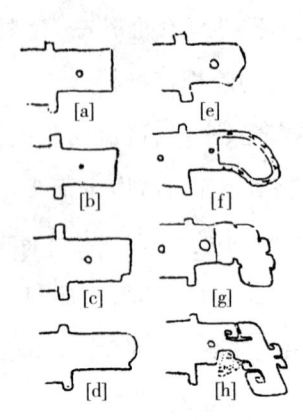

[a]锋刃 49(YM101) [b]侯家庄墓葬区(HPKM1488) [c]锋刃 43(YM388) [d]锋刃 47(YM333) [e]锋刃 46(YM388) [f]锋刃 59(YM232) [g]锋刃 70(YM167) [h]侯家庄墓葬区(HPKM1550)

图 3-3 "戈"内形态之演变示例[①]

比如,铜刀起初是一块无柄刀片,后来柄部开始分化,有接入木柄或骨柄的可能。依据刀背与刃的形制演变,李济分四组讨论:一是凸背凹刃的 A 组,由石器时代的镰刀分化而来;二是凹背凸刃的 B 组,主要形态是乙字形刀;三是近于直背凸刃的 C 组,这是第二组的母型或支派;第四组是介于前三组中间的混合种 D 组[②],背线与刃线呈现复杂的曲形。D 组的典型代表是兽头刀,兽头刀的背线、刃型、下阑、柄身也经历由简单变成较复杂的演进过程。铜刀铸造的方法则随形态演进而改变,大致分为三个阶段:①一面平法;②合范法;③内模法[③]。据此,他详细建构了小屯、侯家庄出土各式小铜刀的形态演变图谱(图 3-4)。

---

①李济.李济文集(卷3)[M].上海:上海人民出版社,2006:603.
②在陈梦家先生看来,D 组的典型代表兽头刀应看作 A 组的延长和发展。见陈梦家.殷代铜器三篇[J].考古学报,1954(01):15-59.
③陈梦家先生认为,李济对"范""模"二词没有进行明确的分别,内模法仍以对范为基础,因此陈先生对铜刀的铸造技术进行重新分期,即分为单范法、对范法和模制对范法三个时期。见陈梦家.殷代铜器三篇[J].考古学报,1954(01):15-59.

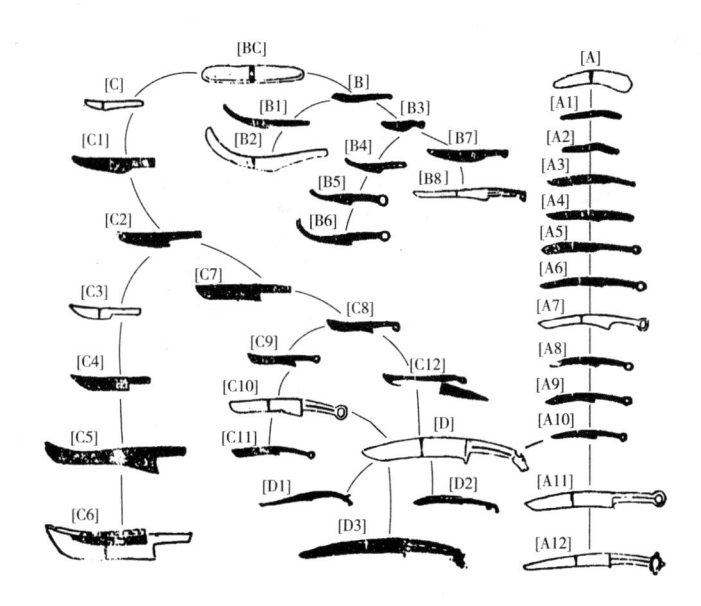

第三章 人类学派的古史学家：李济的考古人类学思想

[A]石制,小屯购品([A1]HPKM1350.3:3547,[A2]HPKM1244.3:2059,[A3]HP-KM1128.3:1270,[A4]HPKM1494.4:266,[A5]HPKM1209.3:3080,[A6]HPKM1923.4:2211,[A7]E16.4:13611,[A8]HPKM1461.4:28,[A9]HPKM1008.6A,[A10]HP-KM1769.4:2269,[A11]YM040.13:1059,[A12]YM164.13:2853)

[BC]石制,小屯出土([B]HPKM1344.3:3445,[B1]HPKM1128,[B2]不详,[B3]HPKM1617.4:1319,[B4]HPKM1432.3:3609,[B5]HPKM1537.4:255,[B6]HP-KM1736.2:2421,[B7]HP-KM1648.29,[B8]YM238.14:0769)

[C]YH250:7326,([C1]HPKM1114.3:1585,[C2]HPKM1038.3:318,[C3]横十三丙北支3:10.0089,[C4]HPKM1343.3:3437,[C5]HPKM1:2045.4:2475,[C6]YH186.1:40004,[C7]HP-KM1432.3:3591,[C8]HPKM1460,[C9]HPKM1274.3:2631,[C10]YH181.4242,[C11]HP.KM1:2046.4:2199,[C12]HPKM1:2047.4:2420)

[D]YM020.13:890([D1]HPKM1537.4:254,[D2]HPKM1008:20A,[D3]HP-KM1311.3:2459)

图3-4 小屯、侯家庄出土各式小铜刀形态演变图谱[①]

又如,小屯的铜镞有短脊、长脊及筒脊三式,它们的体积、轻重、中脊高低、翼展宽窄各个不同,其中长脊式更演变成西周及战国的铜镞。凸背

[①] 李济.李济文集(卷3)[M].上海：上海人民出版社,2006：601.

凹刃及凹背凸刃,逐渐演变成各种形状,由柄尾无环的变成有环。其演变情形详见图 3-5。

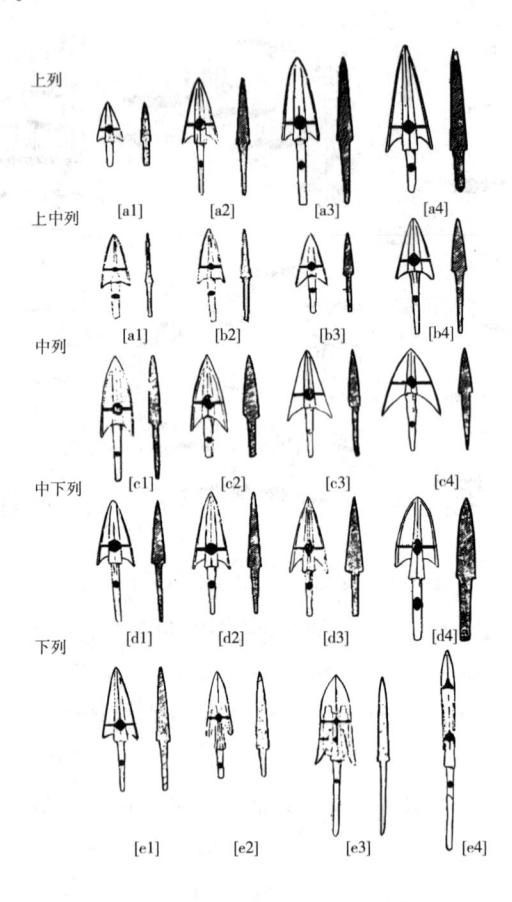

上列：[a1]—[a4]最小至最大(长脊式),[a1]YH088,[a2]E59,[a3]E16,[a4]小屯梃下段折失

上中列：[b1]—[b4]薄脊至厚脊(短脊式),[b1]E16,[b2]E16,[b3]E16,[b4]YM238

中列：[c1]—[c4]窄翼至宽翼(短脊式),[c1]小屯,[c2]E23,[c3]小屯,[c4]小屯

中下列：[d1]—[d4]"关"的下移(长脊式),[d1]D95,[d2]E16,[d3]小屯,[d4]E58

下列：小屯殷商期至汲县战国期铜镞之比较,[e1]小屯出土(E16),殷商期,[e2]浚县出土,约在西周时代,[e3]汲县出土(Y15:126),战国期,[e4]汲县出土(Y15:127),战国期

图 3-5 铜镞形态演变图[①]

再如,根据小屯、侯家庄出土的斝形器改进过程留下的蜕迹,李济详

---

① 李济.李济文集(卷 3)[M].上海:上海人民出版社,2006:610.

第三章 人类学派的古史学家：李济的考古人类学思想

述其足部结构由透底空足到 T 形实足的演化阶段：①外表三转角三面的透底空足，一转角向内，一面向外，另两面甚平；②不透底空足，一面向外且有脊，两侧面中部向内凹入；③V 形足，两侧面内陷部分加深，足的全体形成深欠的叉形；④不透底凹边，中间将内外两条叉枝结合起来，横截面近 T 形；⑤横截面渐成 T 形，两侧面深坎加深；⑥横截面完全 T 形。详见图 3-6。

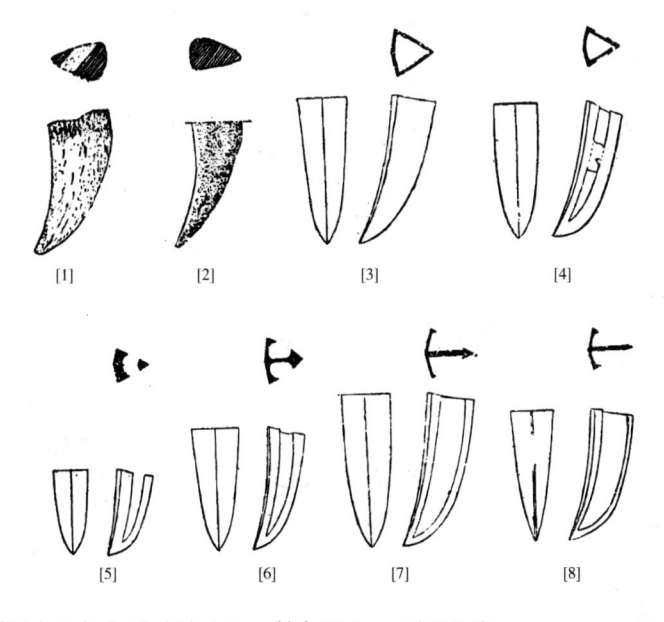

[1]圣水牛角尖（小屯出土）：一转角凹入，一平面凸出
[2]扭角羚角尖（侯家庄出土）：一平面凹入，一转角凸出
[3]小屯，M331 出土透底空足罕形器足部结构，375 式
[4]侯家庄 M1400 出土不透底空足罕形器足部结构，376 式 A 型
[5]侯家庄 M1022 出土不透底叉形足罕形器足部结构，376C 型
[6]小屯 M188 出土 376 式罕形器足部结构，F 型
[7]小屯 M331 出土 376 式罕形器足部结构，G 型
[8]小屯 M333 出土 376 式罕形器足部结构，H 型

图 3-6 罕形器足部结构之演变及其可能之原始[①]

[①]李济.李济文集（卷 3）[M].上海：上海人民出版社，2006：538.

同时,李济以陶爵为参考,对青铜爵形器的原始及演化也进行了详细分析①。殷墟出土的陶爵承袭了黑陶期土制爵形器三个部位的不同形制:①底下三足,身旁一鋬,鋬与一足在一直线上;②口上有流,流与鋬方向近正角形;③流行独立,突出口部若鸟喙。由陶爵到铜爵最大的变化有二:口上加柱;足由圆锥形变为三角锥形。爵形器的足已演化为三面三角的结实实足,没了改良的空间,其演变部分便上移到口部。其口部形态变化分四种:①单柱叉立在流上;②双柱对立在流出口处;③双柱对立口上,近于流出口处;④双柱对立口上,离流出口处较远。详见图3-7。

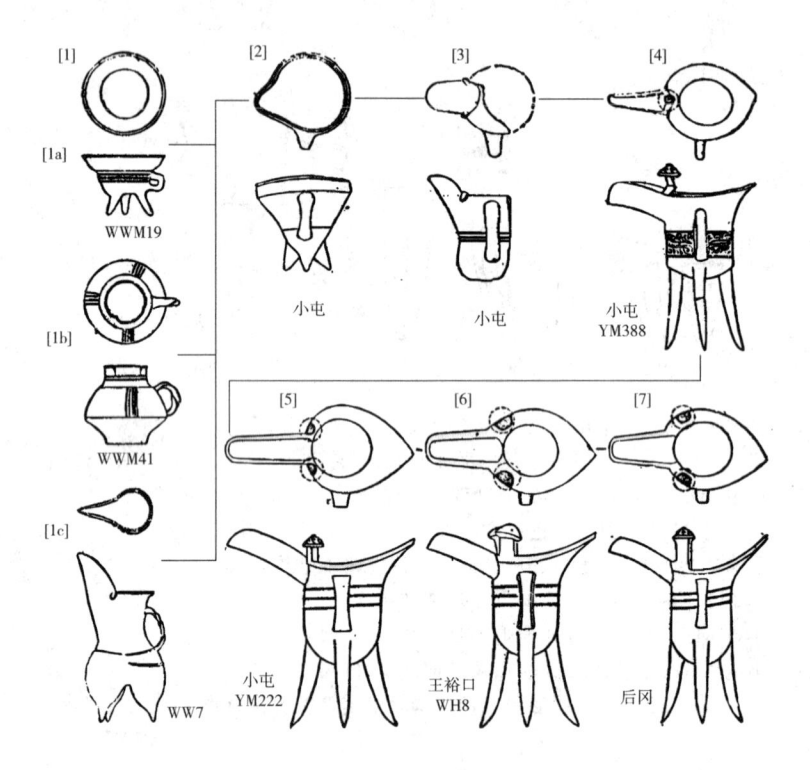

[1a]日照两城镇出土黑陶三足杯形器:有鋬,下对一足
[1b]日照两城镇出土之平底小口黑陶罐形器,口部有撮成另一弧形,为流之雏形
[1c]日照两城镇出土之鬶形器,口上有"喙"

---

① 李济.李济文集(卷3)[M].上海:上海人民出版社,2006:493-494.

第三章 人类学派的古史学家:李济的考古人类学思想

[2]小屯出土之土制爵形器,口部撮一流,如[1b]

[3]小屯出土之土制爵形器,"流"部残片,流口交界部分有泥绊

[4]小屯 M388 出土之铜制爵形器,单柱叉立在流上,310 式 A 型

[5]小屯 M222 出土之铜制爵形器,双柱叉立口上,在"流折"旁,310 式 G 型 d 支型

[6]王裕口 WH8 出土之铜制爵形器,双柱叉立口上,离"流折"渐远

[7]后冈出土之铜制爵形器,双柱叉立口上,离"流折"更远

图 3-7　爵形器口部结构之演变及其可能之原始图[①]

而根据铸造程序的演进所拟定的鼎形器出现秩序,大致与形制演进的秩序没有什么大的分别,李济对于鼎形器的演变秩序排列如下:"第一分型:圆锥实足的仿史前陶器。第二、第五分型:椎状空心足,曲底圆柱状实心细足部分仿造鬲形土器和鼎形器的外形。第四分型:圆柱状实足,为青铜鼎形器的独立形态,由原始形制及铸造技术之演进推出。带錾的第七分型:大錾形的三足鼎形器……铸造手续,显示錾为单独铸成,铸后再接上器身,这是比较晚的方法。"[②]

在李济看来,物品形态的演变至少有如下特点[③]:①物品渐变方向,有时是进化,有时是退化,比如新石器时代至战国的陶窑不断提高烧窑水平,从火膛位于窑室的前下方渐变为火膛位于窑床前,是物品进化的表现。相反,商代鬲的足逐渐变矮,直至逐渐消亡,便是物品退化的明证。②物品演化可沿一条线演变,也可以是多线的演变;既有分流,也有合流。比如连柄环首刀就是由商代青铜器的扁茎刀与北方系环刀逐渐结合而形成的。③物品的多项特征往往表现为同时渐变,如举镇墓兽的座、肢和容貌即同步渐变的表现。④同时代的不同器类或呈现相同的时尚变化。如兖州西吴寺的陶器,西周早中期流行外高内低斜沿,春秋时代流行平沿,春秋晚期则流行外低内高的坡沿。⑤不同器物的同类器物有顺向变化趋势,如商代的鬲、西周的鬲、春秋的秦鬲存在虽因时代的不同而分属不同的系统,但都经历由高足趋向矮足、最后消亡的相同演变过程。⑥不同种

---

①李济.李济文集(卷3)[M].上海:上海人民出版社,2006:540.
②李济.李济文集(卷4)[M].上海:上海人民出版社,2006:448.
③冯恩学.田野考古学[M].长春:吉林大学出版社,1993:28-32.

类的物品和不同地区的同类物品,演变速度有快有慢。如陶窑的演变就要比陶器的演变慢得多。

因此,物品形态的演变并非沿着一种轨道进行,也可以在复杂因素的影响下呈现曲折多变的轨迹,其变化的动因及趋向也是各不相同。然而,在今天看来,由于受时代的局限,李济的类型学探索明显带有进化论色彩,其器物演化论并非完美无缺。而他笃信"由隐晦而到显明,由浑沌而到分割,由简单而到复杂"的文化演进模式[①],符合进化主义的渐进模式,明显受到进化论学派的影响。

(二)李济的器物分类思想

科学的基本活动就是分类。科学工作者首先要通过观察或实验搜集事实,有了事实之后,便需要找出事实中的同异,再结合其共同之处进行分类工作,有统系的科学知识就是由分类得来的。因此,在科学家丁文江看来,所谓科学方法即"用论理的方法把一种现象或是事实来做有系统的分类"[②]。所谓分类,是指人们"把事物、事件以及有关世界的事实划分成类和种"[③],是要建立一个合乎逻辑的"分类阶元系统"[④]。特征是分类的依据,"分类工作的实质就在于从对比中发现特征,选取特征,据以进行分类"[⑤]。在英国考古学家柴尔德看来,分类有三个不同的基础,或者说是三维尺度,即"功能、编年序列和分布"[⑥]。而对于分类的目的,张光直认为至少有以下三个:"①总结材料,使它们由量的变成质的,以便科学、经济和有效地表述它们;②在一个有意义的文化系统中描述并揭示考古现

[①] 李济.李济文集(卷1)[M].上海:上海人民出版社,2006:287.

[②] 丁文江.科学化的建设[A]//张忠栋,李光炽,林正弘.科学精神与科学方法(现代中国自由主义资料选编5)[M].台北:唐山出版社,2001:188.

[③] [法]爱弥尔·涂尔干,马塞尔·莫斯.原始分类[M].汲喆,译.上海:上海人民出版社,2000:4.

[④] 钟扬,李伟,等.分支分类的理论与方法[M].北京:科学出版社,1994:1.

[⑤] 陈世骧.进化论与分类学(前言)[M].北京:科学出版社,1978:2.

[⑥] [英]柴尔德.历史的重建:考古学资料的阐释[M].方辉,方堃杨,译.上海:三联书店,2008:12.

第三章 人类学派的古史学家:李济的考古人类学思想

象的单位;③确定考古资料特征文化间界限并寻找跨文化比较的着眼点,而这些对发现和概括跨文化的模式与规律又是必不可少的。"①

分类是一件逻辑性很强的工作。李济对分类工作持科学严谨的态度,强调器物分类标准的一致性和注重器物的出土地,避免古董家或鉴赏家依赖的所谓"法眼",减少主观含混的审美观。因此,他认为传统上仅根据表象和文献进行分类的系统不够科学,并给予严正批评,而"郑重从事这一工作的人们对于器物的形态——无论是集团的、个别的或部分的——发生的起点,可能的演进方向,消灭的原因,都是他们所要细心追求的"②。

比如,古器物家常将形制、文饰、功能不加分辨地混为一谈。在李济看来,这种做法也是不科学的。只有把材料的性质和器物本身的结构弄清楚,才能谈论器物的功能,"结构不明而侈谈功能就有些像不懂解剖学的人挂医生的招牌一样"③,体用也就脱了节。而《考古图》《宣和博古图》和《西清古鉴》等传统金石学著作也缺乏科学的分类思想,往往只记器名,或无复类别,或没有分类的系统。

又如,现代学者的代表梅原末治根据形制,将中国古铜器分为十三类④:①皿钵形器,包括盘、盒、豆等;②壶形器,包括觯、觚、尊等;③壶形器,包括彝、壶、钟等;④提梁附壶形器,包括卣等;⑤壶形器,以罍为主;⑥巨型容器,包括偏壶、瓠壶等;⑦鬲鼎器,包括鬲与鼎;⑧有脚器,包括爵、斝、角、盉等;⑨注口器,包括匜、兕觥等;⑩筒形及球形容器;⑪复合形,包括博山炉、瓿等;⑫异形容器;⑬乐器类。在李济看来,梅原末治的古铜器研究充满了诸多重复、矛盾及不合逻辑之处:考察对象仅限于金石学家所讲的礼器与乐器,并不是古铜器的全体,甚至把不合逻辑的名词用

---

① 张光直.考古学:关于其若干基本概念和理论的再思考[M].北京:三联书店,2013:58.
② 李济.中国古器物学的新基础[A]//张光直,李光谟.李济考古学论文选集[M].北京:文物出版社,1990:69.
③ 李济.李济文集(卷3)[M].上海:上海人民出版社,2006:217.
④ 李济.李济文集(卷3)[M].上海:上海人民出版社,2006:470.

作标题;对器物的名称、形制及功能,没有区别清楚;分类的标准也前后不一,时而全身,时而底部,时而口部,因此既无固定性,又乏客观性,那分类应有的效用也就随之抵消了。

著名学者林奈的分类阶元包括纲、目、科、属和种等,李济则按照门、目、式、型、个体等阶元系统对器物进行分类。在李济看来,"所谓类型,并不是一个固定不移的观念,它可以随时代和地域而有所差异,这些形制的演变往往可以帮助我们标定它的时代"①。他认为,一种器物的形态有其"生命史"。因此,不仅要对器物形态进行描述,还要对其形态的起源与演变作深入探讨,从器物本身寻找时间性,对时代推展的秩序与形态演变的阶段二者之间的有机联系加以详细说明。现将李济先生各种类型器物的分类情况分述如下。

1. 石器分类方面

以刃石器为例,李济将殷墟出土的刃石器以门、目、式、型、个体五阶进行分类。刃石器是总门,其下有端刃器、边刃器、双刃器、全刃器四目。每目以下,还有式、形与个体的分类。根据李济的统计,边刃器有 243 件、双刃器有 16 件、全刃器 33 件,三种刃器总数有 292 件。

殷商时代特有的石器有三种:一是用器,如长条形小屯石刀、单孔的卷瓣长方刀;二是用器兼礼器或殉葬器,如戚形斧,各式斤形器;三是礼器或殉葬器,如有齿刀形器、小孔厚长形端刃器、双孔薄片形端刃器。有些石器,如各形的锤制石斧,承接自中国仰韶时代的"彩陶文化"②;前尖厚背的小屯石刀,他认为可能抄自沙拉乌苏河的,而磨制的偏锋石锛则是在黑陶文化中常见的。小屯出土的石器多姿多彩,除殷商时代特有的,其起源或在戈壁附近的中石器时代打制石器中③。其分型分式详见表 3-3、表 3-4 和图 3-8。

---

① 李济.李济文集(卷1)[M].上海:上海人民出版社,2006:431.
② 李济.李济文集(卷4)[M].上海:上海人民出版社,2006:592.
③ 李济.李济文集(卷3)[M].上海:上海人民出版社,2006:353,351.

表 3-3 边刃器、双刃器、全刃器分式分型

边刃器			双刃器			全刃器		
式	型	件数	式	型	件数	式	型	件数
（甲）有孔	单孔平瓣	1	不分	两端有刃	1	（甲）戈形	有内无孔	1
	单孔卷瓣	7		一边一端有刃	2		有内有孔，孔在援	2
	双孔平瓣	4		废刀重制	13		有内有孔，孔在内	5
	有齿有孔平瓣	1	总计				有孔有榫，无内	1
（乙）弯条	前圆	3					残形复原	10
	前尖	4		边刃器	243	（乙）刀形		1
	（附）残型	3		双刃器	16		双棱凹底	2
（丙）小屯刀	宽短	80		全刃器	33	（丙）箭头形	双棱平底	3
	中间	111		共	292		三棱有托	4
	细长	29					三棱无托	4

表 3-4　端刃器分式分型详表

端刃器								
式	型	件数	式	型	件数	式	型	件数
[甲]不规则形状斧形	不分型	7	[丁]全面磨制各式斧形器与锛形器	一、不规则长方形两面斜中锋	1	[戊]部分磨制及全面磨制各式铲形器	一、长方形	16
[乙]锤制斧凿形器	一、圆转斧形	20		二、不规则腰圆形两面斜窄刃中锋	2		二、有肩形	13
	二、圆转凿形	1					三、无肩小颈或方颈铲形	6
	三、圆角长方斧形	8		三、长方形片状两面斜窄刃弧转中锋	1	[己]有穿端刃器	一、小孔薄片	4
	四、蛾眉刃凿形	1		四、片状两面斜宽刃角转中锋	1		二、大孔薄片	1
	五、方角长方斧形	2		五、片状两面斜宽刃弧转偏锋	1		三、小孔长厚体	5
	六、薄片状斧形	1		六、一面斜角转偏锋锛形	1		四、大孔中长形	35
[丙]部分磨制斧形器与锛形器	一、一面磨锛形	7		七、一面斜角转偏锋凿形	1	[庚]有齿端刃器	一、无穿薄片	1
	二、部分磨斧形	1		八、平凸面两面斜偏锋	1		二、有穿薄片	1
				九、铲形	2		三、有穿厚片	2
				十、靴形斧	1			
				十一、T形斧	1		(附)残形	3
				十二、方转一面斜凿形	4	总数		152

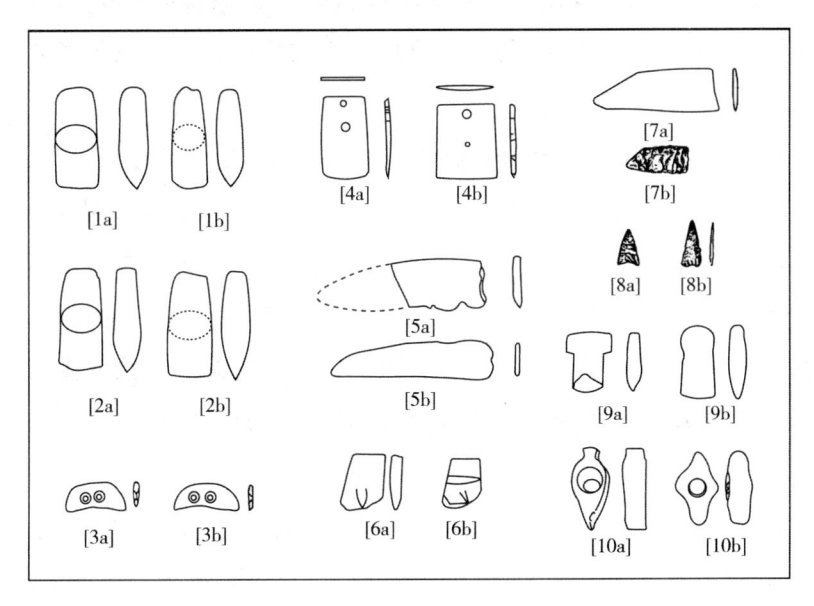

[1a]小屯大连坑 [1b]甘肃半山边家沟墓葬随葬器 [2a]小屯 YH006 [2b]河南渑池仰韶村 [3a]小屯村北连——丙 [3b]山东济南城子崖 [4a]小屯 YM388 [4b]山东日照大孤堆 TKTM2 [5a]小屯 E178 [5b]安徽寿县杨林集 [6a]小屯 B69 [6b]台湾牛稠仔 [7a]小屯 E16 [7b]绥远,靖边西北沙拉乌苏河小桥畔,中石器时代石器工业标本 [8a]小屯 H006 [8b]齐齐哈尔出土,碧玉制 [9a]小屯 C642 [9b]察哈尔宣化固村 [10a]小屯 B123 [10b]陕西府谷县万家沟

图 3-8 小屯出土石器与其他史前遗址出土石器比较图[①]

2. 陶器分类方面

在陶器研究方面,两河流域、欧洲及美洲各地的考古学家已把陶器整理到即将通俗应用的程度,而中国陶器研究仍然停留在资料搜集的原始阶段,着实使人惭愧。作为一种普通器物,陶器在中国金石学研究传统中却没有一席之地,大多古器物学者虽然对古物向来"无文不录",但对其样式、用处、制作等方面却不闻不问。而在李济看来,与其他器物相比,陶器资料兼有三项品德:"一是数量多;二是在地下保存可以历久不变;三是形

---

① 李济.李济文集(卷3)[M].上海:上海人民出版社,2006:374.

制质料随时变化,变的部分均足反映时代精神。"①因此,陶器研究在中国上古史研究中占有重要地位。殷墟陶器形制、作法及纹饰等方面的研究,可以与史前陶器联系起来,将中国早期历史文化的最早一段与华北史前文化的最后一段连贯起来。

关于陶片分类:李济在陶器分类工作时始终坚持两个原则:一是以完整器物的结构为基础,对于看不见全形的陶片先放一边,最后用其他标准划分类别;二是以全形陶器的最下部形制为首要标准,然后再观察器身结构和全身轮廓要点,寻找辅助的分类标准。如口径大小、器身深浅、周壁曲线、周壁与底部的角度、纯缘结构、附着器的有无等。实验分类程序方面,先是对陶片质料进行初步鉴定,然后对陶片的形制草成泡棉图样,最后是分式统计各式数目及出土情形。

李济在《西阴村史前的遗存》一文,将陶片分为十二类,包括颜色及花纹②。这种分类方法混合了层位、质料、纹饰及色彩,属于初级描述性质,并未涉及各类之间的演化问题。不过,在后来梁思永对西阴陶片的分类中,我们不难看出李济陶片分类法的影响。在殷墟发掘中,从第四次发掘开始,陶片的检取开始遵循一定格式,指定助理员王湘专门负责收集陶片,开始作分类实验。实验分类从陶片质料的初步鉴定入手,再对它们的形制及其代表的器物全形,草成剖面图样,最后进行分类统计,统计各式的数目及出土地。单从灰陶来看,表面看来很一致,但它们内部之间差异也很多,质地、硬度、表面纹饰和色调都不同,李济将它们分为浅灰色、标准灰色、深灰色和暗灰色四级。白陶也有两种明显不同的色度,雪白和稍发黄。安阳白陶有精致的纹饰,与同一地点的青铜器纹饰很相近。对标本样品外形的比较研究,又导引李济开始进行陶器制作方法的研究,对制陶粘土特性进行探讨,以及对陶器纹饰进行认真考察,这些问题固然重要,但他的注意点仍然集中在对典型器形标本的形态演进研究。而《城子

---

①李济.李济文集(卷3)[M].上海:上海人民出版社,2006:51.
②李济.李济文集(卷2)[M].上海:上海人民出版社,2006:174-176.

崖》采取不同于传统古器物学的功能分类方法,而是根据陶器的型式特征,以颜色、质料、制法和纹饰四项为标准,进行分类。①

依据现代分类学规律,李济将殷墟出土的1700余件陶容器标本编为依类分别的系统,并且按照秩序分类编定"序数"。他以容器底部的形态作标准,将陶容器定出以下标准:收编的陶器以容器为限,并以最下部的形态作第一数的标准;每目内再按照上部的形态,结合他种形制变化,大致以口径、体高、浅深为准,作更详细的划分。在各种形制的陶器中,李济最感兴趣的是三足器。早在城子崖发掘中,即出土了多种类型的三足器,这与安特生发现的仰韶三足器形成鲜明对照。安特生发现的三足器仅限于鬲和鼎这两种类型。其中,他认为鬲器发源中心即为中国文明孕育之所,即"山西、陕西、河南交界处之黄河河谷""鬲器自山西、河南交界处之发源地、向西北缓慢传播"②。在安阳发掘中也遇到各式各样的鬲型三足器,各种大小和形状的鬲的碎片,总数可达几万片,这是陶器分类中最多的一种类型。

3. 铜器分类方面

比如,李济将小屯出土的青铜容器分为六目:①圜底目;②平底目,分为锅形器和叠形器;③圈足目,分为十式;④三足器,分为4式;⑤四足目,分为2式;⑥盖形器。根据陶容器的分类标准而制定的这种容器分类法,李济将铜器置于科学的分类框架之中。

又如,在戈、矛、刀等铜器的命名方面,李济舍弃高本汉所称的"武器"或梅原末治所称的"用器"等这些比较笼统的命名,用"锋刃器"来命名这一类铜器。古代已有兵器、武器等名称,但先生则纯粹以刀刃的形态作分类标准,这种标准实现了形态与功能的区分,因为锋刃的器物未必一定在战争或武斗当中用到,也可以是日常家居用品。在锋刃器大类名下,又细分为:尖器、端刃器、边刃器、双刃器。同时,他提出纯粹地从形态上着眼观察,分为圜底器、平底器、圈足器、三足器、四足器等。

---

① 杨朗.李济文存(导言)[M].南京:江苏人民出版社,2017:24.
② [瑞典]安特生.甘肃考古记[M].乐森珣,译.北京:农商部地质调查所,1925:42.

李济认为,类型学不应只通过区分形态来表明演变。他尝试从铸法、用途、摹仿原型、时代变化与设计风格等方面,对出土器物进行剖析,探讨纹饰等表现方法对艺术观念的影响。当青铜艺术研究跳出狭隘的纯风格分析,也许可以发现一些更宽广的问题。先生既注意动物母题的起源与演变,又注意文饰的整体轮廓及风格。通过牛、鹿等生物残骸的细致研究,不仅证明了甲骨卜辞的真实性,还说明了青铜器纹饰的写实作风及与其生活环境的关联。同时,"除了因时代演进而起的制度上的变化外,还有地方上的差异也应该注意"①。

李济从形态着眼的"门、目、式、型、个体"分类方式,既有大的类别划分,又有形式与功能的结合形式,还有同一器形内部的型式区别,这不仅有助于发现铜器的类别特征、器形特色、器别内部等方面的细微差别,甚至对器物的演化情况也可以得到更加深入的了解,因此在器物分类上可谓更进一步。

与先前的陶器系统相比,李济以内部形态为标准的分类法为形态演变研究提供了参考,只需将殷商铜器各式的形态以类相从,便可找出它们之间不少的亲缘关系。比如,小屯出土的三足青铜器中,大多数鼎形器的底部圆底形态,是顺着后冈、造律台、黑孤堆一个体系而来的;爵形铜器的形制大概原始于小屯出土的"没有柱而有泥拌的陶爵";盉形铜器与两城镇的陶盉有关;大赉店及小屯先殷文化层所出的"平底鬲"很可能是斝形铜器足部透底作法的前身。又如,小屯出土的圈足青铜器中,盘形器、尊形器、觚形器、觯形器和瓿形器等器型,不但可以在殷墟出土的同目陶器中找到"伯叔兄弟",并且可以在异目内找到器身的祖型。即使殷墟没有,也可以在马家窑、城子崖与两城镇等史前陶器中找出它们的前身。

不过,作为材料整理的手段,李济的序数排列法,好处只是方便检索,并未用来推断年代、文化以及社会发展。在他看来,"至于由这个排列的秩序是否可以看出形态上的关系出来,却是另外的问题"②。学者陈星灿

---

① 李济.李济文集(卷2)[M].上海:上海人民出版社,2006:264.
② 李济.李济文集(卷3)[M].上海:上海人民出版社,2006:472.

明确指出:"李济的这种分类方法显然是从体质人类学借用来的,但是人类体质之间的差别甚至与人猿之间的差别,也要比文化遗物之间的差别小得多,两者根本不属于同一范畴。实际上给出一个序数,我们是连器别也不能判定的。"[1]业师汤惠生则认为,序数法所引起的一个负面作用就是"分类对类型学研究的消解:他出色的类型学研究与他的分类无关"[2]。学者徐玲也认为,"李济的分类方法借用体质人类学的痕迹较浓,混淆了两种学科在方法论上的界限"[3],其缺陷是反映不出器物的文化演变,"把记录器物形态差别的方法同寻找器物形态排列秩序的目的完全分割开来了"[4]。学者徐坚认为,李济割裂了形态分类与器物学的脐带,"类似于将铜戈、铜矛和矢镞都纳入'双刃器'的做法也有值得商榷之处"[5],而铜戈从无胡到有胡的变化,"应该构成形式风格上的演进关系,但不是主要使用类型上的更迭替代关系;风格之间的单线式进化主义模式并不存在"[6]。英国考古学家安可认为,李济将分类视为一种机械运用测量方法对材料排序的系统方式,"如果李济实际上提出的只是一种人为强加的类型学,我们可以想见它应该完全是有章法,并无矛盾。但相反,李济不得不面对他自己分类的严重的不一致"[7]。

三、器物纹饰研究

"遗物之有花纹者,可以决定其文化之程度,花纹之美恶,可推其文化

---

[1] 陈星灿.中国史前考古学史研究(1895—1949)[M].上海:三联书店,1997:319.
[2] 汤惠生.中国考古类型学的形成与发展——考古类型学系列研究之二[J].文博,2006(05):21-29.
[3] 徐玲.留学生与中国考古学[M].天津:南开大学出版社,2009:229.
[4] 徐玲.留学生与中国考古学[M].天津:南开大学出版社,2009:228.
[5] 徐坚.时惟礼崇:东周之前青铜兵器的物质文化研究[M].上海:上海古籍出版社,2014:17.
[6] 徐坚.时惟礼崇:东周之前青铜兵器的物质文化研究[M].上海:上海古籍出版社,2014:29.
[7] 安可,叶娃,陈淳:中国考古的类型学[J].南方文物,2023(03):248-256.

之高低;花纹之异同,可以考订其历史及地理上之关系。"①陶器、骨器、石器、青铜器等商代器物皆有文饰图形,华美又颇富神秘感的造型纹饰,令人倾倒、慑服,"既有写实的处理,也有经过简省或变形的写意风格,有着很强的艺术感染力"②。李济是"一位对艺术史的现象及课题有所体认的考古分类学家"③,对器物纹饰作深入观察,并从纹饰谈到表现方法影响艺术观念的艺术史问题。按照制造方法分类,文饰大致分为七种:辊拍文饰、印压文饰、蠡划文饰、雕刻文饰、捏塑文饰、附加文饰与绘画文饰。现将他的研究结果分析如下。

1. 陶器纹饰:仰韶彩陶纹饰是用毛刷画的宽条彩绘,以几何形纹图案为主,主要以色彩展现美观。山东黑陶只有很少容器装饰有几何形图案或植物叶纹,整体和谐、轮廓优美、韵律严格、简朴稳重。安阳陶器以灰陶为主,纹饰主要有绳纹、方格纹、水平线纹及锯齿形纹;白陶主要是方角云雷纹;彩陶纹饰有破浪纹、棋盘形图案,或一夹在阴线纹中的平行斜线纹;红陶用绳纹作装饰;硬陶在肩部装饰有平行波纹或戳刺纹等组成的水平饰带。

2. 骨器纹饰:在殷墟发现的一个骨质把手,上面有饕餮的侧面像;骨造矛头,雕有目纹、螺旋纹及三角叶纹;骨竿上雕有刻着鸟类、饕餮头、一般动物及神话式龙形等形式。

3. 石雕纹饰:侯家庄石雕衣边和袖口纹饰由双人字和雷纹组成;胸带上有同心连续菱形组成的图案。有半兽半人的,如人身虎头、带象鼻的双面怪兽、饕餮面具等神话动物,这些雕刻有圆雕及浮雕。小屯石雕有螺旋纹、目纹、长直线纹及钩状纹。

4. 青铜器纹饰:殷商青铜器主要有礼仪用的礼器、武器、工具、马车上

---

①李悌君.关于中国古史问题及其研究法[J].励学,1936(06):21-34.
②黄爱梅,于凯.器之藏:考古学视野下的中国上古文明[M].上海:上海教育出版社,2005:167.
③陈芳妹.艺术史学与考古学的交会:殷商青铜器艺术史研究方法的省思[A]//"中央"研究院历史语言研究所.学术史与方法学的省思:"中央"研究院历史语言研究所七十周年研讨会论文集[C].台北:"中央"研究院历史语言研究所,2000:210.

第三章 人类学派的古史学家:李济的考古人类学思想

或其他木制器具上的金属制品、陪葬的明器。

李济对殷代青铜器纹饰的研究最为详细,他将各器物的纹饰分布分成三个等级:无装饰或仅弦纹装饰者;单装,如以一周带花纹至大半装者;满装,自口沿至足底,皆有装饰。其中,HPKM2046 的 R1072 青铜卣标本表现出大方、细腻与至上的风度,器体上部围有一圈带纹,带中有一连串鸟纹和云雷纹地纹,在可以摆动的两个提梁钮之间有两个兽头浮雕;而提梁两端作环,与体上的环形钮相扣合,两个环形钮又与饰带上的两个兽头彼此之间的距离相等;盖上面接近上缘的位置,也装饰一圈以鸟为主题的饰带[①]。

比如,研究觚形器时,李济将觚形器文饰制造方法分成五类:刻画范文、模范合作文、堆雕模文、浮雕模文与深刻模文。殷墟出土觚形器的腹部纹饰最多,除了五件全素,其他 87.5% 都有腹饰,除弦纹外,花纹包括双钩宽条动物面、细线云雷纹。其全装花纹也有五种区分:双钩宽条动物面;云雷纹动物面;羽纹动物面;浮雕动物面和立龙形宽条动物面。足饰的花纹内容,除弦纹外,也有几何形纹及动物面图案,动物纹饰包括云雷纹、羽纹、立龙纹及阳线小圈纹。足饰的安排呈现由侧面的顺序安排到对称的正面排列,或许代表一种艺术观念的转变。根据花纹的总布置,其花纹有单装、半装与全装的分别。其中,全装花纹分为两类六种:第一类三种为动物侧面花纹顺序排列,即双钩宽条动物侧面、上缘有花边,云雷纹动物侧面、上下缘有花边与云雷纹羽纹动物侧面、上缘有花边;第二类三种为动物正面花纹对称排列,即浮雕动物面、上缘有花边,双钩宽条动物面、上缘有花边,镂空动物面、上缘有花边。至于胫部的纹饰主要有蚕纹、蕉叶形山纹、矛形纹和细线云雷纹。其全装花纹也有五种区分:宽条双层长三角形、无花边;宽条双层长三角形、无花边;宽条单层长三角形、有花边;浮条单层长三角形、有花边;浮条窄条动物形、有花边。

又如,研究爵形器时,李济将文饰制造方法分成四类:刻画范文、模范

[①] 李济.李济文集(卷3)[M].上海:上海人民出版社,2006:676,682.

合作文、堆雕模文与浮雕模文;根据杯身外表花纹的复杂程度分为三类:弦纹、单层花纹和复层花纹。其中,单层花纹包括有花边和无花边两种类型。而复层花纹可再分成四种类型:一是仅有一层主体动物面花纹,上有一周山纹;二是一层主体花纹上有一周花边,其上又有一周山纹;三是仅有两层主体动物面花纹;四是两层主体动物面花纹上有一周山纹。从花纹内容结构来看,主体动物面的形态及编制方面,可以有三个组合形式:双联式动物面,即杯身一周由一对动物面花纹相连,分布于正、鋬两面;三联式动物面,即杯身一周由三幅动物面花纹相连,分布于前、正、后三面;四联式动物面,即杯身一周由四幅动物面花纹相连,分布于前、正、后、鋬四面。动物面内主要器官方面,动物眼形有七种,角形六种,鼻形七种。从铸爵所用土范及其部位来看,爵范可分为五种:正前面范、正后面范、鋬前面范、鋬后面范和柱钮范。

由于斝形器最少,其文饰研究较为简略。李济将青铜斝外表装饰的"肥遗"纹样分三组讨论,即连续小圈纹装饰的周带三例;小宽条形动物面三例;宽、细两种线条之间有羽纹五例。其文饰的表现手法皆有随时应变的意义,如填空文的多少,线条的制造,附加文的有无等。

最后,李济对殷墟出土的五十三件青铜容器的形制和文饰进行了简要概述。最常见的肥遗型神话动物母题演变分为七个阶段:鱼与蛇的写真形、鱼的装饰化形、鱼化龙形及双尾夔龙形、有爪有角的龙及无爪独角夔龙、对称排列的龙和夔龙、一双夔龙对称排列的侧面龙头合并为一个向前看视动物面,一直到殷商时代最流行的第七级肥遗型纹饰。殷商青铜纹饰似乎承袭了一种沿袭很久的设计传统:一是所有花纹均以一个周带为单位,即绕器物周壁一匝,习称"周带";二是周带的大小主要由器物本身的大小决定,同时也要看周带的宽窄。

"对于装饰纹样的形态学分析不能仅局限于装饰主体的考察,而应考虑整个器物的特点……"① 纹饰所表现的内容与花样呈现了四个方面的

---

① Max Loehr. The bronze styles of the Anyang period(1300—1028BC)[A]//徐坚.时惟礼崇:东周之前青铜兵器的物质文化研究[M].上海:上海古籍出版社,2014:19.

第三章　人类学派的古史学家：李济的考古人类学思想

问题,即表现的方式、饰面的大小与图案的设计、花纹的内容、装饰的原始及目标。其中,花纹的内容主要有三种:一是真实动物的浮雕动物头面,既鸟、鱼、羊、牛等,又有夔龙、神话及饕餮等;二是几何形纹,如云雷纹、小圈纹及孔纹等;三是弦纹、凸纹及凹纹。青铜纹饰中的很多成分均可以在彩陶和黑陶等史前文化中见到,如螺纹、方格纹和垂带纹等抽象线条,动物面中的人头形、鱼形及鸟形等。而将同样的花纹重复地表现在一个周圈而形成周带,则是彩陶时代即已出现的习惯。但将若干文饰带由下而上地叠积起来,则是殷商时代的独特发展,"似乎显示了后来北美洲印第安人的装饰艺术,而与旧世界的两河流域、埃及及地中海东岸的作风比,迥然不同"①。

此外,器物形制及文饰的演变,也引发了"表现方法影响艺术观念"这一重要的艺术史问题,即花纹的变化代表技术的演进,而技术演进本身则可以促进艺术观念的转变。比如,瓿形器足饰的安排呈现由侧面的顺序安排到对称的正面排列,或许代表一种艺术观念的转变。

总之,李济对器物的描述、分类及纹饰等方面都很详尽,但对纹饰的起源、流变及作用等方面涉猎不多,从社会学、民俗学、人类学等其他学科角度剖析纹饰方面也稍嫌不够。而纹饰的产生、演变或消失,必然与当日的生活、宗教信仰、精神思想、文化传统有所关联。因此,纯粹地谈纹饰本身,而不从社会学、社会心理学、民俗学、社会人类学等学科理论的角度去剖析纹饰,是远远不够的。因此,尽管他的青铜纹饰研究较金石学家或古董家显得有条理,但仍有许多需要完善的地方。不过,他对现代器物学理论的建立,将陶器、铜器、锋刃器、刃石器分作门、目、式、型、个体的依次编排,以及将器物给予出土地点及序数的安排,已为中国大陆及台湾考古学界所采纳,只是小处略有不同,其大处仍是李济的精神所在。这说明,他的器物学理论至今影响深远。

在对小屯文化中南方的文化因素进行论述时,李济引用董作宾先生

---

①李济.李济文集(卷4)[M].上海:上海人民出版社,2006:456.

基于甲骨文解释形成的观点,说明有肩石斧、锡锭、米、象和水牛等这些物品可能是藩属国贡献给殷王室的,并由此证明在长江以南也是殷王朝可以达到的领域,证明这是一种充满了活力和生命力的文明,一种具有向心性的文化接触,使商文明具有了高度的文化成就。

  在"疑古"风潮影响下,中国史家大多将周代之前视为传说时代,而李济基于挖掘出土的器物将这一传说变为史实,建立了一段被可靠的地下器物所证明的历史。作为连接商、周两代的一个桥梁,青铜器物的沿革演成为先生研究的重点,特别是青铜戈成为他构建商代与周代之间渊源关系的有力武器。比如,李济曾将戈由其石器的原始形态、青铜的仿制品及各种铜戈的变化,以至《考工记》所载的标准样式,包括胡或颈的产生及流变,这一系列的变化探溯出来。这样,我们不仅看到考古和传说的一致性,还看到了历史和史前的紧密联系,"带字的甲骨结合着青铜器,青铜器结合着陶器,乃至可以追溯到更古老的时期的各种器物。通过这些联系,中国早期历史就跟原史,而原史则跟史前紧密地衔接了起来"[①]。

---

① 李济.中国文明的开始[M].南京:江苏教育出版社,2005:57.

第四章　考古学中的历史感：
李济的新史学思想

20世纪初疑古气氛下,中国失去了信而好古的价值基础和对中华文明的根本认同。"拿证据来"带来了批判精神,使传统史学研究出现革命性转变,人们对于真实可信的历史追求,使考古学成为中国史学发展的新方法及新途径。当疑古派以"拿证据来"这一极有威力的口号摧毁世人对中国历史的信心时,李济则以"挖掘出中国的历史"来概括其学术工作,以科学方法来回答中国人"根本何在"的问题,让中国人的历史情感认同得到科学考古的有力证实。因此,作为"挖掘历史"的一种革命学科,考古学确实提供了一些新史料、新方法与新视野。

通过考古田野工作,李济发现史料呈现两层价值:"①它把秦汉以前留存下来不容易解释的若干记录点活了;②它把中国上古史的时限推远了。"①比如,殷墟发掘所得材料,既把一些上古史传说点活了,又把大部分《殷本纪》的记录考信了,还与华北发现的史前文化联系起来了;这些发现既改变了整个上古史观念,又改变了上古史问题的性质。因此,李济"将考古学放在重建文化的架构上,将一切考古得来的材料当作人类文化发展记录的一部分;从历史学的角度来看,考古数据就是史料……他不仅重建这些数据本身所代表的殷商文化,他还希望这些新资料能解决古代史上的旧问题及由资料衍生的新问题"②。

---

① 李济.李济文集(卷5)[M].上海:上海人民出版社,2006:36.
② 许倬云.许倬云问学记[M].桂林:广西师范大学出版社,2008:98.

第一节　正当的历史观

　　传统中西史家都相信人类是天或帝等神话人物创造的产物,坚持"自己所在地是人类文化中心"的自我中心观念。许多民族在审视所有不同文化之后,会认为自己的文化优于一切,自己处在人类发展潜能的顶点,周边民族被理解为未开化的原始状态或发展停滞的畸形产物①。以往的中国史研究比较倾向于从中国看中国,超不出今日中国的疆域。如先生所说,上了秦始皇的当,以长城为限,只关注长城以南的中国文化与民族,结果忽略了北方,导致"我们的民族及文化的原始,仍沉没在'漆黑一团'的混沌境界"②。因此,先生提出要打破以长城自封的文化观,到满洲、蒙古甚至西伯利亚等北方地区寻找中国文化与民族更老的老家。

　　而西洋人看中国也时常带有偏见,常常根据自己的偏好作先入为主的解释③,甚至不惜歪曲改造历史事实,"把最好的文化,最好发明都算作自己的"④。就时间而言,这种偏见在中西方的年代早晚问题上表现突出。如武王伐纣年代问题,董作宾把这年代定为公元前1111年,西洋人定在公元前1027年。事实上西洋人所根据的资料与董先生没什么两样,但西洋人总要偏向采用较晚的一个年代作为参考点,便抹杀公元前1111年,采取公元前1027年的说法。他们在把中国拉下几十年的同时,又将

---

　　①比如,亚里士多德坚持希腊地理中心论,认为希腊人集周围低等民族的优点于一身,即欧洲人的勇武和独立与亚洲人的技能和才智;而欧美民族自认为代表了历史上最高的文化形态水平,理所当然地在世界民族中占据领先地位,而且雅利安民族具有"塑造文明的天生才智"。见[德]克劳斯·墨勒.透析历史人类学[A]//[德]约恩·吕森.跨文化的争论:东西方名家论西方历史思想[M].陈恒,张志平,等,译.济南:山东大学出版社,2009:35-62.
　　②李济.李济文集(卷5)[M].上海:上海人民出版社,2006:133.
　　③比如,为证明中国彩陶文化西来说,瑞典学者安特生想当然地认为:"西方艺术之传播,必较他者为速。"见[瑞典]安特生.甘肃考古记[M].乐森珣,译.北京:农商部地质调查所,1925:42.
　　④李济.李济文集(卷5)[M].上海:上海人民出版社,2006:28.

西伯利亚提早几十年,从而使中国文化西来说"顺理成章"。又如周口店北京人,中国人把其年代定在更新统中较早的时代,西洋人则定在更新统中较晚的时代。基于这种缘故,中国人对于此种资料和问题应加强研究,"这不但是为了明了中国的古史,而且我们对于史学和科学,本身负着责任"①。

就地域而言,"自从科学发达以来,历史的范围,在横的方面已扩大到了全社会,纵的方面也延伸到以自然为历史的出发点,成为一种普遍的全人类史"②。鉴于此,中国古史学者们必须先要放弃国家地域的偏见,"把文化本身当作全人类的一件事,把创造文化发明新事物视为人类共同努力的结果"③。实际上没有一个区域的文化是完全孤立成长的,"北欧亚自古便是民族迁徙的大道,各民族跑来跑去都可以影响邻人的文化"④,欧亚大陆有一条西东文化交流的"青铜之路"⑤。因此,中国远古史的中心地带固然在黄河流域的华北,但其全部背景则包括东亚全部及环太平洋区域,也就是整个欧亚大陆。⑥ 而要深入了解殷商文化,不能只限于殷墟或黄河中下游,它涉及的范围远超近代人的想象。

同时,中国古史学者们要避免各种后天习染的束缚,接受客观思维的训练,"不要接受任何过去的学说,摒除一切可能的偏见,处于绝对的客观的地位"⑦。这些后天习染有很多,主要是乡土观念、国家意识和种族偏见。若是这些主观见解渗入到科学工作中,就会将搜集到的科学资料化

---

① 李济.李济文集(卷1)[M].上海:上海人民出版社,2006:354.
② 姚绍华.近四十年中国考古学上之重要发现与古史之展望[J].新中华,1936(19):70-81.
③ 李济.李济文集(卷5)[M].上海:上海人民出版社,2006:28.
④ 凌纯声致张光直的通信[A]//李卉,陈星灿.传薪有斯人:李济、凌纯声、高去寻、夏鼐与张光直通信集[M].上海:三联书店,2005:117.
⑤ 易华.青铜时代世界体系中的中国[A]//刘新成.全球史评论(第五辑)[M].北京:中国社会科学出版社,2012:68-96.
⑥ 在学者孙隆基看来,不做跨地域的链接,只就地域论地域,那么,各自摸到的只是历史的鼻子、腿、尾巴和象牙。在中国文明起源问题上,远古的华北不能脱离欧亚大草原的关系,华南的水稻革命可以是中国文明起源论之一环,也可以是南亚语系和南岛语系的源头。见孙隆基.新世界史(第一卷)[M].北京:中信出版社,2015:2.
⑦ 李济.李济文集(卷1)[M].上海:上海人民出版社,2006:284.

成"类似儿童们积木游戏所用的木块",用它们来建筑任何想象中的空中楼阁,这是建设客观史学的最大难关。过去的历史无论是写皇家谱牒,或微言大义,或鉴往知来,作者在下意识里都要受乡土观念的局限。比如,四川老乡喜欢谈苏东坡,而湖南老乡喜欢谈曾文正。而有些人则因地域观念、国家偏见,对问题故作畸重畸轻之论。

"发现的范围逾广,牵涉的问题愈深远,愈使人感觉到人类文化的世界性。"①从"人类史"②的观念出发,李济不为狭隘、陈旧的"华夷"观念所拘泥,把人种问题置于全人类发展的链条上,而将中国文明的讨论范围圈定在贴近太平洋的远东地区。他通过测量中国人的体质,并与世界其他人类比较,发现中国人的头型也有时代越晚头型越圆的趋势,这与欧洲民族发展趋势并无两样。先生认为,中国文化无疑接受外国文化,但骨卜、丝蚕和殷代的装饰艺术,这三件无疑是中国土生土长的东西。诚然,中外文化交流现象也很普遍。一个骨雕把手上布满雕刻和镶嵌,五组饕餮纹上下连接,使人联想到北美加拿大太平洋西北海岸图腾柱上的动物头图像,"把殷代的古代艺术与特林吉特文化和海达文化的艺术成就直接连接起来"③。而北方的小麦,南方的稻米,三代的青铜冶铸、战车和武器,以及马牛羊这些家畜的饲养等,都应该放在整个亚洲大陆的范围来研讨,才能得出比较客观的结论。

殷商时代不仅利用自己祖先的文化传统,而且利用它所接触到的其他文化传统,与西伯利亚、蒙古以及太平洋区域均有文化接触。通过对小

---

① 李济.李济文集(卷2)[M].上海:上海人民出版社,2006:16.
② 学者雷颐曾对中国传统社会的"华夏中心主义"作出界说。即在中国传统的宇宙图式中,"中国"位于世界的中心,"天下"也是以中国为中心的。见雷颐.雷颐自选集[M].桂林:广西师范大学出版社,2000:300.
学者张经纬尝试消解中心——边缘观念,认为人类史非一族、一国之进程,"四夷便是中国,中国亦是四夷",人类迁徙的齿轮始终转动不息。见张经纬.四夷居中国:东亚大陆人类简史[M].北京:中华书局,2018:300.
③ 特林吉特文化和海达文化是北美阿拉斯加和英属哥伦比亚地区的印第安人文化,博厄斯及其学派曾对它们做过考察和描述。见李济.李济文集(卷4)[M].上海:上海人民出版社,2006:515-516.

屯陶器研究,李济发现安阳是中国上古文化的中心,陶器工艺是许多古老文化成分融合的产物,它包括西北较早的环筑制法、仰韶文化的拍印法以及海岸区域的轮制法;而殷代陶器形制的复杂多样,不仅表示当时工匠制作方法与形式设计的独特新颖,还表示殷商文化与中亚、中东和近东等异国的文化交流。在承袭史前传统的基础上,殷商陶人在选料、配料上十分精进,发展出灰陶与白陶;在技术上也有新贡献,那就是硬陶烧制与敷釉的发明,不仅硬度几乎实现标准化,吸水率也被大大降低了,这就为后期中国瓷器的发明铺平了道路。正是不断从其他文化中吸取新的元素,并在实际运用过程中进行取舍,将有用成分融合到自身,中国文化才得以充满活力地长久发展下去。

"'人类学'给历史提供了一个最完备确实可靠的背景"[①],"人类学的比较资料足可减少历史上过度的民族中心主义"[②]。作为一位人类学派的古史学家,李济一直强调以全人类视角来观察中国的文化和历史,认为"要看清楚一个民族的历史,绝对抛不开全体人类的这段大背景"[③]。鉴于此,他把中国放在乌拉尔山、喜马拉雅山和印度洋以东的大区域内,去寻求殷商文化的来源,看到殷代融合了中国北方、内蒙古和满洲南部三种文化传统,含有中亚和更远西部的文化因素,并有太平洋地区艺术传统的文化成分痕迹,曾在《殷墟铜器五种及其相关之问题》《小屯殷代与先殷陶器的研究》与《中国文明的开始》等文章里,论述殷商与中亚、西亚文明之间的若干相似性。总之,"人类的文化只是一个完整的个体,各区域的发展;各代表这个整体的一面;每面的形成又赖其他方面的支持"[④],而"中国历史是人类全部历史中最光荣的一面,只有把它放在全体人类历史的背景下看,它的光辉才更显得鲜明"[⑤]。

---

① 杨鸿烈.史学通论[M].长沙:岳麓书社,2012:221.
② 谢剑.人类学与历史学[A]//李弘祺.史学与史学方法论集[M].台北:食货出版社,1980:80.
③ 李济.李济文集(卷1)[M].上海:上海人民出版社,2006:330.
④ 李济.李济文集(卷5)[M].上海:上海人民出版社,2006:39.
⑤ 李济.李济文集(卷5)[M].上海:上海人民出版社,2006:416.

第二节　全新的史料观

"凡考古的学问,和他种的学问相同,最(重)要的事情就是有精确的材料"①。李济的世界眼光直接形成他自成一系的新史料观,即有别于传统的"平等的眼光"②,他认为古史研究需要七大类材料,即人类原始资料、自然科学资料、史前考古学、体质人类学、考古发掘出来的有文字记录的资料;民族学材料以及先秦文献。"对于增进我们对于历史的学问来说,地下的瓦砾骨头与黄金珠玉并无区别"③。因此,凡是坑内出土的东西,不论陶、骨、蚌、石,一切都在搜集之列。"凡是世界上所遗留下的物件,都在考古学研究范围以内。"④

要获得更多上古史资料,必须突破古董家的眼光,坚持尽量利用一切有关资料的学术态度,垃圾堆里可以找出宝贵,这需要艰难地检取和提炼的功夫。比如,在收集西阴遗址所出遗物的过程中,李济将地层无疑义的出土实物尽量采集,没有故意丢弃一块陶片;研究中也未做任何方式之选择,对彩陶与无彩陶都同样注意,对后者并无歧视,以避免不完全与不平衡现象。又如,殷墟发掘中,在李济看来,一块烂陶片或破骨头往往比一件完整器物有价值,因此,从发掘工作伊始,"凡是出土的,我们不论巨细都收起来;就是丢弃的瓦砾,也都经过我们的眼,认为毫无价值的方才丢去"⑤。而研究的题目范围,除甲骨文字,可作的工作甚多,"一切无文字而可断定与甲骨文同时之实物均有特别研究的价值",有好些问题是文字

---

① 毛子水.国故和科学的精神[A]//张忠栋,李光炽,林正弘.科学精神与科学方法(现代中国自由主义资料选编5)[M].台北:唐山出版社,2001:323.
② 毛子水也持平等的眼光,他认为:"学问是平等的。发明一个字的古义,与发现一颗恒星,都是一大功绩"。见毛子水."驳新潮'国故和科学的精神'篇"订误[A]//张忠栋,李光炽,林正弘.科学精神与科学方法(现代中国自由主义资料选编5)[M].台北:唐山出版社,2001:357.
③ 石舒波,于桂军.圣地之光:城子崖遗址发掘记[M].济南:山东友谊出版社,2000:57.
④ 李济.李济文集(卷1)[M].上海:上海人民出版社,2006:319.
⑤ 李济.李济文集(卷5)[M].上海:上海人民出版社,2006:117.

中所不能解决的,而就土中情形可以察得出。鉴于此,"现代考古家,对于一切挖掘,都是求一个全体的知识。不是找零零碎碎的宝贝"①。古器物学家不注意的没有纹饰或仅加简单弦纹的一批青铜器,在李济看来,它们也应该被视为那一时代的重器,它们的形制沿革等方面也具有同等重要意义②;"这些低等的、劣等的货品或者就可以供给研究形制的古器物学家若干形态演变的资料,可以用着解释若干精品的族属以及原始"③。因此,提到青铜容器文饰时,他便从这一群素净无文饰的器物谈起。

而认真考察早期盗坑痕迹,也可获得一些判断盗掘发生时间的资料。比如,殷墟第十二次发掘的小墓实际上是牺牲坑,在已发掘出的400多座墓中的死者在葬前已被砍头,这明确证实了殷商王朝时已有"人牲"现象,这些小墓无疑都是牺牲墓。在清理HPKM1001时,于木椁地板下发现了九个未被扰动的人牲坑,即是人殉习俗的铁证。HPKM1001等墓中出土的重要遗物是一组诸如龟、娃、人像、虎头、鹰头和两面兽等神话想象型的石刻,另一重要的遗物是用鲜红色印在土上或被色石和贝壳嵌入的痕迹即"花土",成为研究装饰艺术的丰富资料。

原始资料的鉴定与处理十分重要。由于没有出土情形的详细记录,古董市场器物的科学价值便受到严格限制了。李济将北京人与皮尔当人作一比较,发现两组资料有很大的分别。照现代考古学标准,从取得手续来看,皮尔当人资料尚够不上第三等品质,因为没有准确的出土记录,没有可以证明这些实物与土层关系的正面证据,不能证明所说的出土地层出此类化石的可能性。而北京人的原始资料有准确的田野记录,所出化石各有其原在地点及同层出品实物作为证据,"也可以在华北其他地层的相承次序中,找到分明的旁证"④,资料的真实性保证了研究结果的可靠性。因此,在使用"地下材料"之前,使用者应对原始资料进行一番彻底检

---

① 李济.李济文集(卷5)[M].上海:上海人民出版社,2006:3.
② 李济.李济文集(卷4)[M].上海:上海人民出版社,2006:346.
③ 李济.李济文集(卷5)[M].上海:上海人民出版社,2006:260.
④ 李济.李济文集(卷2)[M].上海:上海人民出版社,2006:65.

查。比如"商三句兵"铭文的解释问题[①]上,罗振玉、王国维等著名学者对句兵及其所刻铭文进行过专门考释,进而对中国古代社会组织进行相关推测。郭沫若也对此提出新颖的见解,认为《大学》所载的"苟日新、日日新、又日新"(汤之铭盘)是兄日辛、祖日辛和父日辛的误读。1950年,董作宾从甲骨文考释的角度证明"商三戈"铭文纯属伪刻,而郭沫若的见解也就成了肤浅的偏见。

考古学家可以根据葬式研究而发现区域内民族的变迁,从而认定其代表着一个区域内一个民族的风俗习惯。由于埋葬葬式往往有很强的稳定性,除非发生巨大变动,这种风俗一旦形成便不会随时变动,因此,葬式多半代表一个民族的信仰。比如,芮斯纳教授编著的《努比亚古墓调查记》,便由葬式的变化考出努比亚风俗沿革的许多历史故事[②]。李济则从青铜器的层位现象、共同出土物及出土部位关系等考古情境入手,去认识它们的意义,使青铜器所以成为历史材料必不可少的知识凭借。"古代人类社会之活动,凡起居饮食、战争行动,多与器物发明有关,吾人若就某一种古代器物加以研究,察其改进之痕迹,亦间接藉以考知古人生活状况之道也。"[③]这正说明考古学家对考古材料特性的深入理解,可以发掘出它们的历史性。

与考古学、古生物学及其他文化有关的古物保存价值,难以用年岁长短的标准来衡量,而是要看"什么是值得保存的东西"[④],即其学术价值。而对于历史材料的价值,李济以现代科学为标准产生两方面认识:一是假造的部分虽多,但有"有意和无意"的区别;二是有若干故事的传说颇有些史实的根据。所以,传说历史也是史学界应该重视的一组材料。

---

① 李济.李济文集(卷4)[M].上海:上海人民出版社,2006:547.
② 李济.李济文集(卷2)[M].上海:上海人民出版社,2006:258-259.
③ 邱鹤.建设中国古史的商榷[J].大夏,1931(02):53-59.
④ 李济.李济文集(卷5)[M].上海:上海人民出版社,2006:59.

第三节 史学方法

傅斯年希望用西方的科学方法来研究中国学问,主张采用自然科学中"实验科学"研究模式,经过提出假设、搜集资料、分析归纳,最后进行概括,便完成了史学任务。李济则认为历史学要成为科学,只有在材料搜集考证方面下功夫,把生物、地质等"实验科学"视为科学史学的样板,坚持以自然科学的精神和方法来研究人文学术,是"把现代科学与传统史学作了有开创性的结合而取得明显成就的一位先行者"[①]。因此,他十分强调史学的实证性质,不搞大而不当、内容空泛的宏观研究。

史学研究方法上,李济主要依靠历史法与比较法。最早使用"历史法"与"比较法"的是美国人类学家博厄斯。博厄斯在《人类学比较方法的限制》一文中认为,历史方法通过抛弃在任何文化的相似点上建立联系的误导性原则,从而达到了更坚实的基础。而在条件可行的情况下,必须通过研究小地理区域的文化来发现这些过程。而美国人类学最主要的特色就是要从不同的角度、不同的观点来了解人类,不只是看人的某一些面相,而是看人所有的面相,而且不只是看现在的人,也看所有的人和以前人的发展。[②] 而李济认为,"要完全了解一个区域所得的材料,同时必须各处发掘,比较各处的事实,才能认识各实物的真正价值。"[③];考古发掘出土的地下资料,"可以为中国古文化研究,作种种历史的与比较的分析"[④];"考古学研究实际上整个儿就是类比"[⑤]。在李济看来,尽管所有文明的发生都是文化接触的后果,但在运用文化传播理论之前,必须详查这一文明实际成长的每一个细节。因此,"纵使是最热心的文化传播论者,

---

① 李济.安阳[M].石家庄:河北教育出版社,2000:3.
② Franz Boas. The limatitions of the comparitive method of anthropology[J]. Science,1896(103):901-908.
③ 李济.李济文集(卷1)[M].上海:上海人民出版社,2006:332.
④ 李济.李济文集(卷2)[M].上海:上海人民出版社,2006:208.
⑤ 张光直.考古学:关于其若干基本概念和理论的再思考[M].北京:三联书店,2013:89.

也得在华北平原与美索不达米亚之间找到证据,才能支持他们的移植的假设"①。

李济采取区域比较和细化对象的方法,把殷商文化研究作为探索中国文化发展的坚强据点,通过不同区域的对比研究,探索其文化关系。

1. 殷商时代石器研究,发现殷商时代的文化保存更远的史前文化传统。早期的石器大都与有关的日常实际用品相关,大半用普通岩石制成;到了殷商时代,殷人有浓厚的鬼神信仰,于是生人的实际用品逐渐转化为供奉器即礼器,石器质料坚实,器物上留存有较多制作痕迹,为探究中国民族早期的渔猎耕种方法提供了更为明确、丰富可靠的资料。

2. 殷商陶器演变研究,可以推知殷商及早期中国先祖的若干重要生活习惯,如日用食品及其种类、预备食物的方法、吃的方式、用的饮器以及饮的习惯。陶器的整理研究解决了两大问题:一方面是把殷商历史文化与华北史前文化联系起来,使早期各地发现的、零星散漫的史前文化找到了殷墟这样一个联络中心,从而使华北地区史前史分期问题有了眉目;另一方面是通过对各种陶器形制、制法及纹饰的比较研究,为陶器演变的历史寻出了一个大致轮廓,解决了青铜器祖型等一些难题,启发了有关上古史方面的一些新问题,为上古史研究开辟一条新途径。

3. 卜骨研究。殷商贞卜文字大半刻在牛肩胛骨的骨板或龟腹的甲板上,而城子崖破碎骨片上的模糊痕迹成为骨卜演化的早期阶段。通过对城子崖无字卜骨的钻灼痕迹与小屯有字卜骨的"钻""灼"两种痕迹相比,二者显示了很明显的血缘关系。因此,卜骨研究为我们研究古代占卜所用的"钻""灼"方法提供了有效途径。

4. 殷商青铜器研究,殷商青铜器形制演变与花纹体系演变的研究不难看出,很多殷商时代的青铜器形制承袭黑陶时代的陶器,同时也接受了史前时代若干石容器和木器的传统,如联档式三足斝与单耳鬲、黑陶鬶有密切的关系②;不少的青铜兵器,如戈、矛、箭镞等锋刃器往往是仿造先史

---

① 李济.中国文明的开始[M].南京:江苏教育出版社,2005:18.
② 李济.李济文集(卷3)[M].上海:上海人民出版社,2006:659.

石器或骨器制作而成;而素净青铜标本文饰线条上的变幻无穷,显然部分地承袭了黑陶文化的一些传统,而很多成分却见于太平洋区域所发展的装饰艺术,这些发现解决了中西文化交流史上的不少疑问。

5. 墓葬研究,通过对墓葬"人殉"现象的研究,李济发现"杀人殉葬以及以人作牺牲祭祀鬼神"的习惯遍见于欧亚各区域。因此,殷商时代的"人殉"只是代表了青铜时代的一般风气而已。殷商俯身葬的研究证实了小屯俯身葬与甘肃俯身葬的关系,同时发现了隋唐时的束足习惯,为研究中国古代风俗增加了新资料。

李济强调细化对象,对文化成分逐项进行分析研究,受到博厄斯"历史特殊论"的影响最大[1],其所强调的"叫一柄锄头为一柄锄头"这一科学训练思想,其实是博厄斯客观描述方法的体现。[2] 针对古典进化论的单线进化思想和寻求人类历史普遍规律的企图,博厄斯主张进化法则只能从分析特定地域的历史发展着手,每种文化都有其自身的珍贵个性与历史特性,每个文化特质都有其特殊的历史发展线索。他认为,每个民族的文化都有其特殊的呈现视角,理解某一特定文化最有效的方法就是历史主义方法,"不作原则性的理论概括而仅限制在小范围内具体对象的调查研究"[3]。他反对"欧洲中心主义"和"种族优越论",认为影响各族文化发展的是历史条件,而不是种族差异;而种族特征是在环境、饮食、种族混合等影响下形成的。在《人类学与现代生活》一书中,其对文化相对主义思想做了充分阐述,认为以自己的文化标准去衡量他族的文化价值是荒谬的,"对普遍化社会形态的科学研究,要求调查者从建立于自身文化之上的种种标准中解脱出来。只有在每种文化自身的基础上深入每种文化,深入每个民族的思想,并把在人类各个部分发现的文化价值列入我们总

---

[1] 徐玲. 留学生与中国考古学[M]. 天津:南开大学出版社,2009:228.
[2] 徐玲. 留学生与中国考古学[M]. 天津:南开大学出版社,2009:210-211.
[3] 潘雄. 西方人类学史:兼论人类学及其分科与流派[M]. 汕头:汕头大学出版社,2007:201.

的客观研究的范围,客观的、严格科学的研究才有可能"①。因此,他的研究特色就是要从不同的角度、不同的观点来了解人类,不只是看人的某一些面相,而是看人所有的面相,而且不只是看现在的人,也看所有的人和以前人的发展。

"要对于各个独立的文化遗物作相互的比较研究,因此可以察知各个文化进步的情况,或者可以寻求出彼此相互的关系。"②比如,发掘殷墟时,为了显明中国陶器从先史时代到历史时期的发展演变,李济将殷商陶器与仰韶彩陶、龙山黑陶进行详细比较。结果显示,仰韶彩陶以三足器为主,碗形和瓮形的平底器较多,很少有圜底器和圈足器;龙山黑陶主要是三足器、平底器和圈足器,少见圜底器;殷商陶器出现圜底器,根据形制可分为13式24型,同时出现许多容量在10公升以上的大容器。与此同时,李济又将殷商陶器与铜器进行比较研究,虽然它们各具特色,但二者间的相互影响清晰可见。其中,殷商陶器的代表是白陶,其祖型是龙山陶器,而它们形制与铜器明显有近缘的相似;而前期铜器大多是仿效先商圆身器而作,而后期方形铜器则是模仿木器的结果。又如,为解决仰韶文化与殷商文化孰先孰后的问题,他把殷墟陶器与安特生在河南及甘肃发现的陶器进行比较,通过对二者共同类型鬲和箭镞等遗物的形制进行比较发现,殷商的鬲制作精了许多,且形状也有变化,很明显,仰韶要早于殷墟,但直到从小屯遗址中发掘出了一片彩陶,李济才最终断定两者的先后顺序。至于二者相差的距离,李济认为最多不过像那远房的叔侄,辈分确差,年龄却甚难确定。再如,李济对安阳殷墟青铜时代与新石器时代器物进行了细致的比较研究。结果显示,大多殷商大型青铜器器形都能在新石器时代器物中找到原型,如商代的方形铜器在形制与纹饰上继承了木器形式,全身布满了动物图案纹饰,表现了一种广泛分布于太平洋沿岸的艺术传统;而商代的圆形铜器主要模仿龙山或小屯期没有太多纹饰的陶

---

① [美]博厄斯.人类学与现代生活[M].北京:华夏出版社,1999:131.
② 胡肇椿.考古学研究热潮中:现在考古学者应取之态度与方法[J].考古学,1932(1):9-21.

器,显示其与中东与近东文化之间的许多相似之处。总之,这种不同时期器物形状所显现的连续性,无疑说明了殷商文化与华北石器时代文化的有机联系。

在《〈城子崖发掘报告〉序》①里,李济再次提出要用历史法与比较法处理材料。先生认为,外国人看中国事情总是比较客观,原因就是他们总是从比较法入手,对新资料和新史实也可以连贯地悟到,"历史事实,如个别观察,无甚意义,若比较研究之,新意义即由此而出,比较之后,同异显然,其中含义,立即查出"②。例如,在发掘西阴村遗址时,他就反复将西阴出土物与仰韶文化作对比;后来又出于比较研究的目的,一直强调对安阳陶器的整理研究。在李济看来,陶器整理所解决的问题有基本的重要性,它可以把殷商文化与华北一带发现的史前文化联系起来,并能启发与上古史有关的若干其他新问题,如早期在各地零星发现的散漫无纪的史前文化,由于安阳陶器的整理得到了一个联络的中心。

对于铜器的类别,李济认为其既不沿袭中国古器物的旧称,也不同意梅原末治、高本汉之应用"利器"与"武器"之名。比如,先生以为"利器"所指的范围甚难划定,其内涵的笼统可以说与武器相等,因此提出"锋刃器"一词。又如,先生以为"锋刃"指器物形态之一部,好像动物学家常用的脊椎类、哺乳类一样所代表的意思,其所指的现象具体切实,就器物分类的工作说,可以澄清形态与功能混搅的局面,收若干打扫的效用。再如,先生在锋刃器大类名下,又细分为:尖器、端刃器、边刃器、双刃器。同时,李济对于习用的用器中的酒器、食器等旧名,也认为内涵笼统,也提出纯粹的从形态上着眼观察,如圜底器、平底器、圈足器、三足器、四足器等。这种新的客观分类法,对于中国古器物研究产生了积极影响。

当然,比较资料的运用也有其自然限制,那就是不能超出比较参考范围过远。"用得好,可以贯串一大堆似乎不相干事实,把他们唤醒了,成一组活的历史",相反,"用得滥,就免不了犯生吞活剥的毛病,撷拾一鳞半

---

①李济.李济文集(卷2)[M].上海:上海人民出版社,2006:206-210.
②李悌君.关于中国古史问题及其研究法[J].励学,1936(06):21-34.

爪,强为沟通,造出种种奇怪的学说"①。同时,用作比较研究的器物也有限度,那就是要清除赝品:在所选的原始材料中,来历不十分分明的还可用,时代不十分清楚的还可用;但是有仿造嫌疑的必须全部剔除。1939年,李济曾在云南民族学会作了一次关于民族学研究中运用比较法问题的学术讲演,名字叫作"民族学发展之前途与比较法应用之限制"②。演讲中,李济举了两个经典案例:一是关于洋苍蝇的故事。讲的是一个办青年会的美国朋友在西安举办了一个扑灭苍蝇的运动大会,在其中的展览会上,为了表现对苍蝇的可厌可怕,展览画中所画的苍蝇都放大十倍以上。但并未发生预期的那种反感效果,反倒使当地的乡下人认为,外国人怕苍蝇怕得厉害,原来是因为洋苍蝇比中国苍蝇大得十几倍。二是在参观美国芝加哥费尔德博物院时,先生看到陈列室内有一尊贵妃塑像。所塑的杨贵妃相貌不但与出土的唐俑大不相似,而且连传说中的"燕瘦环肥"的"肥"字都没有勾画出来。后经询问洛佛尔才知,这尊塑像的来源是经典京剧"贵妃醉酒"中的梅兰芳大师形象,先生这才恍然大悟。李济想要借此说明的是:尽管由于科学的发展,不少民族学研究所取得的材料可靠性不断提高,但鉴于语言、习惯和思维方式等种种因素,有时仍取不到真实可靠的材料,研究另外一个民族的民族学家,"就是学会了它的语言,能听、能讲,也不见得就能搜集完全可靠的材料"③。总之,民族学材料丰富的刺激性容易引起史学家的幻想,虽然可以帮助解答好些上古史问题,但同时也可以遮蔽史学研究的正常途径。因此,要注意运用民族学材料的限制性,在对不同民族文化进行比较时,要最大程度提高材料的可靠性;把可靠程度不一的材料硬凑在一起,或者混淆材料的性质,这是学术界应该避免的危险现象。

此外,科学的民族学方法可以帮助解释一些考古学上不能了解的现象,如可以用现代手工业与古代工艺进行比较研究。比如,殷墟石刻的研

---

① 李济.李济文集(卷2)[M].上海:上海人民出版社,2006:207.
② 李济.李济文集(卷1)[M].上海:上海人民出版社,2006:250-259.
③ 李济.李济文集(卷1)[M].上海:上海人民出版社,2006:256.

第四章 考古学中的历史感:李济的新史学思想

究证明,中国石刻早在公元前二千年即斐然可观;石刻所用原料都是安阳附近出产的,而商朝人所用的图案,仍有若干保存分布在太平洋各处的民族中,这说明殷商文化的发展背景是一种太平洋沿岸的原始文化。再如,研究殷墟出土石器的结果证实,大多数在小屯发掘的石器类型是"蜕存"一类的性质,就发掘所得证明:小屯的殷商时代已能铸重近九百千克的大铜鼎,这是殷商时代中国青铜文化鼎盛的象征之一。

在李济看来,国外汉学家广搜参考比较的资料,故能作客观的整理。由于殷墟这些地下新材料的发现,远到新石器时代的黄河流域一带,现代中华民族最重要的一个成分已经开始滋生成长了。同时,历史学家对于殷商文化的真实性质得到一个比较清楚的认识:大量的实物证据表明,殷代的中国文明已经具备基本的东方特征,除甲骨文字以外,骨卜、蚕桑业、装饰艺术等无疑为鲜明的东方要素,分别代表周初以前中国人的宗教、经济及艺术生活。因此,"我们最应该宝贵的是继续发现新的事实:材料的新,观念的新,方法的新,解释的新,都值得表扬。只有如此方能使一门学问继续进步"[1]。

第四节 史学境界

李济认为,历史家要把传统夷夏界线与中西界线取消,以全部人类文化史为背景建设中国史学,即需要四个境界[2]:

一是中国境内"可谓遍地是黄金"[3],只要去捡,垃圾堆里也可以找出真实的史料。一堆枯骨、一片破陶、一块木炭、钟鼎彝器、区域陋俗,这些都是原始资料。因此,新史家的第一境界就是要尊重本国的学术资源,做好资料的检取工作,进而寻找新的历史问题。

资料的检取往往十分艰难,应该自己动手动脚。所以,新史家的第二

---

[1] 李济.李济文集(卷5)[M].上海:上海人民出版社,2006:125.
[2] 李济.李济文集(卷5)[M].上海:上海人民出版社,2006:40-51.
[3] 李济.李济文集(卷1)[M].上海:上海人民出版社,2006:321.

境界是"百闻不如一见,靠别人不如靠自己"。"在从事田野工作时,他(李济)不只站在旁边指导或规划,他也站在发掘的地属上,亲自做清理或筛检"①,从科学田野实践中获取第一手材料。李济对安特生所定仰韶期年代提出两点疑问:"①关于苏萨一、二期及安诺一、二期等遗址的年代是否已如此肯定;②仰韶期文化是否无疑的与它们同时。"李济注意到法兰克复图案与花纹偶尔的相似不一定是传播所致,很可能是独自演化而成。而安特生所定甘肃仰韶年代的基础也已根本动摇,"我们不但不能断定仰韶文化是否与安诺、苏萨等处确为同时,就是这两处的本身标年问题也尚有若干疑问"②。后来,李济又对安特生的甘肃资料进行复勘与检讨③,譬如其在罗汉堂、马家窑及半山等地的田野采集大半没有详细记录,同时大量收买盗掘器物④,没有经过正式的考古发掘,所以他的一切推断仅凭实物的形制与文饰,地下情形则模糊不清。后来,学生夏鼐视安特生的发掘为"老爷式"考古,"他(安特生)认为自己发现的河南河阴县秦王寨、池沟寨、牛峪口等遗址,都是他的助手发现的。他自己根本没有去过,只不过出钱派人去调查和采集而已"⑤。因此,这些价值不等的材料往往可以导致很大的偏差。

"资料是要人整理的;没有采集人的说明,这些资料的价值就不能全部表达出来。"⑥资料与人接触一面在人,一面在物。资料能否取得信赖的资格,是物的品质问题。由器物遗痕推断原制作法时,有若干点可以推到近于肯定的程度,而也有若干点也许永远就推敲不出来,"这大半要看依据作参考的材料的性质了"⑦。而人肯不肯相信所得的资料是人的见

---

① 许倬云.许倬云问学记[M].桂林:广西师范大学出版社,2008:100.
② 李济.李济文集(卷2)[M].上海:上海人民出版社,2006:252-253.
③ 李济.李济文集(卷2)[M].上海:上海人民出版社,2006:150.
④ 李亦园曾于1990年参观瑞典远东考古博物院时翻阅了安特生的考古笔记,他发现安特生的许多收藏品是买自私人搜集及村民藏品,这不失为一种旁证。见王家凤,李光真.当西方遇见东方:国际汉学与汉学家(一)(序三)[M].台北:光华画报杂志,1991:10.
⑤ 夏鼐.批判考古学中的胡适派资产阶级思想[J].考古通讯,1955(03):1-7.
⑥ 李济.李济文集(卷5)[M].上海:上海人民出版社,2006:126.
⑦ 李济.李济文集(卷3)[M].上海:上海人民出版社,2006:107.

第四章 考古学中的历史感:李济的新史学思想

解问题,一块化石、一部佛经、一次日食,既可以当成研究的材料,也可以当作药物、诅咒或者神灵。因此,一批资料能否取得人的信赖,要靠是否符合社会风尚、研究者的思想习惯以及取得手续的巧拙与安排,"用得好固然可以把好些过去史学家所忽略的历史关系点逗出来;用滥了,也可以变为遮蔽糊涂思想的'帷幔'"①,"看得深的,可以在短时期解决若干基本问题;看不出轻重缓急分别的,也许一辈子只能解决次要的问题,到不了基本问题的边缘"②。比如,关于器物分类问题,分类过于粗糙或琐碎都是不恰当的,多数学者可能都会有一定的标准,其标准是否恰当或明确,那就要取决于学者的学术水平以及所下功夫的多少了。而资料有用的程度,则要由田野工作者的眼光与方法、耐心与谨慎来决定。再如,殷商时代确有用龟甲兽骨贞卜并刻文字,而城子崖不少的实物可以证明,骨卜的起源则远在商朝以前;而甲骨文字的资料在地面下、出土时以及出土后的情形都有很清楚的交代,其记录是多方面的,可以互相校勘。

因此,真实资料必然能取信于人,史学家最大的难题却在如何处理真材料。材料的可靠程度,一方面要看材料的收集方法是否符合科学的标准,另一方面要看用材料人的历史观,即对原始资料是否有所选择。真的史料是无情的、静态的,其出现可以为时代风尚加注解,可以把个人思想习惯纳入正轨。细心地处理这些材料并作适当安排,不仅需要有正视若干历史事实的胆量,不为国家民族意识、地方偏见蒙蔽正确的判断能力,还需要一种"宁冒天下之大不韪而不为吾心之所不安"的勇气处理材料,这种勇气就是新史家要追求的第三境界。

"有多少证据说多少话"需要重新界说。证据是否指所有的原始资料?要证的是什么?证明过去的黄金时代,还是将来的大同世界?证明人类历史是进化还是退化?证明人类文化是一元还是多元?至今没有人对这些问题作出令人满意的回答。既然原始材料可以分成若干不同等

---

① 李济致张光直的通信[A]//李卉,陈星灿.传薪有斯人:李济、凌纯声、高去寻、夏鼐与张光直通信集[M].上海:三联书店,2005:30.
② 李济.李济文集(卷5)[M].上海:上海人民出版社,2006:164.

级,那么可以作为证据的程度显然不同,证据的可靠则有赖于资料是否原始、真实。比如,史语所考古组挖掘出来的器物本身均有很清楚的"身份证",是第一等的原始资料。而对于用作证据的材料,唯一可以避免矛盾的方面就是证明资料本身的真实性,至于其他相关问题,也就随之迎刃而解了。因此,李济将主要精力用在"证明材料本身的真实性上",强调对原始资料的整理、考订和出版。"无用之用是为大用"是新史家应该追求的第四境界。

从上面新史家追求的境界来看,李济所追求的无非就是要寻找新材料,发现新问题,勇敢地处理材料,证明资料本身存在的真实性。这种"新史学四境界说"实不亚于王静安先生著名的三种境界说①,这是成大事业、大学问必须经历的境界。

第五节 中国上古史重建之路

一、古史重建的学术背景

五四运动之前,崔述、康有为和章太炎等学者已考核出史籍的错失。新文化运动时期,古史辨对传统史学展开猛烈攻击,摧毁了旧的古史体系,"整个古史传说的合理'质素'或'核心',也就完全被取消"②,但并未建立起新的古史系统,客观上造成中国上古史研究史料的"真空化"。辩来辩去的根据只是那残缺的文字记载,难以得到令人信服的结论,因此学术界纷纷寻找解决的方法,认为"非从地下去找新的史料不可"③。无论

---

① 一是"独上高楼,望尽天涯路",即求索阶段,凭高望远,虽感孤独寂寞而又苦苦寻觅;二是"衣带渐宽终不悔,为伊消得人憔悴",即苦苦求索要付出相应代价,那就是苦思冥想阶段;三是"众里寻他千百度,蓦然回首,那人却在灯火阑珊处",即拨开云雾见青天的超拔境界。见施议对.人间词话译注(增订本)[M].长沙:岳麓书社,2003:47.

② 黄爱梅,于凯.器之藏:考古学视野下的中国上古文明[M].上海:上海教育出版社,2005:6.

③ 李济.李济文集(卷5)[M].上海:上海人民出版社,2006:7.

第四章 考古学中的历史感：李济的新史学思想

是为了证明中国文明"西来说"而篡改证据的国外学者，还是为了迎合"疑古"态度而忽视证据的国内学者，二者都打着科学旗号歪曲中国古史的一些事实。于是，科学的怀疑精神与中国的认同情感之间发生冲突与紧张，使当时学者颇感困惑。李玄伯在《古史问题的唯一解决方法》文中，认为古代遗物是可信的材料，因而"要解决古史，唯一的方法，就是考古学"①。1929年的何炳松也对考古学的发展寄予厚望，认为中国考古学的前途无可限量，曾在《中华民族起源之新神话》一文中，引用美国学者劳佛之言："增进吾人对于中国古史的智识，唯一希望在于铁铲而已。"②

随着西学的逐渐输入，学者多认同考古学可以解释古史记载的真实性，直接催生了中国的科学考古学。尽管考古学对于考证历史文献的真实性有积极作用，但历史文献和考古遗迹并不是一一对应的关系，并非所有发生过的事都被如实记录，记录下来的事也不一定是真实发生过的事。后人所记载的有关史前的文献往往带有传说和神化的色彩，其价值尚待考证，"始知中国数千年所传之上古史，完全是一篇糊涂账；于是打倒传统之上古史之呼声，因而有建设新上古史之需要"③。同时，"中国文化西来说"甚嚣尘上，"就连国学大师章太炎、刘师培，一时间竟也附会于所谓的'巴比伦说'"④。针对中国文化来说，李济特别强调中国文明的东方特征，并拿出文字、骨卜、养蚕、装饰艺术四项文化作为证据，它们均起源于华北地区，分别代表了早期中国人的宗教、经济和艺术生活，这样的科学实证工作有力支持了中国认同的历史情感。因此，在李济看来，重建中国古史的关键问题，就在于恢复对中国古代历史和文明的信心，建立世人对于中国文化价值与民族情感的认同。于是，李济要以新的史观与方法来重新恢复史统，重树中国的认同情感，建立一套全面阐释中国的知识体

---

① 李玄伯.古史问题的唯一解决方法[J].现代评论,1924(03):15-16.
② 李朝远.论何炳松的中国史前史研究[A]//刘寅生,谢巍,何淑馨.何炳松纪念文集[M].上海:华东师范大学出版社,1990:168.
③ 李悌君.关于中国古史问题及其研究法[J].励学,1936(06):21-34.
④ 黄爱梅,于凯.器之藏:考古学视野下的中国上古文明[M].上海:上海教育出版社,2005:7.

系。而中国文明起源正是中国知识分子重建史统的途径,先生以文明的尺度来考察中国用一种跨文明比较的方法和视野考察文明,喊出了"打倒以长城自封的中国文明观"这一超越狭隘的民族主义解说。

李济接受的是广义的人类学教育。广义的人类学应该有四大分支:文化人类学、体质人类学、考古学和狭义民族学。文化人类学研究人类文化的起源、成长、变迁,分析及比较民族、部族、地区的文化异同,探求文化之一般及特殊规律,进化学派、历史及功能学派也是此派的分支;现今,他研究范围广泛,包括都市、政治、经济、阶层、宗教、个性、权力等范畴。而社会人类学有广义与狭义之分,广义是文化人类学的分支,研究社会结构、组织、制度、功能及其发展规律;在方法上,强调田野工作的重要性,即从田野工作入手,对社会结构、组织、制度诸如亲族、婚姻、经济、宗教、地域组织等进行系统的观察、搜集资料;然后通过比较,分析某一社会群体的社会结构和社会功能,并研究某一社会组织和制度是如何起作用的,试图去发现人类社会活动的规律以及与社会有关的其他一些问题;至于狭义的社会人类学则偏重社会结构研究,而少谈民俗、艺术、工艺技术等方面的研究。李济的田野考古方法,多少都有广义的社会人类学理论;应用人类学是指把人类学家对人类社会的认识应用于人类社会发展的学科,应用人类学家在经济发展、社区发展、公共卫生的改善、都市化、都市病理、公共行政管理、工商业管理等方面都有研究;明显地,应用人类学多用于当代社会的研究,而李济研究的史前史或古史,没有采纳此派学说或思想。

体质人类学是一门研究人类自身起源、分布、演化与发展等问题的学科,而且它利用头长宽指数、形态面指数、鼻指数的测量法,划分不同体质的人种。一般通用的分类标准有肤色、发色和眼色、下颌突出度、头型指数、鼻形指数、脑容量、发型和毛发疏密度及嘴唇外翻等特点。考古学则利用地层学、类型学方法,并借助技术性测年方法和古动物学、古植物学、第四纪地质学等学科的协助来复原史前社会。而人种学的理论认为,相同的人种有相同的遗存体质特征,一般通用的分类标准有肤色、发色和眼色、下颌突出度、头型指数、鼻形指数、脑容量、发型和毛发疏密度及嘴唇外翻等特点。

狭义的民族学是研究民族共同体及其文化的发生、发展、分化、融合的规律……主要研究方法为田野调查,并注重广泛利用各种文献资料及其他有关学术的研究成果作比较研究。李济在研究中华民族的形成及器物的考古学时,正是采用上述研究方法。所以,李济将他在美国学到的民族学知识,应用在中国古史研究上,应该说是有根据的。

人类文化的许多辉煌成就都源于史前社会,旧石器时代的洞穴艺术、雕塑艺术是探讨艺术起源及发展的规律、艺术发展与社会组织变迁关系的最好材料。史前考古学(又称"史前学")利用地层学类型学方法,并较多地借助于诸如碳-14、古地磁、热释光等技术性测年方法和古动物学、古植物学、第四纪地质学等学科的协助来复原史前社会。民族社会学是它利用原始社会、俗民社会的民族志、民族学材料作研究的学科,此概念来自德国学者莫里曼,他用此来称民族学和社会学中以各民族实际材料为基础的理论探讨,特别是称1860—1900年期间有关社会进化和文化进化的许多理论研究。民族志则通过长期的个人接触,对一个社会的风俗、语言进行深入研究。

二、民族史重建的早期尝试

李济古史重建的早期尝试,主要是关于中华民族形成的研究。其博士学位论文《中国民族的形成》是中国人写的第一部现代人类学著作,其研究中华民族的形成及其组合过程,所用的就不是纯粹的民族学方法,而是利用历史文献,从古代城址、姓氏的流变,我群的迁徙、外族的三次入侵、南方的你群等多方面综合分析,证明中华民族是一个多元化的民族。与只利用时序或历史事件作论述的形式相比,他采取多角度、多样化的分析方式,显得更全面、更深入、更清晰。这种广义的人类学与历史文献的综合归纳、考核与互证方式,在当时是十分先进且科学化的,更重要的是将考据式的历史演进为科学的历史。

(一)从城址去研究中华民族的演进

李济认为,中国城址的建设、规模、变化与废弃,是追寻中华民族演进的良好材料。他根据古籍记载,考察出中国有4478座城垣。而且,他用表列的方式写出到公元1644年为止的各省城垣分布情况。

"城垣的修筑都是为了防止群落遭受外来的袭击",而"每个地方的战略重要性一部分取决于地形,一部分取决于当时的政治条件,许多地区因其有足够的天然防卫屏障,倾向于减少人工防御的必要性"。因此,李济推断弃城的因由代表历史上的民族大迁移。

李济利用史料所载,归纳出各省的城址建造、规模及弃城的数量,这种人类学的标准量化形式,即观念的标准化、汇集资料的标准化及衡量的标准化,对分析历史情况有一定帮助。可惜,单凭筑城及弃城的数目、比例、相对及绝对指数,是否等同外族入侵的指标或原居民南迁的史实?事实上,筑城除了有防卫外族入侵的作用外,也可以避免自然力量的破坏,甚至是同族内不同部落的攻击。而"华夏中国"这个观点,随着时代的不同有不同的解释,所谓的外族会因时代不同而改变。更何况,原来居住在城垣里的人,也会因天灾、战争甚至生活放弃原居地而他迁,这与外族入侵未必有关联。因此,筑城及弃城的数目或比例,不能简单化地作为解释外族入侵的相关指标,而应该参考其他史料,如《二十四史》内的地理志、外族史、各地方志及天灾人祸之记录,作综合分析,才可能归纳出一个较准确的答案。

经过多年的考古发掘,史前的城垣数目已超出李济"只集中在中国西北方"的估计。这些在周代或以前已存在的城垣,正是当时方国林立而仍未有完整华夏观念的时代,所以这自然不能将筑城作为防御异族的指标了。既然其前提观念已有偏差,由此而计算出的相对指数和绝对指数,自然不是一个精确的结论。

总之,他利用史籍中的城址资料,将其转化为图表、公式等量化形式,再推论出城址的兴废与外族入侵是有关联的,这在当时绝对是一种崭新的思维及分析方法,为传统史学家提供了新的资料及研究方法。当然,这种方法必须与地理志、外族史、方志、天灾人祸的史料互相配合、参考,才可找出可靠的结果,否则其推论的结果可能与史实有所出入。

(二)利用姓氏分析族群的构成与变化

李济利用史籍考核姓氏的来源与中华民族构成及变化的关系,这比吴其昌、杨伯峻、马雍的考证研究更早。而先生使用图表作分析、统计、综合、归纳的科学方法,研究"我群"与"你群"的姓氏关系,是很有创见的。先生认为中国姓氏的产生,主要有四个来源:一是自身分离的姓氏,其增长数占所有姓氏总数的60%以上;二是外来姓氏,蛮族定居;三是强制的变化,皇帝常把皇家姓氏赐给忠臣、外族首领;四是顺应时宜,久居中国的外族,为求同化,避免排斥,往往将一些多音节的姓氏改成单音节的。

中国的姓氏不只是汉姓,也有辽、金、元、清、西夏及其他外族的姓氏,证明中华民族是一个多元化的民族。李济企图从民族学角度,对十个姓氏的来源、地望、移徙进行分析与讨论,以此揭示姓氏的复杂化现象,进而引证出中国是一个多元化的民族。李济用十大姓氏来追寻中华民族的始祖及播迁过程,基本上是正确的,他不但在中国历史文献中找到真实的史料来说明中华民族除了是黄帝的后人外,也渗透着匈奴、契丹、石跂、沙陀、安息、女真及高丽人的血统,证明中国是一个多元化的民族。何况十大姓氏的地望及其移迁过程,也与北方外族及南蛮结合,说出了中华民族的多元性。而更重要的是,他将史料细分成十大姓氏不同时期在各省的分布表、十大姓氏在十八省的百分比表、怪姓在H时期的分布表、十大姓氏在不同时期的地望地图等。这种系统性的科学分析方法,较传统考据学或史学家只注重文字考究,更为全面、清晰,令人一目了然,为后来研究中国史的学者提供了不少既科学、又实用的资料或数据。

同时,李济清楚地将《二十四史》的人口数据,加以量化表列,令古代历史的演化变成科学的研究。从古代的人口统计数字,他看到汉人南迁的史实,与史书上记载外族入主中原的历史事件,是可以相互印证的。但他忽略了一个重点,就是南方汉人也会与南蛮的你族通婚。因此,只从历史文献去分辨北方或南方的汉人哪个较为纯正,则是不可能的。

三、利用考古学重建古史

疑古气氛下,中国失去了信而好古的价值基础和对中华文明的根本认同。"拿证据来"带来了批判精神,也使传统史学研究出现革命性转变。即人们对于真实可信的历史追求,使考古学成为中国史学发展的新途径,因为"考古出土的非文字资料往往涉及各种超出了已知文字资料和传世文献的问题"[①],如环境、生存、资源、工艺以及贸易等。

"在从前历史学家认为无足重轻,现在则视如珍宝,可是即因从前的看为不足重轻而弃之如敝屣,现在则竭力搜求而不可复得了。所以专凭纸上记载的材料,尤其无法补救此种缺憾。于是考古学家所发现的古人直接遗下的作品——物质的、文字的,便成为现在研究古史、改造古史的重要资料。"[②]因此,考古学供给了历史学研究的新资源,充实了传统历史的简略记载甚或不确定记录,大大拓宽了史学研究的范围。比如,殷墟发掘"不但是中国考古学史上的里程碑,同时也是中国古代文明史研究的突破点"[③],它使"以前真伪莫明的商代历史,到现在居然利用地底下所发掘出来的资料,渐渐地有一部井井有条可以征信的历史了"[④]。而受过古典文献与田野考古双重学术训练的李济,"足以把研究仍处于传说中的中国早期青铜时代和把此时代置于中国信史的适当地位这两者恰当地结合起来"[⑤]。

考古学研究的是过去人类的社会与文化,是一件件特殊的事情,如生产工具对生态环境的适应等,而这些事情与社会之间有着必然联系。但

---

① [美]罗泰.宗子维城:从考古材料的角度看公元前 1000 至前 250 年的中国社会(引论)[M].吴长青,张莉,彭鹏,等,译.上海:上海古籍出版社,2017:13.

② 姚绍华.近四十年中国考古学上之重要发现与古史之展望[J].新中华,1936(19):70-81.

③ 黄爱梅,于凯.器之藏:考古学视野下的中国上古文明[M].上海:上海教育出版社,2005:145.

④ 黄爱梅,于凯.器之藏:考古学视野下的中国上古文明[M].上海:上海教育出版社,2005:145.

⑤ 李济.李济文集(卷2)[M].上海:上海人民出版社,2006:322.

第四章 考古学中的历史感：李济的新史学思想

考古遗存并不能全景展示这种关系，考古学家所发掘的资料只是被古人所遗弃或储存的，是残缺不全的，也就是说，考古资料只是人类文化体系的一个层面。因此，利用考古学重建古史，无疑需要借助古文献、古文字、地理、生态等相关学科知识与方法。而李济坚持走的就是一条独特的"新史学之路"，即将考古学、人类学、自然科学等纳入史学范畴。他近乎武断地将中国考古学定位为史学，利用出土文物印证历史或解决各种古史问题，讲述一连串历史情境。他是在捍卫史语所开创的"新史学之路"，这对打破以文献研究为主的传统史学治学传统，开拓新的史学领域，促使古史研究的革命性转化具有借鉴意义。

（一）殷墟甲骨文

甲骨文的发现使中国文字的起源上溯到殷商时代，这种数千年一脉相承的文字体系，在世界历史上是绝无仅有的。甲骨文成为研究古文字学、考古学和古代史的重要资料，文字的本身也牵涉到中国文字的起源及殷商时代的演变。在殷墟发掘之前，有字甲骨已经开始在学术界引起广泛注意，其中有三位学者的贡献为甲骨学的创立奠定了基础。第一个是王懿荣，他最早在被当作药材的"龙骨"上发现了甲骨文，认识到甲骨文的学术价值；第二个是刘铁云，他第一个将甲骨文拓印成书出版，即著名的《铁云藏龟》一书；第三个是孙诒让，他认识到甲骨文的真正意义，将其与殷周青铜器文字结合起来，探究这些字的结构和意义，并向世界作出这种文字的最早解释，成功破译卜骨上的许多单词，并与殷周青铜器铭文联系起来进行研究，代表作是《契文举例》。

随后，罗振玉博观龟甲兽骨数千枚，指出了甲骨确切出土地即安阳市郊小屯村，并且认定"甲骨实为殷室王朝之遗物"。1910 年，王国维写成《殷商贞卜文字考》一书，成功地将各类墨拓的甲骨片缀合成完整卜辞，并结合有关古史文献记载和甲骨卜辞，1917 年撰成《殷卜辞中所见先公先王考》，重建了商代先王世系，证实了《史记·殷本纪》关于商代王室世系的历史记载"绝无违误"，使史界更加确信司马迁的秉笔直书精神以及《史记》的"实录"性质。他的研究成果不仅使考古记载与上古传说相互佐证，还建立了历史时期与史前时代的牢固联系。

安阳卜骨所刻的书体文字是考古学家所发现的早期文字的重要来源,而甲骨文字并不是中国最早的原始文字,在此之前必定有其形成与发展阶段。"从西安半坡仰韶文化刻符,到泰安大汶口文化陶器符合,再到邹平丁公龙山文化陶文,仍依稀可见汉字起源的踪迹"①。比如,李济在西阴村遗址考古挖掘中,发现彩陶上各种笔画末端仍保留着细毛的痕迹,"彩"是用笔画的,色的浓淡与笔枝也很清楚,有些笔势看起来也很壮,可见绘彩的功夫已达到很高境界。于是,李济心中萌发了几个基本思路:一是彩陶片都是绘的,上面有朱笔写的痕迹,绘彩的工具一定是类似于中国毛笔之类的画笔;二是绘彩的艺术家也可能绘走兽、鱼和鸟等动物形象;三是殷商时期毛笔写字的艺术已流行,许多甲骨中还保持了朱笔写的字;四是刻画线条可能源于勾刻彩色笔道的轮廓。在材料上刻肥笔非常困难,于是这些字的笔划都只能用细线去刻。为了刻肥笔的字,工匠要么用细线先勾出粗划的轮廓,要么用刻细划代替原来用毛笔写的粗划。如果这些想法可行的话,也许可以说明甲骨文以前古代中国书写的变革情况,但尚未发现比武丁时期更早的早书写文字,这一问题仍未得到充分的解释。或许是因为最早的文字写在了易坏的物质上,易被磨损或与材料本身一起毁掉。可能契刻文字在武丁时期才开始被官方正式采用,在此之前,大概是用毛笔记事。殷墟发现这种文字记载的例子,而且彩陶在殷商时期之前又普遍发现。因此,李济认为,甲骨文契刻的前身是毛笔字的书写,毛笔字是起源于史前彩陶图案纹饰的绘制。②而探寻墨写形式的暂时失败并不意味着记载的不存在,它们也许埋藏在其他地方,或者全部腐烂损坏了。

但无论将来情况如何,中国文字在卜骨刻字以前无疑有一个长期的演进过程,李济认为,重视这个长期的背景就可能有新的路子出现。先生

---

① 陈启能,姜芃,等.世界文明通论·文明理论[M].福州:福建教育出版社,2010:106.
② 谢崇安.李济先生的考古人类学实践和成就[A]//吴国富.文化认同与发展[M].北京:民族出版社,2011:88.

据此推测武丁时期以前所存在的文字记载形式是用墨记载在某些易损的物质上,若这种想法成立的话,就很好地将史前和历史衔接起来,解释了甲骨文字不是在武丁时期突然冒出来的,而是经历了较长的发展时期,即由墨写形式演变成刻画,最终在武丁时期确立了甲骨文字这种记载形式。而人类文化的许多辉煌成就都源于史前社会,旧石器时代的洞穴艺术、雕塑艺术是探讨艺术起源发展与社会组织变迁的最好材料。考古学家、民族学家对山边岩石和洞穴上的记事画、岩画等材料进行了系统搜寻,这些新材料常常演变成不同类型,如人、树、山、水以及各种器物,这些事体一定程度上反映了刻画者的民族思想、风俗习惯。同时,这些材料对研究早期文字的开端提供了一条正确途径。因此,在李济看来,中国远古时期的文字曾经历这样一个自由刻画记事画的阶段,在这一阶段,会有若干有心人将散在各处的记事画进行一番整理工作,使为人熟知的刻划符号标准化,而圣人仓颉应该就是这一造字阶段的代表人物吧。

可识的甲骨文字证实了大量传说,也迫使我们重新估价文献记载。王国维先生最早成功论证了商王朝以前的祖先世系,但最早的甲骨文资料似乎只到武丁时期,那么武丁之前三个王的历史无疑是一个重要空白,既然甲骨刻辞记录史事是个老方法,为什么契刻卜骨要在盘庚迁都后很久才开始?于是,骨卜的方法成了关键环节,而通过观察占卜者的灼痕研究卜骨整治方法的演变,成为探求这一问题的一条新路。刘渊临先生对此作了有益探索,[①]他把殷商卜骨的钻窝形式与城子崖的钻窝方法联系起来进行比较研究。研究结果表明:灼法随着时间流逝而发生巨大变化;钻挖凹窝的方法也有大变化;在小屯,肩胛骨也明显比龟壳更早使用。董作宾先生则尝试不仅将甲骨文字与青铜铭文进行比较,还将中国甲骨文与古埃及象形文字、现代麽些人象形文字作比较研究,使他感到青铜铭文中仍保留着中国原始文字的象形阶段。尽管由于材料的限制,甲骨文字也没能得到全部辨认,其研究成果十分有限,但他毕竟为后人开辟了一个

---

① 刘渊临.卜骨的攻治技术演进过程之探讨[J]."中央"研究院历史语言研究所集刊(第四十六本第一分),1974:99-154.

极有前途的研究途径。

当然,甲骨文研究也为中国思想史研究提供了前所未有的新资料,澄清一些旧的历史问题。比如,甲骨文把"王"和"帝"二字的早期形态刻画了出来,证明了"一贯三为王"的传说与原来的字义毫无关系,完全是汉以后建立的帝王思想,是汉儒假借孔子的威名穿凿附会而成,从而失去了三代的权威性和神秘感。而"心""性""仁"等东周时期的抽象名词在甲骨文字中毫无迹象,并未找到它们字义的原形,由此不难看出,这些观念只是周朝以后思想发展的结果。因此,通过甲骨文及中国古文字的研究,代表抽象观念的中国字在字义与字形的演变,改变了传统史家关于"远古人类属于黄金时代"的旧观念,这种完全靠想象建立的古史逐渐被考古发现所推翻。

此外,董作宾对零碎残破的出土卜辞进行艰辛的拼凑补缀工作,使残破的原始记录恢复原状,最后整合成连贯的整段证据,根据甲骨文所显现的用干支计时方法,对殷代历法也作了一些推论,使散佚的历史事实得以连贯起来,使我们对殷代历法的内容增添了几分了解。但贞卜文字中没有发现可靠的日蚀记录,而月蚀记录在天文历上的位置可以移动,因此,殷商时代在天文历上的准确部分尚无法进行确定。

(二)商代气候与自然环境

李济结合甲骨文和地质学的研究成果,认为商代安阳的气候有两种意见。第一种认为,当时安阳气候与现在大致相同,以董作宾为代表;第二种认为,当时的气候比现在温暖湿润,以胡厚宣为代表。除了以卜辞记述为证外,先生还引用了其他考古资料,引证杨钟健对安阳动物群的分析结果,水牛是比其他类留下更多骨架的三种动物之一,几乎与猪的数量相等,至少相当于黄牛的3倍。这充分证明,安阳的气候比现在潮湿。而地质学家的研究则表明,在更新世和全新世早期的黄河下游大概常遭水灾,河北南部、山东北部、河南东部,布满了许多与黄河相连的湖泊和小河;而黄河水的主要来源是更新世时喜马拉雅山冰川的融化。

另一例是养蚕。若把所有养蚕遗物的零星发现材料放在一起,不难

第四章 考古学中的历史感:李济的新史学思想

看出丝最早出现于仰韶时代,而钱山漾文化的丝、稻米和釉陶一道向北传播到殷商时期。张秉权对甲骨文中提到的与农产有关的地名进行考证,进而推测当时殷商王朝的地域分布,北至山西南部,西到陕西东部,东临山东的临淄,南及苏杭。徐中舒的《再论小屯与仰韶》①一文,则根据古史记载详细研究了夏的区域,试图考证仰韶文化和传说的夏朝之间关系,认为彩陶文化的分布与传说的夏朝中心地区相一致。虽然关于夏朝的传说历史还没像商朝一样被证实,但忽视它的存在是草率的,仍有《禹贡》及少数其他篇段可作为夏朝历史的一些根据,其推测可能有助于解决中国古史的其他问题。传说中黄帝的妻子嫘祖发明养蚕技术,周王室祖先弃是第一个教中国人耕种土地、栽培谷物和大麻的人,而夏禹被认为是中国第一个水利工程师。现在考古学已证实,养蚕和农业远在新石器时代就已被发现,而传说中嫘祖、弃以及大禹形象的出现,或许就是当时社会情况的一种反映。因此,李济认为,虽然神话传说都有待考古发现去证实,但传说在一定程度上反映了当时的社会变迁状况。

同时,殷代居民还种植稻、黍、麦等农作物,还使用小米来酿酒,还在石、骨上刻有小鱼的图案。鹿的发现与甲骨卜辞中田猎的记述,共同说明逐捕野兽是王室活动之一。由于殷商的水稻种植在各种研究的基础上得到证实,那么地下沟网应该是殷商灌溉渠发展的遗迹,这与该地区各种河流、池塘的地理分布也是相一致的;而殷商釉陶大概与位于安阳东南的江苏北部青莲岗文化有关。因此,李济有理由相信,"安阳及附近地区,或在西部靠太行山麓,有许多野兽经常出没的茂密森林,而沿黄河下游一带有不少产鱼的湖和溪。"②

(三)商代农业、畜牧与渔猎

农业方面,稻米与小麦是主要农作物。由于殷商水稻种植得到证实,那么地下沟网应该是殷商灌溉渠发展的遗迹,这与该地区河流、池塘的地

---

① 徐中舒.再论小屯与仰韶[J].安阳发掘报告,1931(03):523-557.
② 刘梦溪.中国现代学术经典·李济卷[M].石家庄:河北教育出版社,1996:621.

理分布也一致。而长江流域的钱山漾遗址发现了丝的遗物,若把所有养蚕遗物的零星发现材料放在一起,不难看出丝最早出现于仰韶时代,或许也是早期长江流域文化的一部分。小麦则很显然是从外地引进的谷物,主要依据是最初甲骨文中的"麦"字也被解释为"来"。然而,没有考古学的证据,李济认为这推论是牵强附会、不能成立的,既无法支持也无法反驳。

畜牧方面,杨钟健对安阳出土兽骨进行动物数量分析,猪、鹿和圣水牛数量最多,驯养的羊、水牛、犬和山羊较少,马和熊、野兔、竹鼠等数目相当。尤其是水牛①骨达到1000多块,说明殷代安阳的气候比较温暖湿润,比较适合水牛生长。一个间接的证据是关于黄河下游的流向问题,据历史地理学者胡渭的研究,直到公元前602年,黄河的下游曾向北流并在渤海湾入海。尽管黄河曾五次改道,但黄河下游一直向北流。而殷墟发掘出土的一个大四足器上,便刻有水牛头的图案,与杨钟健描述的水牛角极为相似,这无疑是一个有效佐证。

渔猎方面,安阳殷墟出土了一大块鲸鱼肩胛骨,其上缘长达1米多,使人十分惊奇;而且还有一些巨物的椎骨,这清楚地表明,当时的安阳应该已有与海滨联系的某种交通工具,海中巨物椎骨、鲸鱼胛骨和运输工具无疑成为殷人存在渔猎的确切证明。

(四)殷商手工业、制造业和贸易

石业方面,李济根据安阳出土的石制品分为五类:武器、工具、用具、装饰品、祭祀用品。石制武器有戈、矛及箭头等;石制工具有斧、刀、铲的刃具及其他挖掘工具;石制用具包括容器,如碗、碟、臼及其他制造品如砸石、磨等。装饰品中,有些是建筑物的附加物,如大理石猫头鹰和虎头怪

---

① 关于水牛的驯养,对圣水牛遗存的动物考古研究表明,中国本土水牛遗存中没有驯化过程的证据,我们至今无法确定沼泽型水牛最早驯化的时间和地点。在学者刘莉看来,要想对水牛驯化有更好的了解,必须依赖中国更多水牛遗存的发现和动物考古学的分析,以及中国西南及周边地区考古遗存出土水牛的DNA测试。见刘莉,陈星灿. 中国考古学. 旧石器时代晚期到早期青铜时代[M]. 上海:三联书店,2017:117-120.

第四章 考古学中的历史感：李济的新史学思想

物像，也有鸟、猪和龟等小型雕刻物，而一些大型雕刻物背上有长条形凹槽，说明它们可能是嵌在房屋墙上的角形隆起竹物，也有祭祀场合用的璧和琮。

对于商代石器制品，李济认为，如果我们根据它们的制作方法将其分成等次，就会发现，殷商石制品有着从最粗糙的、原始的打制石器到最精致、在技术上高级的制备阶段。从器物表面留痕上看，石器制造方法有五种，分别是压剥法、打剥法、锤制法、啄制法与磨制法，磨制法又可分为粗磨、细磨与磨光三阶段。例如，砾石用于柱础，无任何加工；箭头之类的武器用压或打下落片的方法，至于碓、斧、铲等大型工具的制作方法，则根据石料的自然性状而不同。对于性质柔软的材料，简单的敲下小片修理一下即可；对硬的石料，至少在最后一道工序时常用磨光法。磨光工艺，从安阳出土物看可分不同等级。对真正的玉，其制成品当然需要很高的技术；但安阳出土的大部分"美石"，不管是真玉与否，都被精细地打磨过。不过，由于当日出土的玉器不多，李济对石器的研究，只发表了《殷墟有刃石器图说》《笄形八类及其纹饰之演变》等论文，到了后来资料日多，其他考古学者才对殷商出土的玉器形制及纹饰作了深入研究。

陶业：殷代陶器的最大特征是器形丰富而复杂，形形色色、有大有小、有深有浅。在殷墟遗存中保存很多，记录也最详细。殷代的陶业有三类，即陶人像、陶器、杂类。除了一片仰韶式彩陶外，殷商典型陶器可分为下列五类：灰陶，几乎占搜集总数的90.07%；红陶占6.86%；白陶占0.27%；硬陶占1.73%；黑陶占1.07%[①]。"殷商陶业若以小屯的灰陶、白陶及釉陶、硬陶为代表，已表现极高选料与配料的技术"[②]。就制作方法分：灰陶的做法是圈泥法，外面拍平再拍以纹饰，只在口上有慢轮的修整。白陶有的与灰陶一样，有的则磨得很光，有的是轮制的；白陶制作历程经历三个阶段，即拍垫绳纹级、拍垫轮修雕纹级、轮转光面级。黑陶最薄，差不多都是轮制。带釉硬陶制造的方法，没有什么特别，手制的多；问题是

---

① 李济.李济文集(卷2)[M].上海：上海人民出版社，2006：15.
② 李济.李济文集(卷4)[M].上海：上海人民出版社，2006：587-588.

它的火候相当高,并且上了釉,这不光是烧法不同,外表的装饰也不相同。多种不同颜色的陶器、纹饰及制法,代表陶器在当日不仅是实用的器物,也可作装饰之用。

制骨业方面,早在周口店北京人时已发现用骨器刮削、挖掘。安阳遗址中发现有占卜用的牛肩胛骨,也有打猎用的骨箭头,日常用的骨针、骨铲及骨削等,但最特别是栖(刮刀)及骨笄。而骨笄上出现不同的雕饰纹,可见当时的艺术手工已相当不俗。

青铜业方面,殷代是一个全盛的青铜时代,而小屯是远东的一个青铜器制造中心。仅小屯遗址就出土数百件青铜器物,从礼器、武器直到日常用品,还发现了青铜铸造的型范及有关的锡锭、铜矿石。总体来看,安阳发掘的青铜器可分五组:礼器、武器、工具、供奉死者的小件器物和车马装饰片,其中礼器和武器备受关注。礼器有青铜罍、壶、簋、觯和卣等,主要用在祭祀和宴会上;正如陶器的容器一样,礼器的形制有圆式的、平底的、圈足的、三足的、四足的和盖六种。武器有戈、矛、箭头,工具有刀、銎斧、切割器等。还有一些是在双轮马车或其他交通工具或木家具等组合物上的铜制装饰片。方形铜器布满花纹,圆形铜器的花纹大半是一周、二周或三周;凡装满花纹的器物,是从下往上堆的。安阳发现的斧、锛皆有木柄,故木器业可能已存在,木雕的水平应该不低。

(五)商代建筑文化

为了解商代建筑文化,必须从表明商朝连续发展的遗迹和遗物中选取实例加以分析。李济的《小屯地面下的先殷文化层》[①]一文,为殷墟地下文化顺序的地层学讨论提供了参考资料。殷墟地下专为贮藏用的窖穴有600多个,其中一些可能是龙山黑陶文化的人们在小屯留下的遗迹,先生选了那些直接压在夯筑基址下的灰坑为例子,如H131、H93和H340,这三个地下坑穴均为包含殷商堆积物的坑穴所覆盖,应是在准备大规模建造地面建筑物时被填埋的。

---

① 李济.李济文集(卷2)[M].上海:上海人民出版社,2006:293-306.

虽然基址的上部建筑已全部消失,但地下分布着甚广的建筑层,用作柱子基础的大块砾石有规则地分布在版筑地面上,再加上后来发现的台阶遗迹以及黄土建筑的神坛,根据这些遗存,石璋如先生尝试复原殷商建筑的房屋面积、构造、门户、方向等。此外,甲骨文中有关房子的象形字,《大戴礼记》和《考工记》等文献记载以及保存至今的普通房屋的外形和建筑方法,这些资料也为复原工作提供了旁证。殷商有两层高的地上建筑物,也有钟鼓楼及祭坛那样的建筑,这与甲骨文关于牺牲品、祭祀和鬼神的记载保持一致。

而殷商时期保存完整的较多建筑遗迹是地下坑穴,石璋如把它们分成方坑和圆坑两种,有些可能是居住用的,而有些或许是用来窖藏器物或粮食的。居住用的浅一点、宽大一点,且有台阶;深的窖穴可以深到地面下十米以上,直达地下水面,周壁有时非常齐整,表面还加甚厚的细泥。这些窖穴有穴洞可供上下,一种方穴为了升降的便利,掘有可以踏脚上下的脚窝。坑穴建筑显示出不同阶段的特征,有的由于加了泥工,显得很平整,而有的则不很整齐。除此之外,还有窖藏东西的穴坑,根据发掘记录,这种窖穴达到 600 多处,藏有甲骨、粮食、骨器、陶器、铜器、玉器等遗物。建筑方面遗迹显然要受到建筑材料与营造方式的时代限制,殷商时代建筑没有砖与瓦,但却发展了版筑技术。版筑是用石头或木杵夯土做地基,以木框灰土夯打筑墙。在安阳发现的建筑遗迹,包括帝王陵墓、宫室、坛庙等都是用此法建筑。虽然不用砖和瓦,但却有木柱与柱础,以木柱做屋架,以夯土做屋架之间的墙。先生猜想,屋顶恐怕横切面早就成了"人"字形,两面成坡形屋顶;屋顶上的材料不外为草或席,加上蚌壳灰、绳子及竹竿等,就成了做房顶的好材料。①

昆明为那些在人类学和考古学领域研究多年的学者提供了开辟新途径的机会,李济便与石璋如、梁思成等人"组织成立了一个'天工学社',专

---

① 李济.考古琐谈[M].武汉:湖北教育出版社,1998:222-223.

门调查昆明的手工制造业"①。当时龙泉镇上的人们仍用土坯砌墙和夯土垫地基,夯筑的方法好像比华北普遍使用的方法简单,但已经用窑烧砖的方法代替原来的太阳晒干法。这使考古学者立马联想到小屯的地下沟遗迹,它们作网状联结,并用木桩加固两壁,与现在昆明的灌溉系统极其相似。因此,昆明手工业的观察加深了先生对安阳发掘考古资料的理解。同时,先生还仔细观察了土建筑师非常注意的传统仪式,他们在破土动工和立第一根柱子时,都要祭献一只牺牲,在上房顶的主梁和建筑落成时,往往以杀公鸡或羊表示庆祝;整个建筑竣工时,要用酒肉招待所有建房者。

(六)商代谱系、贞人与亲属

关于商代谱系,李济认为商代的建立者是天乙。他根据历史记载,殷商时活着的人各字中无天干里的字,认为大概用商王死的那天的天干为王的谥号。而商代另一特色是,最少九代都是用兄终弟及的方式继承王位。因此,商代帝王世系明显的特征有三:"第一,他们每人都用天干中的一个字为谥号。第二,商代早期可能根据传统习惯,把王位传给兄弟或是传给儿子,但不传给女儿。第三,无论谁继承王位,都在宗庙里享受祭祀。"②

关于贞人,早在殷墟第三次发掘发现"大龟四版"时,董作宾就考释出贞人,其是负责占卜的机构及官员。早在新石器时代,中国人就已出现二元论信仰,此时墓与墓之间的质和量都存在较大差别。像宫殿一样豪华的巨大墓葬已经开始出现,我们尚不可确定这种差别是否为权力和财富差别的体现,但是从殷人定期举行祭祀祖先、祈求安定的活动,可以看出殷商时期人们对祖先的崇拜和敬畏,甚至可以看出中西灵魂观念或鬼神观念的差别,进而呈现中国文明的特质。商代贞人不仅要解释龟裂的凶

---

① 岳南.那时的先生:中国文化的根在李庄(1940—1946)[M].长沙:湖南文艺出版社,2016:58.
② 刘梦溪.中国现代学术经典·李济卷[M].石家庄:河北教育出版社,1996:651.

吉,还要帮助帝王决定政治、宗教大事,俨然成为帝王的政治顾问①。而对实际负责占卜的人进行心理分析,则是了解商代政治情况的重要途径,比如甲骨卜本的研究显示,这些负责贞卜的贞人相当于王的政治顾问,在关于宗教、战争和迁都等诸如此类重大事件的决策过程中,贞人起到了非常重要的作用。

关于亲属关系,李济认为,当时的亲属有父、母、兄、祖父、祖母等称谓,而没有叔、婶、侄、甥或弟。就算王室确有姓的存在,但王室继位者不必一定是王的儿子,可以是统治者姐妹兄弟儿子中的任何一个,因为年轻的称年长的为父,只是一种尊称,并非他的亲生父亲。

以上所举事例只是李济尝试重建古史的一些侧面,其中也不乏大胆的假设。"历史学家要搜集事实,他最初的假设或模式是根据摆在他面前的事实提出的,目的是基于更多的事实,对模式或假设进行测试。"②在萧公权看来,"其实假设是证据逼出来的,不是我主观的、随意的构造"③。因此,"假设"往往是学术发展的内在理路通出来的,研究者必须事先慎重考虑,什么样的"假设"获得证实的可能性较高。④

四、中国上古史的基本框架

"早在安阳发掘时,他(李济)心中已有一个中国古史发展的蓝图,而他希望把城子崖的黑陶遗址以及安阳殷墟遗址等都放在这一中国古代史的大结构中。"⑤在李济看来,传统上古史完全依赖传世文献资料,重点是

---

① 刘梦溪.中国现代学术经典·李济卷[M].石家庄:河北教育出版社,1996:654.
② [意]阿纳尔多·莫米利亚诺.论古代与近代的历史学[M].晏绍祥,译.北京:北京大学出版社,2015:372.
③ 萧公权.问学谏往录[M].北京:中国人民大学出版社,2014:140.
④ 在科学家任鸿隽看来,一个好的假设要具备三个条件:一是必须发生演绎的推理,并由推理所得结果,可与观察的结果相比较;二是必须与所已知为正确的自然律不相抵触;三是由假设所推之结果,必须与观察的事实相合。见任鸿隽.科学方法讲义——在北京大学理论科演讲词[A]//张忠栋,李光炽,林正弘.科学精神与科学方法(现代中国自由主义资料选编5)[M].台北:唐山出版社,2001:46.
⑤ 许倬云.许倬云问学记[M].桂林:广西师范大学出版社,2008:99.

政治史的书写,现在编辑的上古史要以考古重建的"史前史"替代《史记》中具有神话性质的诸种记载。1963年,在担任历史语言研究所所长期间,在蒋廷黻的建议下,李济筹备编辑一套《中国上古史》,原定一百篇文章,包括史前、殷墟、西周、春秋、战国等部分。在先生看来,现在编辑的上古史要以考古重建的"史前史"替代传统的历史记载。因为在先生心目中,"中国古代史是世界史的一部分。从纵的方面看,他希望由中国古代史的重建,表现出中国文化发展的特异性,但也表现出世界各地区文化发展的若干共同性。在横的方面来讲,他一直注意到中国地区古代人群与北亚地区、西亚地区及太平洋沿岸地区的种种接触与影响。他屡次告诫我们,不能有偏狭的地域观念,也不能因情绪的好恶而扭曲了重建古史的角度"①。因此,将中国古代文明的形成放在世界古代文明框架里来考察,是李济在学问研究上留给我们的宝贵遗产。

黑陶文化的内涵及其与彩陶文化的关系,构成了学术界一个有争议的问题。大多数工作者倾向于接受黑陶文化原始于彩陶文化,它的形成及发展也就是中原文化由史前踏入文明阶段的过程。这一假设牵涉到全部中国上古史的几个基本观点,李济把它们概括地分为下列十组,即史前史包括的范围;自然环境对于现代人类及其祖先的影响;地方性化的人类生活是否有时代和地形的限制;中国大陆自上新统到全新统的演变,地质学家已经知道多少? 全新统时代中国大陆的气候和地理;新石器时代大陆的文化所分划的区域;民族衍变与生活方式的改革是否有因果关系;传统的史料价值;黑陶文化与殷商文化的异同;由最早的中国文字看中国文字的沿革及其可能的起源。以上十组观点共同构成了中国上古史的基本框架。②

(一)史前史的范围

"史前史"包含的内涵具有很大伸缩性,本身就含有不同的范围。第

---

① 许倬云.许倬云问学记[M].桂林:广西师范大学出版社,2008:100.
② 李济.李济文集(卷1)[M].上海:上海人民出版社,2006:434-456.

第四章 考古学中的历史感：李济的新史学思想

一,"史前"的界线是什么？李济认为,"史前史"可以指文字记录以前的历史。前一个"史"字,严格地指文字记载的历史文献;后一个"史"字是"史"的广义,指全部人类生活的过程,相当于科学家所谈的"自然历史"中的"史"字。不过,现今存在的文明古国所记载的古代史,都普遍存在一段传说的历史,成为后人追述或伪造的对象。这些古史传说存在两大缺陷："一是其中的人和事,往往带有某些'神迹',与神话难以区分,它们在多大程度上可以当作信史,一直令人困惑。二是多数古史传说,往往是只言片语、其说不详,单凭文献的记载,几乎没有办法去复原或验证它们。"[①]这就引起了下一难题,所谓记录历史是否包括神话历史？这确是一个大难题。

以中国古代史为例,譬如唐虞夏商各代被认为是中国文明的黄金时代,且在秦以前就有记录。司马迁谈中国历史,更从五帝谈起,这要比黄金时代还要早很长时间。不过地下有文字记录的材料,最早才到商代盘庚迁殷以后。若照现代考古学的标准,盘庚以前的传说历史都应算在史前史以内。而更大的难题是,殷商甲骨文字并不是中国最早文字的代表;而中国文字的发展必有个长期的背景,这一段中国文字的早期历史是否有保存？这是现代考古学家值得追寻的目标之一。根据现代考古学的材料,李济认为,中国"史前史"第一个"史"的界线,可以暂定在商朝先公先王时代,而夏朝以及五帝时代则属于传说中的中国上古史。

谈论人类历史大都从推测人类原始开始。1890年前后,在爪哇发现了猿人的化石遗存,使进化论得到事实的根据,这一发现不断鼓励自然科学家继续追寻类似遗存。与东亚有关的北京人、蓝田人、丁村人、马坝人等重要发现呈现的问题很复杂:有些与全体人类的演化有关,很多是关于中华民族的形成,但都构成了中国史前史的科学资料。李济跟随地质学家的标准对这些化石人的时代加以清理,进而看他们的时代背景。根据阮维周教授所列的表格,先生进一步看到史前史的若干重点及问题：

---

① 黄爱梅,于凯.器之藏:考古学视野下的中国上古文明[M].上海:上海教育出版社,2005:3.

一是与人类原始有关的资料及其问题。纽约自然历史博物馆曾组织科学远征队,数次到远东实地勘察。参加的科学家有马修、谷兰阶、纳尔逊等古生物学、考古学及地质学专家。他们认为,西藏高原是唯一适合人类起源的自然环境地带,其立论主要基于下列的几项事实:

1. 中新统时代地壳运动将喜马拉雅区大地槽褶皱为喜马拉雅山。

2. 喜马拉雅山耸起后,印度北部一带繁殖在中新统和新统时代的动物渐趋移动或灭亡。

3. 因高山陡然耸起,西藏、蒙古地区以及喜马拉雅山南边的气候大变。印度洋的季节风被高山阻隔,西藏高原及其东北区域茂密的森林退缩以致灭绝。

4. 自然环境的演变造成了生物演进的有利环境,人类的老祖宗被迫下地寻觅食物。

5. 由体质人类学推测,人类的上肢及双手是树上生活培植出来的。但人的下肢及两脚确实比上肢晚,是在被迫下树行动才渐次形成。

显然地,受自然环境的压迫,老祖宗被迫下地是由"竞存"冲动而促成。而这似乎以喜马拉雅山的耸起为最合适的条件,然而在此地区尚未发现这一类的地质演变。

远在始新统时代,中国大陆就有低级灵长类动物出现;到了中新统和上新统期间,就有林猿化石在云南发现;到了更新统时,更有近于人形猿的化石在华南出现。这些化石的发现可以证明,人类原始于中央亚细亚的说法仍可以继续追寻。李济认为,追寻的目标应在邻近喜马拉雅山的区域,即云贵广西、西康川西青海一带以及西藏高原。

二是蓝田中国猿人和北京中国猿人与爪哇猿人之关系。1963年,在陕西蓝田县的陈家窝村庄附近,发现了著名的蓝田人化石。其地层上有超过30米厚的红土,下有1米多的砾石层。在红土底层接近砾石层的地方发现一块下颚骨,并且保存有全部的牙齿。研究报告认为,与北京人虽有差别,但类似处甚多,所以,这一化石人与北京人应该属于同一科属,遂被命名为"中国猿人蓝田种"即蓝田人。若把北京人周口店与芮城县匼河、西侯度及陕西蓝田比较,时代似乎很接近,较西的两遗址也许比周口店堆积可能还要早。蓝田猿人与北京猿人有体质差异,匼河文化与周口店文化内容也有重要分别。北京人已有控制火的能力,匼河及蓝田都没有用火痕迹;蓝田居三遗址最西,周口店在北京郊区,匼河在这两遗址中间偏西方位。在更新统时代,南中国海可能是一大片陆地,可以连接到爪哇等印尼群岛。因此,由爪哇到中国大陆,从印尼迁移到中国西南一带,不是一件不可能的事。

三是尼安德塔尔人与马坝人及蒙古种的祖先。有关的地下出土资料有下列数种。

1. 北京周口店的上洞人及其文化。

2. 山西丁村遗址所出的旧石器遗存及三个人牙。

3. 湖北宜昌长阳人骨化石。

4. 曲江马坝人头骨。

5. 四川资阳女性骨骸头顶骨。

6. 广西柳江人骨骸。

7. 德日进神父在河套发现一颗上颚的旁门齿,近年的田野考古又在河套附近发现过同一时代的人类骨骸。

8. 广西"来宾人"。

关于以上人类遗骸的特点,最引人注意的是丁村三颗牙齿中的两个上门牙舌面都是箕形;长阳人长颚骨及牙齿尚接近北京人,有些学者认为是分化期蒙古种雏形;马坝人骨骸形态为粗大的眉脊骨和近于圆形的眼眶,眼眶的形态按近现代蒙古种人;资阳人脑容量尚比北京人要大过 $200 cm^3$。所以,认为资阳人已演进到了"有辨的荷谟"(Homo sapiens)①

---

① 这是李济自创的一种翻译方法。在李济看来,"有辨的荷谟"必须具有五个特征:一是脊椎骨必须能上下直立,使头顶向天、脚跟踏地;二是下肢坚固而细长,完全只用两只脚走路;三是上肢可以转向各方,手腕转动,灵活自如;四是脑容量平均在1350.cc 上下;五是头盖骨最大宽度在头顶部分。见李济.李济文集(卷5)[M].上海:上海人民出版社,2006:83.

即通俗说的现代人。面部的表现已具近代蒙古人种特征;柳江人头骨也具有蒙古种人的特征,尤其是较平的面孔和宽大的颧骨。加上1922年德日进发现的河套旧石器时代晚期门牙,似乎都证明中国化石人大多数与现代蒙古种人有关。据此,李济认为,自中更新统末期直到全新统时代,在西藏高原以东的东亚及东南亚区域,蒙古人种逐渐演进成现代人。除此之外,大部分化石人都有人造工具一起出土,这些伴存工具很富有研究价值。为此,先生对匼河遗址、丁村遗址,以及早期德日进神父发现的河套遗址石器和骨器进行比较研究,所得的结论如下:

1. 匼河流域石器的打击技术赶不上周口店猿人石器,匼河石器包括砍器、刮削器、三棱大尖状器及球状器等种类,它与石子文化传统相符,代表最早的一个阶段,杂在遗址中的很多动物骨骸属于更新统泥河湾时代。

2. 因为在"丁村文化"遗址内发现了与匼河遗址出土的类似形制石器,如大型的三棱尖器及球状器,匼河流域文化似乎直接地为丁村文化所承袭,加上两遗址地域也甚为接近,使这一推论增加了可信度。

3. 除了因袭匼河成分外,丁村石器石片的打击面上,有小片疤痕所组成的打击台,石片背面留有修整痕迹,有些石器带有很多加工痕迹,这显然引向了石瓣工业制作的开端。

四是有辫的荷谟在东亚出现的时代。

中国大陆发现的远古足迹,北自河套南至曲江,似可证实有辫的荷谟出现在阿尔卑斯山的冰期第四期。河套文化以及在西康富林遗存的"石片石瓣"工业,可与德日进在河套发现的石器工业相比。资阳人在体质方面已具荷谟有辫的特点,柳江人也可列入现代人类,但其原始性近于欧亚尼安得塔尔人的成分比资阳人还要多。关于周口店的上洞人及其文化,体质人类学家魏敦瑞教授作出突出贡献,他认为周口店上洞骨骸代表东亚区域最早的现代人类。这一初步结论也引起若干不同意见:①上洞老人为爱斯基摩型人似不准确,他很可能代表一种早期形态的蒙古种;②女性的遗骸中可能杂有美拉尼西亚种的黑人特征;③上洞文化遗存中石、蚌壳及骨片所作的装饰品、带穿孔的骨针以及用红色染料的习惯等,与叶尼塞河流域的克拉斯克拉诺雅斯克文化类似,比河套及富林镇旧石器文化也许更高。但"现代人类"在第四纪第四冰期的末期似乎在中国大陆地带已经出现了,这是确信无疑的。

(二)自然环境对于现代人类及其祖先的影响

在中国大陆的现代人类生活状况可分两大阶段,即有文字记录以前的和有文字记录以后的。前一段属于史前史的范围,完全靠田野考古学锄头工作的成绩。

一是东亚区是否有一中石器文化阶段。根据地下材料,东亚显然有一个中石器文化阶段,即改变采猎工具以应付渔猎工具的阶段。华北地区发现了下列各遗址,即哈尔滨顾乡屯遗址、黑龙江札赉诺尔遗址、周口店上洞遗址和陕西渭水沙苑遗址;这四个遗址均在秦岭以北区域,四处的气候也颇有差异。秦岭以南的遗址在四川、云南、广西、广东的三角洲以西,喀斯特地形的石灰洞及河谷平地,这些文化遗存接近东南亚货平文化。这些中石器文化遗址大都在东北或西南两个"中原文化"的边区,与新石器文化距离甚为遥远,并没出现过农业萌芽痕迹。

在晚更新统到全新统的过渡期,黄河流域一带气候衍变上,地质学家认为最早的黄土堆积即马兰黄土层是风造成的。比如,葛利普先生就认为,黄土堆积时代向华北吹来的风暴,要比现代华北遭遇的最大风暴大过十倍以上;在这样干燥的自然环境下,人类的生活似乎很难维持。

二是农业起源在东亚区是独立的,抑是外来的。在华北一带田野考古以中晚期的新石器时代遗址为最多,这些史前文化大半代表着农耕时代的生活,但农牧最初阶段的遗迹却极少见,这就要牵涉到中国农业的原始起源问题了。安特生博士的有关仰韶文化初步报告引起了世界考古学家的兴趣,他发现的彩陶文化引出了中国史前文化与西方的关系,同时仰韶发掘发现的灰色三足器"鬲",也引起了中国古器物学者的兴趣。初次发掘仰韶村的遗物如下:

1. 灰陶和黑陶约十四种以上,包括鬲、鼎等三足器。
2. 红陶约四五种,包括盂、盆、罐等。

3. 彩陶大半是碎片,但可以看出全形的有卷口碗形梨状的罐形以及带颈的罐形。

4. 石器包括各种石斧、石刀,以及石锄、盘形器、椭圆石球。

5. 骨器包括锥、铲、带孔的针。

6. 弹丸有石制、陶制各种。

7. 矢镞有石制、骨制各种。

就出土器物的初步分类来看,这一遗址显然代表一个农业社会的村落遗存,仰韶村已是农业社会开始已久的村落组织。华北彩陶遗址有一千个以上,集中在陕西渭水流域下游、山西南部和河南西部,东到山东,北到山西中部及内蒙古,西达甘肃及新疆,南及汉水中游,东南达到南台湾,文化的中心似乎在山陕豫三省交界区。由这些遗址的研究,可以肯定的认识有下列数点。

1. 以农耕生活为主体,种植有黍及粟,并有蔬菜,后又有稻,家畜有猪、狗,并留存若干野兽,如豹、犀牛、野牛等。

2. 聚居成村落者颇多,另有埋葬死人的坟地。

3. 房屋有时作圆形,有时方形或长方形。有的是地面建筑,有的是半地穴。另外还有备藏储粮食或其他用品的地下窖穴。

4. 小儿以瓮罐埋葬,成人另有葬地,以单人仰身直肢者为多。

5. 工业内容有制石、制骨、纺织、陶业。

6. 埋葬中常有殉葬物,大概已有鬼神的信仰。

7. 彩陶的存在也可证明艺术已经有所表现。

8. 有一房数屋,并有数人合葬的坟墓,可见已有家族的组织,并有村落聚居的习惯。

以上彩陶文化的较早期可分三个类型,即早期的半坡类型,中间的庙底沟类型和较晚的甘肃马家窑类型。有地层证据证明,马家窑类型的文化晚于河南的仰韶,这为中国彩陶文化西来说提供了一个强有力的反证。再加上西北一带的(包括新疆)田野采集,没有另外重要的彩陶遗址发现,所以安特生的学说已被现代考古资料证实为渺茫无稽了。

关于龙山文化的基本成分问题,李济曾发表《黑陶文化在中国上古史中所占的地位》一文,他认为黑陶文化有六组特征:①陶;②三足器包括斝、鼎、鬶等;③高足豆;④磨制方转端刃器,包括锛和凿;⑤石镞包括树叶形和三棱形;⑥卜骨多为牛、鹿或羊的肩胛骨。① 从初期所见材料来看,黑陶文化是沿中国东海岸区域成长起来的,从山东到南满,南至杭州湾。而近期山东彩陶发掘甚多,而黑陶文化遗址分布几乎遍及长江、黄河流域,东至台湾西达甘肃境内。

(三)地方性化的人类生活是否有时代和地形的限制

所谓地方性化的生活方式如采集、渔猎、制造的工具、采用及习惯,很显然受地形的限制。如近海的方便捕捉鱼虾螺蚌,而山区要靠野兽野菜野草。至于生活工具及制造技术,也反映自然环境。西欧的骨礃棒实起源于东非洲,而石子工业是遍布全世界的原始工业。因此,生活方式受自然环境限制而地方化,但这些限制可以改变。

(四)第五组论及全新统时代大陆的气候和地势

到了全新统时代,中国大陆地形和气候已渐趋稳定。就气候讲,在冰后期初期,秦岭以北的温度和湿度要比现代较高,殷尚保存有水牛、象、竹鼠、犀牛、獭獴、四不像等。而黄河水流的主要来源为昆仑山上冰期积存的厚冰,高山积冰融解时河水总要上涨,结果导致黄河下游洪水泛滥。

(五)全部新石器时代的地下材料

这组材料以华北平原、山西高原、山东半岛、陕西盆地、甘肃走廊五个自然区域为集中地带。这些自然区域的分割,并不与新石器时代文化区完全符合。以食物为准,黄河流域最主要者为黍与粟,扬子江流域为稻和薯类。它们是在中国大陆,或东亚及东南亚土生土长,抑或从外界输入。李济认为,据现在地下材料作凭藉,两种可能性相等。

(六)民族的衍变是否导致生活方式的差异

现代体质人类学家证明,所有人类祖宗都没有"纯种"存在过,普通所

---

① 李济.李济文集(卷2)[M].上海:上海人民出版社,2006:56-57.

谓"纯种"都是由杂种交配得来的。假如我们承认这一推论,了解中华民族的血统是混杂的,对于解决文化形成问题也就可以看得更清楚一点。然而血统混杂的成分却可随时随地而异,中华民族的形成,就血统上论,魏敦瑞教授认为,周口店的上洞老人,不但代表一型最原始的现代人,也是蒙古种人的一原始型代表。但最近发现认为,早在晚更新统期,"蒙古种"已陆续出现于若干中国化石人体骨上。比较可靠的资料要数步达生所研究的仰韶彩陶时代人类骨骸,其重要结论为,彩陶时代的华北人,可以认作现代华北中国人的雏形。

(七)传说历史的史料价值

就整理古史来看,古史辩论确实具有建设性的贡献。对于传说历史材料的价值,若以科学标准看,假造的部分也有"有意和无意"的分别,有些传说颇有些史实根据,所以史学界不能完全忽视传说历史的价值。

(八)黑陶文化与殷商文化的关系

这是涉及多方面而且极复杂的一段空白。我们可以先就河南出现的黑陶及殷商文化的主要内容作一比较。共有的东西若加以比较,实质大不相同,用处更不一样,如陶器、石器等。文字、青铜器和车的有无,这是文化演进的一步大跃进,殷墟所富有的这些新成分是何来源?便是一个曲折隐晦的问题,尚待长期搜集新材料及比较研究。

(九)由最早的中国文字看中国文字的沿革及起源

据李孝定《甲骨文字集释》,现在甲骨文字已经超过五千,不过确定的不过千字上下。张秉权先生认为,青铜器铭文与龟甲文字没有什么分别,外貌上的不同仅反映所用书写工具的分别;而文字构造方面则同属于一个系统。

殷商时代的文字有一个长期的历史背景,董作宾在为李霖灿先生主编的麽些字典作序时曾指出,就象形字的演变说,麽些文滞留在第一步,若以甲骨文为标准,我们汉文则到了第二步,但麽些文字本身的历史可以追溯到宋理宗时代的麦琮。李济认为,"若是我们假定甲骨文的原始阶段进入第二步的时间需要两千年,这个假定,似乎颇近情理,并且有所凭藉了,这就是把甲骨文的原始推远到公元前3000年以前了"①。假如将来能够由音标字代替全部象形文字,那么对甲骨文到注音字母的三千年历史就会有一个概要的了解。因此,"要是我们跟着麽些文字的变化走,体会出来它演进的种种原故,岂不是也可以用作解释其他象形文字演变的若干原因的一部分!"②

"通过考古学这一现代学问寻根问祖,重建中国上古史,探索中国文化和文明的本源,成为中国考古学自诞生伊始就矢志追求的一个最大的学术目标。"③作为"史观派中的考古派",与传统上古史依赖传世文献作成的政治史书写不同,李济主编的《中国上古史》结构具有宏阔的视野。④在研究地域上,李济主编的上古史"需要跨出现在中国的框架,涵盖东北亚(包括西伯利亚)、东南亚与中亚,彻底地了解不同史前文化的现象与关联";在学科工具上,包括古环境、考古、历史、文学、思想等,展现了重新改写上古史的宏观气魄。李济认为,科学的中国上古史必须"以可靠的材料为理论依据,材料必须是经过考证及鉴定的文献史料和以科学方法发掘及报道的考古资料"⑤,"只有多找新材料,一步一步地分析他们构成的分子,然后再分别去取,积久了,我们自然会有一部较靠得住的中国上古史可写"⑥。

总之,"他(李济)以安阳殷墟为据点,并与其他史前遗址和商周遗址联系起来,再和传说中的若干古史问题相互印证,为重新建立科学的、可信的中国上古史作出了巨大的成就,成为历史研究中的一个重要转折

---

① 李济.李济文集(卷1)[M].上海:上海人民出版社,2006:456.
② 李济.李济文集(卷5)[M].上海:上海人民出版社,2006:125.
③ 许宏.发掘最早的中国[A]//唐磊.三十年三十人之激扬文字(思想社会卷)[M].北京:中信出版社,2008:233.
④ 黄铭崇.中国史新论(古代文明的形成分册)导言[M].台北:"中央"研究院,联经出版公司,2016:2-3.
⑤ 李济.李济文集(卷5)[M].上海:上海人民出版社,2006:153.
⑥ 李济.李济文集(卷2)[M].上海:上海人民出版社,2006:208.

点……"①遗憾的是,经过十六年的努力,李济的这部《中国上古史》一直到他临终仍未能完成。"不过这项任务,经过后来学者的继续,《中国上古史(待定稿)》的论文集,厚厚的四大本,终于在他逝世后的第七个年头即1985年,已经完全出版,为编撰《中国上古史》作了很好的准备工作。"②《中国上古史(待定稿)》共收录论文66篇,其中李济的论文6篇,分别是《"北京人"的发现与研究及其所引起的问题》《红土时代的周口店文化》《跨入文明的进程——中国史前文化鸟瞰》《安阳发掘与中国古史问题》《殷墟出土青铜礼器之总检讨》和《殷墟出土的工业成绩三例》。③

---

①沈颂金.考古学与二十世纪中国学术[M].北京:学苑出版社,2003:87.
②胡厚宣.追忆史语所前辈师友考古学与历史学整合的先进经验[A]//臧振华.中国考古学与历史学之整合研究("中央"研究院历史语言研究所会议论文集之四)[C].台北:"中央"研究院历史语言研究所,1997:1124.
③王仲孚.中国上古史专题研究[M].济南:山东人民出版社,2017:386.

第五章　让科学在中国生根：李济的科学情怀

现代科学对文明塑造起到极为关键的作用，许多新观念、新学科大都与科学变革有关，而现代科学成为中国近代落后的一大痛点。对于兼通中西文化的李济来说，探究"现代科学为何没有在近代中国发展"成为他的科学情怀所在。先生从中国传统思想文化及其人生观入手，深入探究李约瑟难题，极力宣扬科学，一生致力于"让科学在中国生根"，对知识真理的追求信仰一直左右着其研究工作与人生态度，成为其学术品格的核心要素。他主张学习西方先进学科，探索科学精神，不囿于成见，一心追求真理，"对研究、教学，以及他主持的各种事业，都是具有科学的精神，从来不畏艰难，不计成败，而完全以事业为中心……"①

第一节　"道森氏·晓人"案件

"虽然科学是以求实求真为宗旨，但科学界一直在发生违背科学精神的事件。"②其中，"道森氏·晓人"案件便是20世纪科学史上轰动一时的大骗局之一。"像人类社会其他任何被认为是有利可图的领域一样，一向被看作神圣殿堂的学术界也必然为不法之徒当成实现个人野心的角斗场。"③"道森氏·晓人"案件发生后，大陆学者李汎和考古学家夏鼐先后对此事件进行评述。李汎的《"皮尔当人"的秘密》④一文对"道森氏·晓

---

① 劳干.劳干先生著作集[M].福州：福建教育出版社，2022：792.
② 俊明.20世纪科学史上的骗局[J].百科知识，1999(07)：23-25.
③ 石舒波，于桂军.圣地之光：城子崖遗址发掘记[M].济南：山东友谊出版社，2000：118.
④ 李汎."皮尔当人"的秘密[J].科学通报，1954(05)：66-67.

人"案件的发展过程进行简单追溯,指出查尔斯·道森为了个人名利,不惜伪造科学根据,充分说明了资产阶级伪学者们的卑鄙无耻。夏鼐的《皮尔当人疑案的解决及其教训》①一文,重点指出案件本身带给我们的教训:一是资产阶级科学的局限性,这个骗局之所以能够维持40多年,主要问题出在资产阶级思想体系容易使人迷惑,看不出真理来;其结果是毫无批判地轻信伪科学证据,并利用它做反动的"种族优劣论"根据,证明人类进化道路差异及发展的不平衡;二是问题的解决离不开古生物学、体质人类学、解剖学及化学等多学科合作,证明了科学研究中各部门的紧密联系。因此,我们要警惕资产阶级学术界别有用心的伪造证据,注意其唯心观点的局限性,摆脱资产阶级理论的影响,同时要利用科学研究中各部门的有机联系,只有各领域专家通力合作,才能解决许多科学问题。

李济在《论"道森氏·晓人"案件及原始资料之鉴定与处理》一文中,对案件的发展作了详细论述。从1913年发表皮尔当化石的详细报告,到1953年被揭穿,"道森氏·晓人"人造化石整整欺骗了世界科学界前后达四十年之久。造假者查尔斯·道森的本行是法律,却对古生物学、地质学、考古学感兴趣,发现了一种介乎人、猿之间的化石人,"正暗合了自达尔文以来的几代进化论学者们苦苦追寻而又迟迟未能实现的愿望:在从猿到人的进化过程中,必然会存在这样一种中间阶段"②。它拥有现代人的头骨和原始猿类的下颌骨,为人类带来"大脑中心论"的见解,认为大脑的进化要先于其他方面,成为充实生物进化论的重要标本和人类进化论的有力证据。进化论的核心在于优胜劣汰的自然选择理论,即不同变异的物种后代优胜劣汰,胜出者更能适应环境而生存下来,经过漫长的年代而进化出新物种。但自道森去世后,别的科学家并未搜寻到这类化石。事情的转机开始于1948年,古生物学家用氟量测验检查"晓人"的头顶骨;1953年11月,克拉克、魏纳、峨克莱三氏的联合报告证明,头盖骨不早于新石器时代,下颌骨乃是属于一个未成年的黑猩猩的,它们不但时代

---

① 夏鼐.皮尔当人疑案的解决及其教训[J].科学通报,1954(08):54-56.
② 石舒波,于桂军.圣地之光:城子崖遗址发掘记[M].济南:山东友谊出版社,2000:118.

不同,还属于不同的生物,并且这些标本全部经过染色处理,因此是一件陆陆续续地杂凑起来的赝品,从而彻底澄清了四十年来讨论人类进化问题的最大障碍。

在李济看来,这伪件所糟蹋的全世界知识阶级的精力与时间是一种无法计算的损失,作者的业师虎藤先生也因此事遭受极大的精神打击,闻讯后的他只对来访者说了一句:"就像有人告诉我美国通行的、华盛顿发行的钞票是假的一样!"①随后便一病不起,其逝世与"道森氏·晓人"事件应该有脱不开的干系,"晓人"之受崇拜,科学家之不细心,是其重要原因之一。魏纳氏认为,这一伪装的人类祖先取得成功的最大原因,有若干感情的成分在内,是科学界对于人类早期发展留存地下证据的一种期待。"晓人"的出现给了英国科学家及公众期望拥有的东西,证明最大头脑的人类最早出现在英国,这给予英国人的下意识满足,可以部分解释英国科学家接受"晓人"证据的轻率态度与过分热烈。

学术的风气与研究者的思想习惯影响学术资料的命运,若是当作历史资料用,辨伪的工作却是必要。"道森氏·晓人"案件误导了关于人类进化的故事。通过这一事件,李济认为,"原始资料"是做学术工作的第一追求对象,材料的审订是现代学术的根基工作。傅斯年也持同样的观点,认为"有新材料才有新问题,有了新问题必须找解决问题的办法;为了解决新问题必须再找新材料,新材料又生新问题,如此连环不绝,才有现代科学的发生"②。

同时,原始资料的价值也是有等级的,其标准可以由资料本身出现的情形与取得的手续看出。因此,我们要用怀疑的眼光来看待所搜集到的资料。史语所以一万八千元高价从李盛铎手中购得清代内阁大库档案,共重十二万余斤,包括天启与崇祯两代卷宗、清初旧档、顺治至乾隆四代档案以及嘉庆以下至光绪档案。在李济看来,其真实性与殷墟甲骨、敦煌经卷与长城汉简相当,其内容的丰富性则远超以上三者之上。而在一次闲谈中,傅斯年则对内阁大库档案有点失望,原因则是"没有什么重要的

---

① 石舒波,于桂军.圣地之光:城子崖遗址发掘记[M].济南:山东友谊出版社,2000:117.
② 李济.李济文集(卷5)[M].上海:上海人民出版社,2006:236.

发现",李济听后反问傅先生:"难道说先生希望在这批档案内找出清没有人关的证据吗?"傅先生听后哈哈大笑,从此不再提起此事。"傅斯年的一笑,将两人的意思接了线,也将观念疏通了。"①那就是,"史料的价值完全在它本身的可靠性;可靠的程度愈高,价值愈高"②。

比如,古生物学家在龙骨中发现的学术资料,"关于它们的身份可靠的记录愈多,所具的科学价值也愈高"③。其价值要看龙骨来源的记录,其学术价值等级如下:

1. 来源不明的。
2. 采集范围可以说明,地点不能确定的。
3. 有采集地点但地下情形不能说明的。
4. 科学方法发掘出来的。
5. 上述采集品中的新发现。

李济认为,"大量早期古物学家不屑一顾的材料,已经成为信息含量高、历史意义重大的材料。从这一观点来看,中国是一个极其富饶的田野,对它所进行的探查才不过刚刚开始而已"④。因此,我们要搜集的不是供人清赏或雅玩的古董,而是一组地道可靠的学术材料。与古史资料相比,考古学的资料不但较为可信,而且更有着落。"一切的原始材料,只要能体现人类的活动,哪怕是残陶碎骨,只要是有计划的科学方式采集得来的,都能显示其学术价值。"⑤

所谓第一等资料者,至少应该是通过有计划的发掘,有地下情形详细记录的资料。⑥ 那么,根据这些资料所讲的历史要客观得多。而当一手

---

① 李子宁. 挖出中国上古史(续三)[J]. 中原文献,1987(03):6-11.
② 李济. 李济文集(卷5)[M]. 上海:上海人民出版社,2006:168.
③ 李济. 李济文集(卷5)[M]. 上海:上海人民出版社,2006:47.
④ 李济. 考古学[A]//陈衡哲. 中国文化论集:1930年代中国知识分子对中国文化的认识与想象[M]. 王宪明,高继美,译. 福州:福建教育出版社,2009:149.
⑤ 岱峻. 发现李庄[M]. 成都:四川文艺出版社,2009:125.
⑥ 关于考古材料的等次,卫聚贤也有相似的看法。他将材料分成四个等级:第一等是亲自发掘所得的材料;第二等是确知出土地并略知出土情形的材料;第三等是只知出土地而不明出土情形的材料;第四等是连出土地也不知的材料。见卫聚贤. 中国考古学史[M]. 北京:中国文史出版社,2015:111.

资料缺乏时,能否发挥第二手或第三手材料的内涵,就要看用的人的眼力了。同是龙骨,中医对于它的意见与古生物学家对于它的意见相比,完全是两个境界。对于材料的鉴定工作可以从两方面考虑:一为实物本身的科学价值;一为鉴定人的心理背景。最可惋惜的还是以学术相标榜的一部分职业收藏家,广泛搜索有文字的器物而毁坏无文字的器物,把大量宝贵的原始资料化成毫无价值的废物,实属非常大的学术损失。

在李济看来,研究学问最重要的是学会"发掘问题",知道"如何讲理"。① 鉴于此,"考古学应是问题导向的,调查研究都是为了解决问题,如果离开了人类的文化、历史等问题,考古资料本身就没有任何意义"②。研究者的思想程序是原始资料运用程度的重要因素,具有相关知识专业人士抱着一定目的和计划去搜集资料,有一个问题在心中盘旋,碰见了一批东西,便能感觉到这批东西可以帮助他解决这一问题,于是这批东西就发生价值。因此,"如果考古学家在野外发掘中始终带着这些问题,减少发掘的随意性,这些问题往往能够得到比较令人满意的答案"③。

第二节 李约瑟之问与科学思想的推进

一、中国的固有文化里为什么没有发生科学

"在中国推进科学思想,可以说是李济学术思想的出发点和归宿。"④ 要推进科学思想,我们要反省"中国的固有文化里为什么没有发生科学"⑤这一问题。李约瑟博士把中国没产生科学问题的原因,归结到中国的社会经济模式,即气候、地理、社会和经济的因素。其他学者也相继提

---

① 李光周.洞洞馆里的思念[J].人类与文化,1979(13):13.
② 张光直.考古学:关于其若干基本概念和理论的再思考[M].北京:三联书店,2013:103.
③ 张光直.考古学:关于其若干基本概念和理论的再思考[M].北京:三联书店,2013:85.
④ 岱峻.民国衣冠:风雨中研院[M].北京:北京联合出版公司,2012:307.
⑤ 这一问题曾被西方学者李约瑟提起,即"为什么现代科学没有在中国文明中发展""为什么从公元前1世纪到公元15世纪,在把人类的自然知识应用于人的实际需要方面,中国文明要比西方文明有效得多"。见[英]李约瑟.文明的滴定[M].张卜夫,译.北京:商务印书馆,2016:176.

出五花八门的意见,如"封建的自然经济、官办的手工业、大一统的封建专制主义、周期性的战乱、崇尚宋明理学、八股取士的科举制度、直觉的思维方式、表意性质的中国文字系统,等等"①。而李济则着眼于中国人思想的心理机制,从以下四方面分析原因:

一是"中体西用"②观念。中国人向来看重的是科学成绩,而不是科学思想本身。李济以投考台湾大学考生的所选科目来论,投考工科、医科、农科等科目的学生均在千人左右,但理学院投考人数才二百人。在台湾这样的"文化沙漠"③,大学毕业生最佳出路是出洋深造,"有多少不是以变成美国公民为目的?"因此,他被"青年中国人都不愿作中国人"这一可怕的印象"压得透不出气来"。1954年9月,李济曾在与高足张光直的通信中说道,"中华民族以及中华文化的将来,要看我们能否培植一群努力作现代学术工作的人——真正求知识、求真理的人们"④,而张光直则是他寄希望最多的一位。先生希望张光直不要留恋美国,"作学问是要自己开辟一个境界的,跟老师只能学方法找门径,此外都要靠自己努力"⑤。因此,李济曾多次规劝、督促张光直早日回国,并请凌纯声代为转达⑥,力促张光直回国发展。比如,答应他可以在史语所作副研究员,也可以在台湾大学作副教授;而且在享受官方待遇的同时,还可以得到哈佛燕京学

---

①刘大椿,吴向红.新学苦旅:科学·社会·文化的大撞击(导言)[M].南昌:江西高校出版社,1995:3.

②在英国科学史家李约瑟看来,"中体西用"中的"体"是本体的意思,这本体就是中国的伦理教化,即已存在了几个世纪的儒学的基本特征。而"用"是实用的意思,就是引进现代科学技术,用以反对西方的侵略。因此,"中体西用"观念主要是指用西方先进科技,维护中国传统礼教,而不是现代科学思想的推广。见[澳]约翰·默逊.中国的文化和科学[M].庄锡昌,昌景珮,译.杭州:浙江人民出版社,1988:69.

③李济.李济文集(卷5)[M].上海:上海人民出版社,2006:52-55.

④李卉,陈星灿.传薪有斯人:李济、凌纯声、高去寻、夏鼐与张光直通信集[M].上海:三联书店,2005:3.

⑤李卉,陈星灿.传薪有斯人:李济、凌纯声、高去寻、夏鼐与张光直通信集[M].上海:三联书店,2005:20.

⑥李济的意思是,尽管史语所进人名额有限,也不是随时即可增加名额,但只要张光直愿意将来回国,便可以一直为他保留名额,何年回国则完全由张光直自己决定。见李卉,陈星灿.传薪有斯人:李济、凌纯声、高去寻、夏鼐与张光直通信集[M].上海:三联书店,2005:120.

社、科学研究委员会、洛氏基金等其他多项补助,可谓用心良苦。①

二是"面子"思想。按照《现代汉语词典》的解释,"面子"一词,一指体面,二指情面。从社会心理学的角度来看,"所谓'面子'是指:个人在社会上有所成就而获得的社会地位(social position)或声望(prestige);所谓'面子功夫',其实就是一种'印象装饰'(impression management)的行为,是个人为了让别人对自己产生某些特定印象,而故意做给别人看的行为"②。荀卿认为,与"法之大分,群类之纲纪"最有关系的"礼",就是学的最高峰。以礼为核心,中国文化系统所形成的思想习惯与追求真理的科学思想有点分歧,致使人所特别禀赋的求知能力没能在中国传统文化中得到应有的推动。李济认为,一是中国传统社会养成"有称等差"的社会形态,是"面子"问题的理论基础;每一个人对于自己地位的自觉及希望别人对这种自觉的尊重,则构成了"面子"心理;而"'做面子'是个人炫耀其权力的一种手段,以'面子功夫'影响资源支配者,使其依照自己的意思改变资源分配的方式,则是中国人常玩的一种权力游戏"③。二是地位化的人格自觉心是"面子"思想的心理基础,表面的虚荣即"脸面"成为中国社会人际交往最细腻的标准,中国人心中最微妙奇异的地方。比如,中国古代礼教只注意虚伪的外表,只养成"阿世取荣"的技术,而抑制了人的"求真""求直"本能,对真理没有任何严肃尊敬的气象。而如果对中国社会习惯作一次民俗学考察,我们将会发现,学术主流对对子的教育方法及以书本子为学术终极的看法,随虚伪的礼教而去的只是个人的尊严,面子心理仍是社会的一个堡垒。而西方著名学者罗素认为,"人与人相处,完全以直道而行,也许要使精神过度地紧张,人生乐趣减去不少;若是要把诚意隐藏一部分以将就面子,岂不有伤追求真理的精神?"④由此可见,面子心

---

① 李卉,陈星灿.传薪有斯人:李济、凌纯声、高去寻、夏鼐与张光直通信集[M].上海:三联书店,2005:26.
② 黄光国.人情与面子:中国人的权力游戏[A]//李亦园,杨国枢,文崇一,等.现代化与中国化论集[M].台北:桂冠图书股份有限公司,1985:141.
③ 黄光国.人情与面子:中国人的权力游戏[A]//李亦园,杨国枢,文崇一,等.现代化与中国化论集[M].台北:桂冠图书股份有限公司,1985:144.
④ 李济.李济文集(卷5)[M].上海:上海人民出版社,2006:18.

理与真理精神是不相容的,越是讲求面子,越不对追求真理发生兴趣。因此,在李济看来,"在这一类型的社会希望产生科学思想,好像一个人在养鸡的园庭想种植花卉一样,只有等待上帝创造奇迹了"①。于是,重视面子的中国社会便很难产生真正的科学思想,便成为很自然、很正常的事情了。

三是"对对子"思维。中国旧日教育的内容,以读书为唯一的目标,"只有读书、认字才是学问",而读书只读圣贤书使我们民族的思想活力关闭在一个极狭窄的范围内,便大大限制了能力的施展。李济认为,"对对子"思维的核心是,只要讲对仗,能对好对子,就能作好文章;致使两千年来中国的文学只是一连串的好对子,中国读书人的思想,也只是一连串的对子思想;而由对对子的圣贤书学习,就渐渐地发展了中国的八股。因此,中国旧教育制度的错误在于,把对对子当作读书人的思维训练方式,无疑会压低学习者的理性精神。同时,先生认为,对对子思想催生的"对联"文化也塑造了中国文字的结构与性能。那么,用这种文字来推进科学思想,"有点像用珠算的器械与方法计算统计学内的复杂公式一样",也会产生各种不方便之处。

四是迷恋文字。中国的文字综合形、音、意三个方面,它的品质助成了中国先祖创造出世界上最优美的文学与纯美学。"特别是印刷术发明后(大家都知道,印刷术的发明晚不过北宋以前),脑力劳动逐渐限制在啃书本上。"②因此,中国人笃信"文以载道"的观念,过于迷信文字的威灵,格物致知之说也没有离开书本很远,其对文字的态度是把它们当符咒来供奉,"把文字当作神秘的符号"③。而一旦陷入文字的魔力,中国人便很难保持科学研究的客观立场了。与此相反,现代科学的进展要靠客观标准的建立,其研究的材料是自然界现象,与文字的关系却较少;科学家心中的文字只是人们表达思想的工具,而不是装载思想的神器,如何应用文字是人的主权;科学注重官觉与实物的接触,其思想的原料来自五官的感

---

① 李济.李济文集(卷5)[M].上海:上海人民出版社,2006:18.
② 李济.李济文集(卷2)[M].上海:上海人民出版社,2006:340.
③ 李济.李济文集(卷1)[M].上海:上海人民出版社,2006:281.

觉,而文字里记录的经验,只供比较参考之用;科学的教育往往采取野外探险、田野采集、室内实验等实地考察方法,让学生经常接触大自然。因此,现代科学思想的本质,就要不迷信文字。其学生李亦园也深有同感,他认为,"传统中国的读书人大都养尊处优,他们穿着长袍马褂在书斋翻阅线装书,最多是到古玩店弄点古物资料,绝对不屑于到市井、乡间或野外去搜集资料,那将会有损于他们士大夫身份的尊严,所以那个时代是无所谓有'田野调查研究'的事的"①。

综上所述,"与西方哲学、科学传统中超功利的'为知识而求知识''为真理而求真理'的精神相反,中国学术传统中一直有着学以致用、强调'治国平天下''救世济时'的经世思想"②。而"与中国'学以致用'的实践理性相反,西方有着强烈的'为学术而学术'传统"③。夏鼐认为,"西洋学者研究中国的东西,并未见如何高明,惟以其较富实验精神及文字方面之便利(此指其易参考西洋各国之著作而言,非指对于中国文字而言),有时所得较富"④。在传统社会中,"学术的基本目的不是为了'求真',而是为了'求善'";"'文以载道''代圣人立言'是学术研究的目的和标准";"学术研究与修身之道和救世之术浑然一体"⑤。任鸿隽在比较中西学术时也认为,"传统读书人在明道,西方知识人在求知。"⑥而由于重视伦常名教,中国传统社会便贱视劳力及其生产技艺,"探索天地自然奥秘的学问,便被排斥在儒家所追求的'道'之外"⑦,堵塞了中国人通往现代自然科学的道路。

李济曾举例说,19世纪的一个地质学家曾断言中国的读书人是不会做地质学的,因为地质学是要跑路的,而"中国读书人就算是走路也总是

---

① 李亦园.李亦园自选集[M].上海:上海教育出版社,2002:405.
② 雷颐.一战与"新儒家"的源起:以"科玄之争"为中心[A]//魏格林,朱嘉明.一战与中国:一战百年会议论文集[C].北京:东方出版社,2015:120.
③ 雷颐.孤寂百年:中国现代知识分子十二论[M].桂林:广西师范大学出版社,2015:212.
④ 夏鼐.夏鼐日记(卷一)[M].上海:华东师范大学出版社,2011:380.
⑤ 雷颐.时空游走:历史与现实的对话[M].济南:山东教育出版社,1999:96.
⑥ 左玉河.中国近代学术体制之创建[M].成都:四川人民出版社,2008:99.
⑦ 冯天瑜."劳心"与"劳力"的合离变迁[J].中国历史评论(第四辑),2014(08):1-18.

要坐轿子或骑牲口,是不用腿而只用脑子的"①;在安特生看来,"中国腐朽的官僚制度鄙视上层阶级的成员参加任何体力劳动"②;而李希霍芬始终不相信,"中国的斯文秀才会放弃蓄长指甲、出门坐轿子并带一个书童伺候的习惯"③。地质调查所所长丁文江向鄙视田野工作的旧传统挑战,反复告诫学生"移动必须步行,登山必达顶峰"④,这无形中就打破了旧文人只从事脑力劳动而鄙视体力劳动的传统训练方法。正像斯文赫定博士所言:"三年不回到骆驼背上,就要感觉到腰酸背痛。"⑤因此,在李济看来,"尊重知识,为知识而知识的精神"是科学生根的最重要的基本认识,而这却是中国社会所最缺乏的科学精神。

二、如何推进科学思想

1962年2月24日,"中央"研究院在南港召开第五次院士会议。胡适在讲话中认为,自己虽对物理学一窍不通,却有两个学生是世界著名物理学家,即饶毓泰和吴健雄,这是平生最得意、最值得自豪的事情。而李济则表示不敢乐观,科学设备必须从外国购买,学生必须出洋学习,也没有什么样的科学大作,科学思想不能在中国社会生根是最大的问题。胡适认为,李济的讲话太过悲观。因太过激动,胡适猝发心脏病,不久之后不幸逝世。事后,李济因对胡适的"临门一脚"而饱受指责。由此可见,"促进科学在中国生根,是李济一贯的思想主张和行为动力;而科学未能在中国生根也是他内心难以消除的紧张和焦虑"⑥。因此,李济并非故意与胡适唱对台戏,他是以自己独特的话语警醒世人:目前中国最迫切的问题,不是中国是否有过科学,而是在中国如何推进科学。

在老友丁文江看来,"政治不澄清,科学工作是没法推进的,我们必须

---

①李济.李济文集(卷4)[M].上海:上海人民出版社,2006:617.
②陈星灿.20世纪中国考古学史研究论丛[M].北京:文物出版社,2009:89.
③李济.李济文集(卷5)[M].上海:上海人民出版社,2006:131.
④[美]费侠莉.丁文江:科学与中国新文化[M].丁子霖,蒋毅坚,杨昭,译.北京:新星出版社,2006:42.
⑤李济.李济文集(卷5)[M].上海:上海人民出版社,2006:340.
⑥岱峻.民国衣冠:风雨中研院[M].北京:北京联合出版公司,2012:305.

先造出一种环境来,然后科学工作才能在中国生根"①。而在李济看来,推进科学工作必须要"有一个机关,有相当的设备,并且有些老少不等、经验不同的人合作,然后才干得下去,做得出来"②。因此,"科学思想里没有世故的说法,也没有官样文章",要规规矩矩地提倡科学,应像学禅门的和尚那样"不打诳语"③,并建议从以下方面提倡科学教育。

一是实物教育。要对科学产生真切的认知,仅靠自然科学的课堂教学是远远不够的,还得依靠实物教育。20世纪是科学的世界,现代教育以科学为中心,要把科学教育变成事实,必须要用实物来增加学生对科学的亲切认识,以实物的认识逐渐代替文字的背诵。因此,职业训练的教育不必设立在学校内,可以尝试到工厂去,将学校里学到的理论知识与社会实践有机结合起来,在实践中出真知、长才干。

二是博物馆建设。实物需要收集、保存、陈列,而博物馆就是实施实物教育的最好场所,"博物馆被认为是不同民族、地域文化认同的名片……是一种新型的科教教堂"④。德国慕尼黑的博物院中设有一个天象室,将早晚日月的出没、四时星宿运行等天体现象,十几分钟就能表演出来,比起读枯燥的天文书,学生要受益得多。假使我们能做一个模型,将喜马拉雅山的高峰、冰河、山谷表现出来,再将采集的化石、植物、动物、矿物的标本,探险照片、地图、用具等,一齐陈列出来,对于研究喜马拉雅山无疑有大益处。到博物院里看宇宙现象,人类历史,火车、轮船、飞机、无线电等的制造和使用方法,学生会得到很多科学知识。因此,李济认为,我们要学习外国实物教育的做法,坚持"博物馆的教育是骨干,书本教育是辅助的"⑤,"我们要改进这种落伍的教育,实现利用其他的学问促进科学更进步的教育,就是要把这些实物和文字教育调和起来,分出一个有系统的制度,一方面既可容纳实物教育,一方面又可保存我们祖宗留下来的知识,

---

① 李济.李济文集(卷5)[M].上海:上海人民出版社,2006:159.
② 李济.李济文集(卷5)[M].上海:上海人民出版社,2006:160.
③ 李济.李济文集(卷5)[M].上海:上海人民出版社,2006:21.
④ 曹兵武.文物与文化:曹兵武文化遗产学论集[M].北京:故宫出版社,2013:123.
⑤ 李济.李济文集(卷5)[M].上海:上海人民出版社,2006:25.

使其发扬光大,以供后人参考和交换的方法"①。

三是科技馆建设。中学最感头痛的一件事,便是上物理、化学课做实验的仪器。李济建议集中教育经费设一个小小的科学馆,这样学校上自然科学课程就有了好去处。科学馆是让人们"欣赏自然传奇、享受探索乐趣、获取新鲜体验、更新创造知识的场所"②,要办好科学馆,审查其计划的标准有四项:"一是否有教育价值;二是否宣传真正的科学知识;三是否有社会的意义;四是否可以用科学的方法陈列出来。"③比如陈列问题,假使科学馆能做成一两个潜水艇在海中袭击军舰的配景,再造一两个潜水艇和鱼雷的模型,加以图画和文字的说明,就可以解释一些复杂的科学现象和原理。科学馆最紧要的目标应该是教育,要避免建成像百货商店或商品陈列所之类。胡适就曾发现中国人自办的博物馆最缺乏科学的陈列,他曾对山东历史博物馆的陈列提出尖锐批评:"此次山东省花了五千元办的山东历史博物馆,只可算是一个破烂的古董'堆',远不如琉璃厂的一个大古董摊!三殿里的古物陈列所,也只可算得一个乱七八糟的古董摊,全无科学的价值。"④因此,博物馆的头等大事,就是要有一个固定计划和清楚目标。比如,如果将古代车、现存的旧车、新式车依序排列,将其制作方法、驾驶方法、载重量及速度制作成各种图表,并配以详细说明,参观者油然而生一种进化心理,进而也会引发一种发明心绪。

另外,李济还以德意志博物馆为例作出说明。比如,这个博物馆为了说明飞机的原理和结构,从陈列无数的昆虫和飞鸟标本做起;由于昆虫和飞鸟是研究飞行的基本资料,有了这些资料作铺垫,再看现代的飞机模型,观众就很容易理解这些深奥、复杂的飞机工作原理。遵照这种展馆设计精神,博物馆再向公众说明动力发展的历史和利用自然界动力的程度,以及与社会中其他现象的关系,观众就能收获颇多。同时,从结果上看,现代动力利用的结果确实节省了人力,然后可以利用这些节省的人力去

---

① 杨罕.珞珈山上木铎声清:胡适、李济讲学旁听记[N].武汉日报,1948-10-5(05).
② 金杏宝.在探索自然中传播科学,传承文明[A]//康熙民,孟庆金.在传播科学中传承文明——博物馆研究论文集[C].北京:文物出版社,2007:27.
③ 李济.李济文集(卷5)[M].上海:上海人民出版社,2006:31.
④ 陈星灿.20世纪中国考古学史研究论丛[M].北京:文物出版社,2009:153.

从事科学研究、艺术创造等社会事业。因此,先生认为,展示设计者需要"从观众的需求出发,结合观众的心理活动,使展示真正为观众喜闻乐见,借以点燃他们的好奇心,激发他们的求知欲望"①,而判断科学馆展示计划是否科学、可行,要看它是否有教育价值,是否用科学的方法陈列,是否能宣传真正的科学知识。

四是用汉字造科学名词。为了有效进行科学交流,科学研究者首先要学会一种外国语文,便于发表其研究成果。而要使中国一般读者接受新的科学知识,具备阅读外国文字的能力是一个方面,另一方面则主要依靠翻译。而翻译的人要站在原著和读者两方的中间,由于译者对原文了解得不充分,翻译工作却困难重重,"意译"就成为迁就中国读者的权宜之计。在著名翻译家严复看来,"往往为一个译名的选择,绕屋数日而不能决定"②。因此,促进科学工作并使其"化民成俗"需要一段艰难长远的路要走。李济认为,"由一种高度的翻译技术训练入手,训练些能用两种文字同样地、纯熟地、作思想工具的学者来讨论各民族思想的科学问题,建立若干科学的标准,作判断的依据"③,这一文化人类学的路径值得尝试。

科学的发展依靠新观念,新观念需要新符号来表达。那么,如何制造表达新符号而纳入中国文字系统呢?从事翻译与科研工作的人们对此做了些许探索:①铸造新字,如化学上的"氧""镭""钴"等;②音译他国已有的重要专有名字,如"荷尔蒙""维他命""香槟"等;③死字活用,即对许多弃置不用的古字重新安排新的用处;④利用语音学家提供的各地方言词汇,必要时也可用大量的注音符号。④ 李济相信,通过运用这些用汉字造科学名词的办法,制定遵循的铸造新字原则,再以语体的方式表达研究结果,由政府公布于众,并在教科书中加以采用,科学名词就能在中国文字中占有一席之地,那么,在中国文字中长大的科学家就会与日俱增,年深日久,科学也就能在中国本土生根发芽。比如,为图暂时方便,中国学术

---

① 冯昆恩,秦晋庭.论博物馆展示设计理念中"人、物和时空"的关系[A]//康熙民,孟庆金.在传播科学中传承文明:博物馆研究论文集[C].北京:文物出版社,2007:178.
② 李济.李济文集(卷5)[M].上海:上海人民出版社,2006:100.
③ 李济.李济文集(卷5)[M].上海:上海人民出版社,2006:253-254.
④ 李济.李济文集(卷5)[M].上海:上海人民出版社,2006:99-103.

界习惯于用灵长目、人亚目、人科、人属、智人或真人等概括与"人"有关的五个圈次,其结果是使"人"这一符号丧失固定意义,从而使读者难以区分这些圈次所代表的体质特征。因此,为防止混淆,李济结合各个圈次的体质特征,将以上五个圈次相应译为灵长目、人形亚目、荷谟形科、荷谟属与"有辨的荷谟"。其中"有辨"是借用《荀子·非相篇》:"人之所以为人者,非特以二足无毛也,以其有辨也",而"荷谟",则是英文 homo 的音译。

现代的科学工作,不是单靠一个人的努力所能胜任的,也不是散漫的、零碎的,而是把一般的知识组织起来,依靠集体合作的实验、找证据与复勘;小而言之,需要由机关进行,大而言之,需要有国家的力量甚至全世界共同合作去做,现代学术才有扎根生苗的希望。比如,殷墟陶器研究即是代表史语所考古组全体人员集体工作的成果。其中,石璋如先生负责田野工作、陶器与图片的准确记录工作;潘悫先生负责图录、绘画与照相工作;李光宇负责统计表的编制工作;胡占魁主要负责陶片的粘对与器形的复原工作;李孝定与董作宾先生负责陶文的考订与校阅工作;而李济先生主要负责陶器的分型分式,陶质的物理、化学分析以及与石器、铜器等器物的比较研究等。① 又如,在青铜容器研究中,技术部分由万家保负责;插图由黄庆乐负责;照相由宫雁南负责;而材料的汇集、检查及图版说明则由陈仲玉协助李济完成。②

区域性的科学工作,若自己不研究,别国人便会代替我们去研究。一批批西洋科学家不远万里来到中国,调查中国的语言,测量中国人的身体,发掘中国的地下古物,调查中国的风土人情,将各种"学问原料"搬了去乃至偷了去。正如安特生所言:"所有热爱古代中国文化的人,都对目前这个国家无与伦比的文化遗产几乎没有得到任何保护的状态感到痛心疾首。"③他们注意的资料大多是中国自己所忽视的,故而李济认为,我们找不出充分的理由去反对别人检取自己毁弃的资料,"除非我们拒绝接受现代科学精神的全部,我们只有欢迎他们、赞助他们了""乱哄哄的中国能

---

① 李济.殷墟陶器研究(序)[M].上海:上海人民出版社,2007:7.
② 李济.李济文集(卷4)[M].上海:上海人民出版社,2006:305.
③ 陈星灿.20世纪中国考古学史研究论丛[M].北京:文物出版社,2009:90.

够拒绝这些学问上的访问吗?"而自己的事自己不知,别人却弄得清清楚楚,久而久之自己必定要吃亏。因此,他对"与中国古史有重要关系的材料大半由外国人努力搜寻出来"感到万分惭愧"[①]。1929年5月,在《中国史料急待整理》的演讲中,陈垣也表达了类似看法,"我们若是自己不来整理,恐怕不久以后,烧又烧不成,而外人却越俎代庖来替我们整理了,那才是我们的大耻辱呢!"[②]日本学者本田成之在其《中国经学史》结尾中写道:"像经学这一学科,将或失于中国,而被存于日本,也未可知……"[③]周予同对此作出回应:"以具有二千多年经学研究的国度,而整理经学史料的责任竟让给别国的学者,这在我们研究学术史的人,不能不刺骨地感到惭愧了。"[④]学者翁文灏也深有同感,他在《为何研究科学,如何研究科学》[⑤]一文中指出,中国人的材料和问题不快快地自己研究,却要指望外国人代劳,我们应该感觉"十二分的惭愧",自加"十二分的策励"。

许多人想在书本里找中国文化的优点,说它胜过西方文化,以为这样做才有面子。在李济看来,"若因此而甘心作一个破落户,不自振作,只引祖宗的成就以自豪,那真是不知人间有羞耻事了!"[⑥]因此,发扬本国文化是应该的,不过世界文化并无区域性,尤其是科学文化,全体人类文化只有一体,各个民族文化是人类文化的若干面,而文化的中心点是常常变动的!真正文化的区别不在地域而在时代,但时代的进展,没有科学的,总要变成科学化的。

中国科学界元老叶企孙也持同样观点,其在《国立清华大学校刊》上

---

① 李济.李济文集[M].上海:上海人民出版社,2006:21.
② 桑兵.晚清民国的国学研究[M].北京:北京师范大学出版社,2014:189.
③ 陈壁生.经学的瓦解(导言)[M].上海:华东师范大学出版社,2014:1.
④ 朱维铮.周予同经学史论著选集(增订本)[M].上海:上海人民出版社,1996:96.
⑤ 张忠栋,李光炽,林正弘.科学精神与科学方法(现代中国自由主义资料选编5)[M].台北:唐山出版社,2001:100.
⑥ 李济.李济文集(卷5)[M].上海:上海人民出版社,2006:257.
在先前致弟子张光直的信中,李济曾对中国民族的破落户习惯作过阐述。他说:"我们这一民族,现在是既贫且愚,而又染了一种不可救药的破落户的习惯,成天地在那里排(摆)架子,谈文化……"见李卉,陈星灿.传薪有斯人:李济、凌纯声、高去寻、夏鼐与张光直通信集[M].上海:三联书店,2005:3.

发表《中国科学界之过去、现在及将来》一文,指出:"有人怀疑中华民族不适应研究科学,我觉得这些论调都没有根据,中国在最近期内方明白研究科学的重要,我们还没有经过长期的试验,还不能说我们缺少研究科学的能力。惟有希望大家共同努力去做科学研究,五十年后再下断语。"①

正如学者刘青峰所言:"中华民族不是一个没有科学的民族,中国人是热爱科学的。否则我们就不理解当世界处于神学笼罩的黑暗时代,许多伟大的发明为什么会在中国出现。"②

"所谓科学工作,并不是零零碎碎的机械发明,而是推动这些发明的动力,即科学问题之研究"③。照西方人的观察,以中国人的体力及人生观,绝对不能在野外做科学研究工作。而李济则相信,经过适当的发展,中国人即可对现代的科学工作作出若干贡献,进而在数理逻辑等科学研究方面赶上西方。比如,地质调查所的地质学与生物学、协和医学院的体质人类学,以及"中央"研究院史语所的考古学等研究成绩已经证明,中华民族有科学研究的能力和禀赋,若中国人下决心贡献于科学的研究,中国的科学研究在将来一定可以得到很大发展,完全可以与西方国家媲美。

第三节 以身作则推进科学

"假如一个网球掉在一大片深草堆里去,而你又不知球掉入哪个方向,你要怎样找球?"这是李济在台大上课时常常提起的问题,李济的回答是:在草坪上,画上一条一条的平行直线,沿线一条一条地走过,低头仔细看,走完整个草坪,一定会找到这个小球。这就是李济先生关于"草坪寻球"的比喻,他认为"做学问要用'笨'而可靠的正确方法,差之毫厘、谬以千里,朱熹夫子的'宁拙勿巧,宁浅勿深',正是这个道理"④,这种不取巧的"笨干"精神,指示了学术研究与处事治事的基本原则:"按照最笨最累

---

① 叶铭汉,戴念祖,李艳平.叶企孙文存[M].北京:首都师范大学出版社,2013:199.
② 刘青峰.让科学的光芒照亮自己——近代科学为什么没有在中国产生[M].成都:四川人民出版社,1984:173.
③ 李济.李济文集(卷5)[M].上海:上海人民出版社,2006:23.
④ 李霖灿.济老四忆:为李济先生百年诞辰而作[J].故宫文物月刊,1995(149):9.

的方法,却是最有把握找到问题的症结所在。"①

先生认为:"真会找球的人,不是找答案,而是找问题,让问题牵出问题。"②在清华大学国学研究院担任李济助教的王庸也持相近的科学精神,他认为"找一枚失掉的针,就得在地上画了方格,一格一格地找"③。后来,李霖灿先生便用了这种"笨"方法,不存成见,按部就班,一格一格依方位去数,果然在人马行旅夹叶树下发现了《溪山行旅图》上原作者范宽的签名,决千里之大疑,从而成为中国艺术史的一段佳话。"想必济老也未曾料到,他所传授的科学方法,竟在艺术鉴赏中立下了大功。"④正是受了李济科学方法的影响,李霖灿"不再艺术家式的凌空翱翔,却一老本等的用德国人找网球的'笨'办法,在古画鉴赏和研究的岗位上孜孜耕耘,也有了一点点差强人意的新收获"⑤。而许倬云先生读书做事均受先生的影响,"一步一脚印,宁可多费些气力与时间,不敢天马行空"⑥。

李济是一位严肃的科学工作者,"他对知识真理的坚定信仰,终其一生一直左右着他的行为与态度"⑦。"他严守科学的准则,有时使人觉得他实在'太过科学'了"⑧。1961年,他因糖尿病致右目血管破裂失明而入院,医生交代他要好好遵守食物的分量,每天吃多少肉、多少饭、多少蔬菜等,先生在家中饮食起居绝对按照医生的规定办理,饭菜比例事前经天平称过。外出赴宴时,他竟把天秤带到宴会里,吃什么东西都先称一下,被

---

① 许倬云.心路历程[M].厦门:厦门大学出版社,2015:183.学者桑兵也深有同感,在他看来,"学问始终是令人遗憾的事业,尤其是史学,必须绝顶聪明的人下笨功夫……"见桑兵.学术江湖:晚晴民国的学人与学风(绪论)[M].桂林:广西师范大学出版社,2017:1.
② 许倬云.心路历程[M].厦门:厦门大学出版社,2015:190.
③ 清华大学国学研究院,赵中亚.王庸文存[M].南京:江苏人民出版社,2013:429.
④ 李霖灿.西湖雪山故人情——艺坛师友录[M].杭州:浙江大学出版社,2011:144.
⑤ 李霖灿.西湖雪山故人情——艺坛师友录[M].杭州:浙江大学出版社,2011:145.
⑥ 魏邦良.传奇不远:一代真才一世师[M].太原:北岳文艺出版社,2023:145.
⑦ 李子宁.挖出中国上古史(续三)[J].中原文献,1987(03):6-11.
⑧ 李亦园.学苑英华:人类学的视野[M].上海:上海文艺出版社,1996:403.

医生称为"所见病人中最能合作的"①。结果,李济最终克服了这极可能致命之病,而继续生活了二十年。同样,丁文江"对科学知识的真诚信仰与实践,因形成其刻板而科学化的生活习惯……他的生活最有规律,睡眠必须八小时,起居饮食最讲究卫生,在外面饭馆里吃饭必须用开水洗杯筷;他不喝酒,常用酒来洗筷子;夏天家中吃无外皮的水果,必须先在滚水里浸二十秒钟"②。

在具体学术研究中,李济采用宏观研究与微观分析相结合的现代科学方法。其中,宏观研究主要是人类学的方法,除了在知识论上必须具备必要社会科学知识外,他还具备人类史的关怀与视野,跳出狭隘的地方主义限制,透过民族与文化的多样性认识到人类历史的整体性。而微观分析是充分利用表列、公式、指数、曲线图或照片等科学分析方法,清楚说明历史现象或结果,以达到史料科学化的结果。比如,在研究中华民族形成问题时,他用相对指数和绝对指数这两个公式来计算每省筑城活动的强度,并详细列出18省的面积、省龄、筑城状况,包括总城数、弃城数、弃城数在总城数中所占比例等;利用史籍城址资料,以图表、公式量化资料,将《二十四史》的人口数据加以量化表列,从古代的人口统计数字看汉人南迁的史实,与外族入主中原的历史事件相互印证;制作10姓氏不同时期的分布表、姓氏来源文献记录一览表和怪姓在18省的分布表等,研究姓氏源流问题。又如,在体质研究中,他详列每个人的省份、性别、年龄、面长宽、鼻长、鼻宽、鼻长宽等指数。再如,器物研究方面,他详列62件古玉的比重与硬度表、小屯石刀各型代表标本之指数、刃形、作法与用痕详表及制造方法分类表、殷墟陶器七种之化学成分、铜镞形态的演变、句兵形态发展等多种表列。

李济坚持"为知识而知识"的严肃态度,其心中的科学知识只是比较

---

① 李卉,陈星灿.传薪有斯人:李济、凌纯声、高去寻、夏鼐与张光直通信集[M].上海:三联书店,2005:38.
② 刘纪曜.五四时代的科学与科学主义[A]//张玉法.中国现代史论集(第六辑:五四运动)[M].台北:联经出版公司,1981:95.

准确的知识。西阴村发掘结束后,先生用九辆大车组成的壮盛运输队,准备将陶片等采集品运回北平进行研究。途经正太铁路榆次站时,当检查人员发现全是破碎陶片时,认为先生花那么多钱运送这些"破砖乱瓦"不合常理,简直是荒唐、滑稽、疯癫之举。对于如此深重的货物,抬箱子的劳苦群众也对这些"值钱的宝贝"表示怀疑,直到听到一位自命不凡的站员出来解释后,这批"宝贝"才被最终放行。这位站员对苦力们讲:"这些箱子所装的东西都是科学标本;运到北平后就要化验;化验后就可提炼值钱的东西出来。"①而先生对自己的判断充满信心,"他相信在这批别人看来毫不起眼的'破砖乱瓦'中必定含藏了丰富的'窖藏'以待'提炼'"②。"提炼"一词虽能体现考古研究的性质,但提炼的不是值钱的东西,而只是无法用金钱衡量的科学知识而已;提炼的手续更不是烧丹炼汞的法门,而是需要按照小心安排的计划,经过同仁们热烈的讨论,一步一步地慢慢搜寻、耐心排列、细致分析而得来的。

科学是一点一滴积累起来的;我们追求的一小点,对人类知识的累积,也就增添了一些力量。凡科学问题的解决,完全根据客观事实;而事实的收集是科学家的第一步工作,材料不够,又遇到大题目,往往会"流题"。"他(李济)的感想是'随现代科学原则,人群累积的知识,积到何时才能找到真理,这是个谜'。但一个人不论生命的短与长,应将所有的精力集中到一条路上,努力追求真理。"③在李济看来,假如为中华民族文化前途设想一种方案,真理的追求应该是最正确的目标。因此,"对真理的信仰,构成了李济一生的重心,也是他学术生涯中最热的原动力"④。而追求真理是一种集众工作,一件社会事业,必须能在"大众的感觉中激起共感,大众的理性中呼起同鸣"⑤。

---

① 李济.李济文集(卷3)[M].上海:上海人民出版社,2006:50.
② 李子宁.挖出中国上古史(上)[J].中原文献,1987(01):1-6.
③ 参见李济教授八十谈往[J].湖北文献,1974(32):90-91.
④ 李子宁.挖出中国上古史(续三)[J].中原文献,1987(03):6-11.
⑤ 李济.李济文集(卷5)[M].上海:上海人民出版社,2006:34.

李济的考古观念符合科学诉求。他认为,"科学的考古必须具备五项条件:一是必须有问题,二是必须有方法,三是记载必须精确,四是必须无成见,五是必须有耐心"①,而"中国的风雅传统有读书不求甚解的习惯"②,对许多问题没有紧紧追问,没有逼出有系统的答案。而在考古工作中,在李济看来,细心、详细、准确是最紧要的,学术性发掘所得的宝贵知识,才是最有实证性的准确知识。古代遗存具有不可复制、无可替代的特点,"许多重要的发现,常是很模糊而易坏,倘若由没有什么经验的人看去,与应用粗陋的工具,结果会把它抛到垃圾堆里去,并且由此是会永远地被埋没掉了"③;而考古发掘则是一个不可逆转的过程,具有发现和破坏的双重属性。比如,从1899年至1928年,私人发掘出土的甲骨达十万片左右。"这些非科学的发掘,旨在掏取甲骨,对甲骨埋藏的情况及周围的遗址全然不顾,所以,与甲骨同出的器物(除少数铜器、玉器外)往往全被毁掉了。这样的乱掘,使殷墟遗址遭到严重破坏,可以说是'所得者一,所损失千矣'。"④因此,田野考古工作者需要带着问题,有目的地去发掘。

---

① 史语所档案,元字第25号之六,转引自徐坚.暗流:1949年之前安阳之外的中国考古学传统[M].北京:科学出版社,2012:7.
② 李济.李济文集(卷5)[M].上海:上海人民出版社,2006:263.
③ 斐丹.世界古史的发掘[J].东方杂志,1931(18):78-81.
④ 中国社会科学院考古研究所.殷墟的发现与研究[M].北京:科学出版社,1994:6-7.

"若鲁莽从事,一定毁残了固有的材料,不如不动,将来还有发掘的机会"①"若是那发掘的人有相当的训练并且细心,他就可以在那遗物丰富的区域,找出各层包含的个性来"②。正如张光直所言,"我很赞成一些业余人士将考古学作为一种智力的追求,我反对的是那些没有受过任何训练或者没有任何提取和解释历史文化信息的经验的人,仅仅为了自己对古代文明的兴趣,就可以随便在哪个古代遗址乱挖一气"③。

弟子张光直认为,"从新石器时代早期到晚期到殷商文化,是一个黄河流域土生的文化的传统的演变与进步。把仰韶和龙山当作两个'文化',再在两个文化以外去找殷商文化的来源,似乎是不需要了"④,殷商

---

①李济.李济文集(卷1)[M].上海:上海人民出版社,2006:324.
李济的学生夏鼐也有相同的看法,他认为:"发掘之时,由于观察之不精,记录之忽略,及保存方法之欠佳,其结果常至毁灭宝贵之史迹,常超过其所得者。故从事发掘者,不可不慎,务须设法多获经验,庶几减少错误。余意吾国今日宜多作调查考察之工作,同时在比较不重要之遗址上作小规模之发掘;俟发掘之技术及经验相当成熟之后,再行从事大规模之发掘。"因此,在明定陵的发掘问题上,夏鼐认为,目前的考古工作技术水平难以承担这样大规模的发掘工作,文物的保存、复原方面的技术也不过关,因此反对发掘。但由于吴晗的坚持,最终获国务院批准。经过这次试掘,他进一步感觉到发掘帝陵的条件不成熟,致使一些珍贵随葬品无法妥善保存,这更加强了其"帝陵不宜过早发掘"的观点,并最终使国务院于1961年发布"不准随意发掘帝王陵墓"的通知。又如,1979年4月,参观临潼秦俑坑发掘现场时,夏鼐发现工作人员经常不在发掘工地,没有现场做记录,照相、绘图都看不见人,修复工作更是糟糕。夏先生惊呼"这是一场全面破坏的挖宝工作",在叮嘱后生改正的同时,对在场的省委书记章泽同志提出意见,并当场开专题会议,回京后便写了关于文物保护的紧急呼吁,借此将文物保护工作推向了法治道路。见夏鼐.夏鼐文集(第一册)[M].北京:社会科学文献出版社,2017:44.王仲殊.夏鼐先生传略[J].考古学报,1985(04):407-415.夏鼐.夏鼐日记(卷八)[M].上海:华东师范大学出版社,2011:288,290.胡文怡.认识夏鼐:以《夏鼐日记》为中心[M].上海:上海古籍出版社,2016:109.
坚持同样观点的还有现代考古学家李伯谦先生,他认为:"一切以解决考古上的学术问题为准,能不发掘就不发掘;能以地面调查代替发掘的,就只作地面调查;能以最小的发掘面积获取最多、最重要的信息解决问题,就尽量控制发掘面积,应当是现在考古工作者尤其是考古领队必须面对、必须坚守的原则。"见李伯谦.感悟考古(导言)[M].上海:上海古籍出版社,2015:44.。
②李济.李济文集(卷2)[M].上海:上海人民出版社,2006:9.
③张光直.考古学:关于其若干基本概念和理论的再思考[M].北京:三联书店,2013:106.
④张光直.中国考古学论文集[C].上海:三联书店,1999:60.

文化只是华北新石器时代文化演进的自然结果,是一种城市革命的结果,但他把革命的来源推到"大文化的传统"这一概念,就自认为解释了一切,这在李济看来"太笼统"了。李济认为,解决殷商文化的来源问题,应该"在曲阜、临淄、泰山附近以及没遭冲刷掩(淹)没过的黄河附近区域,勤加搜寻,谨慎发掘"①,而不能专集中追寻龙山化的文化。他对张光直"因为迁就综合贯串的大前提而把应该详细分析的部分从略"②颇有微词;而凭印象所得的推论不会十分准确,"丝毫不可有一点含糊之处;必须有相当的忍耐性,方可免去许多错误"③。因此,"在发掘时,应特别注意后代遗物之混入,若于下层发现时代较晚之遗物,应多方探求其来源,务使明白而后止,万不可有一时之疏忽"④。而"发掘前的计划,与发掘时的摄影、测绘、记录,发掘后的处置等等,均须精细周到,而不可丝毫疏忽"⑤。同时,在器物研究中,李济认为,"据器物上的痕迹推断原作方法,需要全面的观察及多方的比较,方能发现一点真相;绝不是一个简单的推断公式所能解决的"⑥。

比如,发掘西阴村遗址时,他坚持对小范围区域做"彻底的"工作,目的在于"最详细的研究",故用小面积"披葱式"进行挖掘。在室内整理过程中,他比较注意"各种类在各分层的分配",把比较建立在量化基础之上,将西阴陶器与中亚及近东的出品进行比较,发现它们均比得上仰韶,而与甘肃仰韶期的出品相比,西阴村的陶器又细致得多。

又如,发掘城子崖遗址时,李济负责的是纵1和纵2坑。当手下民工刨去表土层,依稀可见灰土时,前来视察的李济便叫民工暂停,"他(李济)

---

① 李卉,陈星灿.传薪有斯人:李济、凌纯声、高去寻、夏鼐与张光直通信集[M].上海:三联书店,2005:32.
② 李卉,陈星灿.传薪有斯人:李济、凌纯声、高去寻、夏鼐与张光直通信集[M].上海:三联书店,2005:38.
③ 李济.李济文集(卷5)[M].上海:上海人民出版社,2006:9.
④ 张永康.中国考古学概述[J].湖南大学季刊,1935(01):52-61.
⑤ 郑师许.通俗考古学丛书编辑计画[J].考古社刊,1934(01):17-28.
⑥ 李济.李济文集(卷3)[M].上海:上海人民出版社,2006:175.

自己则脱去长衫,跃入坑中,用手指仔细地在土中捏摸起来。他用一把小铲子轻轻地拨开坑里的灰土,细心地寻找着一点细碎的瓦片,仔细观察土层色泽的细微变化,并不时地把这一切记录在本子上,干得专注而认真"[1]。同时,考古队发现了一处石器时代的城垣,所用材料既非砖又非石,而是用所谓"版筑"筑成,这为解释安阳发掘中遇到的问题提供了一些全新观念。通过观察城子崖遗址周围一圈已坍塌的、用夯土建的墙,工作人员回忆起在前三次安阳殷墟发掘中出现过与此惊人相似的现象,最终辨识出"夯土"这一建筑遗存,纠正了将这种地层堆积当作洪水沉淀层的旧解释。山东田野工作的新经验使李济开始设想,用肩胛骨占卜的范围应该不限于华北的史前时期,骨卜的存在说明了殷商与华北史前文化之间的关系,龙山文化有可能是商文明的前身。

再如,发掘殷墟时,要不是终日守着发掘的进行,辛勤地记录,有字甲骨层中出现的一片仰韶式彩陶片,很可能就被忽略了。发掘团所记录的小屯出土陶片将近25万块,但始终没得再见到第二片仰韶式彩陶。若没有这一发现,考古队只能默默忍受没有比较材料的烦闷与痛苦,也就没法比较仰韶文化与殷商文化,并讨论二者之间的相对年代了。

而花土剥剔工作则更需要"绣花"的功夫,一天也不过做一米或一米见方。仪仗的花土被打在夯土中,夹在夯土的上下层之间,仪仗原是木质,但随着岁月的流逝,木质已经腐朽,只在夯土上留下很细的花纹痕迹。"一铲子不小心下去,也许会毁坏仪仗的一部,所以剔这种东西一刻也不能大意"[2]。挖的时候,用力大了,穿过两层夯土,必定会有伤花土;而用力小了,初开始挖不动花土,再往下挖会弄破花土,因此,用力一定要恰到好处。时间久了,工人们便有了相关工作经验。铲子向下走的时候一旦觉得阻力减少,这时立刻停铲即到了花土的位置,向上一翘,上面的一层掀起了,露出地下清晰的花土,用打自行车的气筒向上一吹,更为清楚,或用口吹也可以,坐在或蹲在未拨的部分,向后退着拨。为了防止下面的红

---

[1] 石舒波,于桂军.圣地之光:城子崖遗址发掘记[M].济南:山东友谊出版社,2000:67.
[2] 石璋如.殷墟发掘员工传[M].台北:"中央"研究院历史语言研究所,2017:14.

漆皮脱落,工人们拨好后便立即盖上棉花,再加一层桑皮纸,最后"淋"点湿土,便能保持湿度。

  由于受过自然科学和史学的训练,又长期从事田野发掘工作,李济对博物馆的创建和发展十分热心,并尽了最大努力。蔡元培、傅斯年、李济等几位教育界人士认为,"要提倡科学,促进学术研究,和发扬固有文化,在一个现代国家里,必须在中央有博物院和图书馆……"①自殷墟发掘伊始,李济就与董作宾等人相约:搞田野考古和保管古物的人,自己绝不收藏古董,一切发掘物全部归国家所有,这使博物馆建设设想更加明确。于是,在蔡元培先生推动下,"中央"博物院的建设工作逐步推进。筹备处主任最先由傅斯年兼任,李济为人文馆筹备主任,其最重要的宗旨,即"在以我国先民之遗泽成为史实者,循序陈列,并与他民族各阶段之文化遗迹互相比较,使民众得悉中华民族与中华文化递演之迹,并以促进民族之自觉心"②。1934年,继任"中央"博物院筹备处主任后,李济强调,"中央"博物院不能单纯地定位于典藏机构,而必须兼为学术和研究的中心,并且开始在"中央"博物院布局自身独特的研究传统。抗战期间,"中央"博物院筹备处西迁昆明、李庄,做了西南民族调查、西北长城一带考古发掘、川康手工艺调查等许多有开创性的事业。抗战结束后,先生参加驻日代表团,调查并收回中日战争期间被劫走的文物,回国后便辞去筹备处主任职务,专心于殷墟的室内整理研究工作。

  同时,李济还致力于博物馆科学知识的广泛传播。1931年2月,李济和董作宾在南京成贤街自然历史博物馆举办了河南安阳和山东城子崖的出土展览,这是第一次现代科学发掘的历史文物展览,"李济和董作宾为此专门写作《考古工作概况及物品展览》"③。1935年2月,"国立中央"研究院与河南省政府合组的河南古迹研究会,在开封举行第二次出土文物展览活动,一是由参观古物的感发,恢复民族精神民族地位;二是展示

---

① 谭旦冏."中央"博物院廿五年之经过[M].台北:中华丛书编审委员会,1960:3.
② 谭旦冏."中央"博物院廿五年之经过[M].台北:中华丛书编审委员会,1960:23.
③ 徐坚.名山:作为思想史的早期中国博物馆史[M].北京:科学出版社,2016:117.

建筑锄头考古学的真实资料;三是展示古迹研究会的工作真象,树立科学的学术风气;四是促进社会对古物之重视与保存,间接影响于盗掘盗卖者心理的矫正。1941年6月9日,在"中央"研究院成立十三周年之际,史语所在板栗坳举办展览会,在戏楼院展览殷墟甲骨,在办公室展览殷墟人头骨,李济就科学考古工作开展学术演讲,"着重就安阳殷墟的发掘情形作了叙述,并解释此前乡民们看到的人头骨和甲骨等都是来自安阳小屯等地的发掘品,并不是研究院'吃人'后剩下的人骨"①。1943年,"中央"博物院在李庄举行了为期一日的石器展览,藉以宣传人类文化,观众8000人之多。李济专门为此写作《远古石器浅说》②一文,宣传在从猿到人的演变过程中工具所发挥的重要作用,对进化论学说作了深入浅出的普及讲解,使学生和民众对博物馆的意义获得进一步认识。同年,李济还协助曾昭燏修改了《博物馆》一书,书中贯穿了李济关于博物馆工作的许多重要见解,如博物馆的最大目的是辅助教育,而博物馆教育的主要手段是陈列,"陈列须为大众着想……而当用各种方法……以引起一般人之兴趣,而增加其知识"③。在学者徐坚看来,这本《博物馆》奠定了"理解早期中国博物馆史的基本格局"④。1944年,组织了贵州苗衣饰展览、川康民族宗教画展览、汉代车制展览等活动。1948年,为庆祝人文馆落成,"中央"博物院与故宫博物院举行了一次联合展览。

李济在罗致博物馆人才方面也花费不少心思,如赴欧讲学之际,他亲自邀请吴金鼎、曾昭燏、夏鼐等到"中央"博物院筹备处工作。抗战期间,在物资极端匮乏的条件下,"中央"博物院、史语所和中国营造学社建立互助合作关系,不但在研究项目、实地考察、图书设备等方面互相帮助,还在

---

① 岳南著.那时的先生:中国文化的根在李庄(1940—1946)[M].长沙:湖南文艺出版社,2016:116.
② 为了写好这篇科普文章,李济写成初稿后,分发给各研究人员,要求签注意见,欢迎指正删改。结果同仁们直言不讳,提出大量修改意见。李济博采众长,将此文变成传诵一时的名作。见李霖灿."中央博物院"的悲剧——记博物院事业中一项理想的真精神[A]//[加]李在中.朵云封事[M].北京:北京出版社,2018:5.
③ 李学勤.考古学、博物馆学(20世纪中国学术大典)[M].福州:福建教育出版社,2007:6.
④ 徐坚.名山:作为思想史的早期中国博物馆史(绪论)[M].北京:科学出版社,2016:2.

人员经费上互相支援,真正做到患难与共,李济在合作过程中起到重要的中介作用。总之,"李济以博物馆作为展示考古学知识和历史知识的基地,为中国博物馆发展作出了重要的贡献"①。

李济先生治学严谨,"受过高度训练的(而且是天生的)逻辑思维使他不会随便谈什么结论"②。每一篇著作都是铁的事实,一件古物出土,假如没有文字记载,他就会引经据典找出答案。他不喜欢太早做原则性的归纳,认为不能在资料未齐全前先作断语,说没有证据的话是不科学的。每一论点必有出处,常因某一疑问而找不出根据,停笔很久,俟觅得答案后才肯下定论。他坚持"孤证不立"的证据规则,尽可能多地搜集所有证据,认为"依据一块碎陶片来推测整个一件陶器的制作程序常常是危险的"③。

此外,许多外国学者提出中国文化西来说,如认为青铜由西伯利亚传入,彩陶来自中亚,甚至黑陶也是外来的,但李济认为,"在发掘未普遍、证据未齐全时,骤下结论"是不科学的,"决不能因为没见着就断定没有""在我们的材料尚没有收集齐全以前,似乎尚不能武断""如果工作已经做得够、做得好,可以证明某种突起的文化是外来的;要是工作不够,应该继续多做,才可再下结论"④。所谓"黑陶文化原始于彩陶文化"似乎可以说证据相当齐备,黑陶文化必定原始于彩陶文化似乎可成定案。但是先生详细考察这些证据后认为,两种陶器各有地方的差异及时代的演变,可确定的只有黑陶文化晚于彩陶文化,这显然不能与两文化的来源混为一谈。黑陶文化原始于彩陶文化的证据,很少经得起考验或复校。这一问题只能姑作阙疑,以待后证。因此,在得出科学准确的满意答案之前,采取"不武断、不过于自信"的态度,至少是稳妥而有益的。⑤

在具体研究中,李济将史料科学化,利用表列、计算公式、指数、曲线图等客观科学分析方法,更清楚说明某些历史现象或结果。在体质研究

---

① 徐玲.博物馆与近代中国公共文化(1840—1949)[M].北京:科学出版社,2015:61.
② 李光谟.李济与友人通信选辑[J].中国文化,1997(15—16):366-387.
③ 李济.李济文集(卷3)[M].上海:上海人民出版社,2006:19.
④ 李济.李济文集(卷5)[M].上海:上海人民出版社,2006:28.
⑤ 李济.中国文明的开始[M].南京:江苏教育出版社,2005:60.

中,先生将111名中国人每人一个编号,详列个人的省份、性别、年龄、面宽、形态面高、面长宽指数、鼻长、鼻宽、鼻长宽指数等。同时,李济与其他学者的测量数据进行分析比较,详列各省及各时期筑城数目表、百分比表。在研究姓氏源流时,先生制作了张、陈、朱、胡、郭、李、刘、王、吴、杨10姓氏不同时期的分布表,姓氏来源文献记录一览表,少见之姓在18省的分布表等。器物研究方面,则制作石刀使用痕迹及制造方法分类表、陶器化学成分分析表,边刃器、双刃器、全刃器分型分式表,铜镞形态的演变、句兵的形态发展等多种表列。

  总之,李济不断学习西方先进学科,探索科学精神,求取科学方法,逐渐形成理性思维与现代学术视野。在他看来,研究中国问题,一是宜从社会实在情形着手;二是须自己去做;三是所解决的问题,无论大小,在科学家眼中一律视为平等。[①]"我生也有涯,而知也无涯",鉴于对知识的功利化价值追求,通过各种形式在社会成员身上体现,他特别强调做学问的目的只是追求知识本身,认为我们追求的一小点,对人类知识的累积,也增添了一些力量。他追求真理半世纪,始终相信,经过适当的发展,中国人即可对现代的科学工作作出若干贡献,进而在数理逻辑等科学研究方面赶上西方。

---

① 王文俊.南开大学校史资料选(1919—1949)[M].天津:南开大学出版社,1989:844.

第六章 追求走出书斋的学问：
李济的治学特色

李济是中国近代文化史上的学术大师，其治学具有极其鲜明的个性，其学术主脉和毕生追求是精神独立和学术自由。在学术研究中，他谨守科学原则，坚持客观超然的研究立场，兼收并蓄、客观包容，深具现代学人的风范。因此，在好友徐志摩眼里，他"刚毅木讷，强力努行，凡学者所需之品德，兄皆有之"①。他追求走出书斋的学问，无论是考古发掘、人类学调查，也无论是作报告还是写专书，都是自己动手动脚找材料，实现从"坐而言"的书斋考证向"起而行"的田野工作转换。

第一节 李济谈治学

一、兼收包容的视野

在李济看来，治学就是研究学问，深入细致地探求事物的本质和根源。他提出以严谨的治学态度、科学化的数据为基础，研究中国古史。他主持的殷墟发掘为商代找出丰富的实物史料，为传统的文字史籍增添了不少新资料。

"以整个人类的观点来看人类，才是最根本的问题，这是人类学家最重要的立场。"②李济认为，我们应当以人类全部文化为目标，从利用自己的语言、思想习惯研究自己的文化做起，不把自己的文化放在一个固定的

---

①李光谟.李济与友人通信选辑[J].中国文化，1997(15-16):366-387.
②李亦园.从大视野看全人类[A]//李怀宇.知识人：台湾文化十六家[M].桂林：漓江出版社，2012:74.

位置,而不故意抬高或压低自己的文化。"由于全人类是他(李济)研究的背景,他研究中国历史时,可以真正做到不偏不倚,诚实地追寻古史的最可能接近真相的面目,不受偏见的蔽囿"①。他认为,史学家只有摆脱"欧洲中心观"和"中国中心本位"等偏见,才能回归史实,呈现民族文化多元并存与互补的历史图景。其中,"欧洲中心主义的历史结果就是抹除非欧洲的其他地区、人民,在数世纪的互动过程中,对欧洲发展所发生的作用,而且,还相反地在他人的历史和欧洲史之间,画出了遥远的距离"②。而在"中国中心本位"方面,中国古代就有"内其国而外诸夏,内诸夏而外夷狄"的华夷观念,阻碍了中国的民族往来和文化交流。

李济致力于在世界背景下观察和思考中国,以宽广的格局将中国历史与全人类历史连缀起来,把中国文化起源问题放在世界历史文化的脉络中进行研究;以文明的尺度考察中国,用跨文明比较的视野考察文明,以科学的方法追根溯源。他既承认中国本土文化要素的存在,强调中国早期文化在世界文化中的地位,又关注外来文化要素,注重中西文化交流。一方面,中华民族历史文化立足本土。其中,青铜文化整体来说显示了地道的本地特性。武器中的戈和弯头大刀无疑也是土生土长的作品;鼎、甗、斝、罍、壶、簋、觯和卣等青铜器明显为中国本地器物③。在铸造技术上,商代工匠用块范法铸造青铜礼器,这迥异于西亚、欧洲以锻造和失蜡法铸造铜器的传统。另一方面,中华民族历史文化又吸收外来。青铜器中带插口的斧和矛、陶器中的喇叭形罐和圆底罐、石器中的丁字形斧和凿等,这些器物身上明显具有文化移植的痕迹④。安阳出土的作刺兵用的矛,"不论在外形或是从细部上看,都跟爱尔兰青铜时代第三纪的制品

---

① 许倬云.寻真理的李济之先生[A]//李光谟.李济与清华[M].北京:清华大学出版社,1994:179.
② 德克力.中国历史与东方主义的问题[A]//[德]魏格林,施耐德.中国史学史研讨会:从比较观点出发论文集[C].台北:稻乡出版社,1999:138.
③ 李济.李济文集(卷2)[M].上海:上海人民出版社,2006:433.
④ 李济.李济文集(卷4)[M].上海:上海人民出版社,2006:507.

有异常相似之处""马拉战车是由于中国跟西方接触才传播进来"①。銎銵或斧等几乎不能在中国找到祖型,而与西方文化存在相似之处,这很可能是与外界交往的结果。

比如,在《再谈中国上古史的重建问题》②一文中,李济即提出重建中国古史需要七种材料:①研究人类的原始,要利用人体解剖学、生物学、地理、气候、动植物等学科资料,才能了解远古的自然环境。②其他的科学资料,如地质学、气象学、古生物学的成果。③利用史前考古学分析人类文化的遗迹。④用体质人类学研析遗骸,研究人种问题,追寻民族历史。人种学是一门研究人类各人种的起源、演变、分布和体质特征,以及遗传机制与自然、生活条件间相互关系的学科。⑤狭义的考古学资料,大约是青铜时代及其以后的历史。⑥民族学材料,描写现存原始民族的风俗习惯,恢复古代民族的原貌。民族学是研究民族及其文化的发生、发展、分化、融合,各族人民的生活方式、文化起源及变迁的规律。它注重田野调查,利用各种资料及相关学科研究成果。他有两大分支:一是比较民族学,探求各民族及其文化的共同发展和规律;二是民族志,注重民族行为及其文化描述、比较。⑦历史遗留下来的先秦记录,如经学、史学等,但研究者要辨别、评定,才可用作史料。他认为应该把经学当作一种专业研究及传习,倡议恢复汉代为经学设博士弟子的优美传统,大学里为经学讲习设专门讲座,把研习经学与数学、物理同样对待,但必须把经学的研究安置在纯学术基础上,如此不但经学可以发扬,治中国上古史的人也可受惠不浅。

人类学探究人种体质及文化,它有体质人类学和文化人类学两大分支,前者有古人类学、人种学、人体测量学,后者包括考古人类学、语言人类学、民族志、民族学等。人类学的显著特点是研究范围广泛、涉及世界不同地域和时期,整体地对人类进行研究,强调实证、田野工作、参与观

---

①李济.李济文集(卷5)[M].上海:上海人民出版社,2006:113.
②李济.考古琐谈[M].武汉:湖北教育出版社,1998:153-168.

察、泛文化比较,主张从实践中总结归纳规律等。① 因此,李济糅合经学、史学、外国科学,利用人类学、民族学及考古学重建中国古史,兼收并蓄、客观包容,深具现代学人的风范。例如,在探索族群迁徙时,李济引用《二十四史》;追溯南方族群则引用《战国策》《史记》《后汉书》等资料。在解释蒙古人的体质时,他引用卡里登、孔恩的理论;比较南方人与北方人的鼻形指数,则举出许文生与史禄国的研究成果;他讲人种学时,提到莫当特教授;而介绍文化人类学的三个派别即进化学派、历史学派与功能学派时,也采纳了许多外国学者的见解。可见,李济糅合经学、史学、外国科学,这种开阔包容的学术视野,可能受到人类学、民族学泛文化比较方法的影响。

二、客观严谨的态度

李济认为,一个学术研究者应具有以下治学态度:研究的题目是全新的,或是前人未完成的尚未解决的问题;所用的资料必须是自己搜集的或实验得来的,具有绝对的可靠性,资料品质可以经得起复查,并且与所研究的题目有直接关系;所得的推论或判断都有可靠的资料作证据;推断的范围,没有超越证据的性质。

对于治学路向,他列明三个重点:一是学术本身只是一项职业,它的任务是了解自然界及人本身的现象;知识是累积的,每一位工作者加一点,积久了就构成学术的基础。二是知识的追求是一种纯理性运用的收获,从事这一工作的人们都能了解,现代知识的取得大半是学术工作的结晶,这与艺术的创造不大相同。三是要推进现代学术工作,有三件事是不可缺少的:必须有研究机关;定期刊物;专门学会。

同时,他认为治学方法有三个必要步骤:一是选择一个要研究的范围,在这一范围内必须熟悉前辈学者已完成的工作及理论;同时并应该认清他们的理论是否符合有关科学发现的新事实。若有未解决的旧问题或

---

①陈国强,石奕龙.简明文化人类学词典[M].杭州:浙江人民出版社,1990:13.

发现的新问题,应该有勇气把这些问题把握在手,想法子去解决。二是假若新的问题需要新的工具方能解决,必须想法子学会这些工具或与能运用这些工具的人们合作,共同解决这一问题。三是坚持证据规则:解决问题要依证据——所用的资料必须具有百分之百的可靠性,不允许打丝毫折扣。

"考古学者就是一个心地严正的人,他要把关于古人的神话传说来打折,因为他的目的就在发现我们祖先的真面目,与我们到达现在的文明,曾经过什么步骤。"①作为考古学家的他治学严谨,认为"把设想认成事实"与"用传闻淆乱真实"②,这两种态度是科学研究的大障碍。因此,他不喜欢太早做原则性的归纳研究或思辨性的理论构建,"必须等到对于每一实物、每一现象的各方面都有一个说法,才发表报告"③。比如,我们要探究某一青铜器形制的来源,"必须先把与这些铜器同时的,以及比它更早的同一类型的其他质料做的容器研究一番"④。

同时,"我们不能在资料未齐全前先作断语"⑤,说没有证据的话是不科学的。因此,他坚信"孤证不立"的证据规则,尽可能多地搜集证据,认为"依据一块碎陶片来推测整个一件陶器的制作程序常常是危险的"⑥。比如,他对罗振玉"只要是殷墟出土的东西就是殷商的"这一极稀松的推论不敢苟同,同时对依着罗先生权威的一班懒学生"不出门就可考古,不用眼睛就可研究材料"⑦的观念感到可笑。在李济看来,"确属殷商时代的器物"必须同时符合三个条件:"①殷商时代制造的;②殷商时代使用的;③殷商时代以前没见过的。"⑧因此,"实物的同层也许是偶然的;'并

---

① 斐丹.世界古史的发掘[J].东方杂志,1931(18):78-81.
② 李济.李济文集(卷5)[M].上海:上海人民出版社,2006:261.
③ 李济.李济文集(卷1)[M].上海:上海人民出版社,2006:341.
④ 李济.李济文集(卷1)[M].上海:上海人民出版社,2006:431.
⑤ 林香葵.李济是考古人类学的宗师[J].湖北文献,1977(42):58-60.
⑥ 李济.李济文集(卷1)[M].上海:上海人民出版社,2006:19.
⑦ 李济.李济文集(卷2)[M].上海:上海人民出版社,2006:260.
⑧ 李济.李济文集(卷3)[M].上海:上海人民出版社,2006:344.

着'并不能算'同时'的证据"①。又如,安阳小屯发掘的三座俯身葬虽然发现在殷墟,而且也有铜器出土,但这些事实并不能证明它与殷商甲骨同时,因为"墓葬本身的时代只能算是这些器物所代表时代的最晚下限"②。

李济的贡献就在于,"他用比疑古派更加严谨的科学方法去替信古派寻找经验的基础"③。许多外国学者提出"中国文化西来"说,如认为青铜由西伯利亚传入,彩陶来自中亚,甚至黑陶也是外来的,但"找不到证据不等于没有证据"④,"在发掘未普遍、证据未齐全时,骤下结论"是不科学的,"决不能因为没见着就断定没有""在我们的材料尚没有收集齐全以前,似乎尚不能武断""如果工作已经做得够、做得好,可以证明某种突起的文化是外来的;要是工作不够,应该继续多做,才可再下结论"⑤,从以上看法,我们不难看出李济的审慎态度。比如,针对西来说,他特别强调中国文明的东方特征,并拿出文字、骨卜、养蚕、装饰艺术四项文化作为证据,它们均起源于华北地区,分别代表了早期中国人的宗教、经济和艺术生活,这样的科学实证工作有力支持了中国认同的历史情感。

李济认为,把材料留着让读者去猜是不对的,要把判断的证据充分地拿出来,不应采取"半保留的,半吞半吐的"作风⑥,"科学的历史完全建筑在证据上,这些证据可以陈列在博物馆内,供人参观"⑦。正如英国历史学家柯林武德所言:"真正的历史对纯属或然的,或者纯属可能的东西是不留余地的;它允许历史学家所肯定的一切,就只是它面前的证据所责成去肯定的东西。"⑧因此,李济认为"拿证据来"虽具有"廓清摧陷"的破坏

---

① 李济.李济文集(卷2)[M].上海:上海人民出版社,2006:218.
② 李济.李济文集(卷4)[M].上海:上海人民出版社,2006:114.
③ 张亚辉.历史与神圣性:历史人类学散论集[M].北京:世界图书出版公司,2010:147.
④ [德]安德烈·冈德·弗兰克,巴里·K.吉尔斯.世界体系:500年还是5000年(中文版序)[M].郝名玮,译.北京:社会科学文献出版社,2004:6.
⑤ 李济.李济文集(卷5)[M].上海:上海人民出版社,2006:28.
⑥ 李卉,陈星灿.传薪有斯人:李济、凌纯声、高去寻、夏鼐与张光直通信集[M].上海:三联书店,2005:32.
⑦ 李济.李济文集(卷1)[M].上海:上海人民出版社,2006:423.
⑧ [英]柯林武德.历史的观念[M].何兆武,张文杰,译.北京:商务印书馆,1997:289.

性，但对中国古史研究却带来较多批判精神，单纯的文字记载已不能成为历史的有效佐证了。同时，考古发掘赋予了"地下材料"这四个字一种全新的具体内涵；经过王国维、董作宾等专家的拼凑补缀，这些零碎残破的甲骨刻辞最终得以恢复原形，构成殷商史研究的整段证据。

张春树在回忆他史语所学习的日子时谈道："济之师看去严肃而不可近，然实为热心爱护后生，充满仁慈心的伟大学者，教学着重实学与方法，引导学生逐步推理而趋独立思考……回忆从李师受教，所得除专门学问与知识外，更有两点重大启示：一为认识学问之尊严性；一为了解个人治学时独立创造精神之重要性……'中央'研究院史语所能在那一环境下闭门自由研究而不受任何政治干扰，实皆我师之力。"①索予明在回忆其在抗战时期的"中央"博物院工作时说："他（李济）常将撰写好的文章让我们细读，找出错字，提出意见；意见不错的、改动了一个字或发现错字，便赏鸡蛋一枚，在那个营养不良的时代里，李济觉得那是很好的奖品。"②

从以上两段文字我们不难看出，李济"坚持理论与学理必须取决于证据与论证的过程，尤其论证过程必须严谨扎实"③。作为一名"不喜欢徒托空言，而宁愿实证研究"④的学者，他将学术工作重心始终放在具体遗迹、遗物的田野发掘以及器物本身的搜集、鉴定和分析上，"以发掘的资料为基础，再进而作比较及实验的研究"⑤。他坚持客观超然的研究立场，"直道而行，一丝不苟，是李济为人为学的一贯品质"⑥，不愧为治学严谨的学术楷模。

总之，李济先生一生宣扬科学，一心追求真理，愿为增进国人及世人

---

① 张春树.温旧业、念恩师、附论民国史学[A]//杜正胜,王汎森.新学术之路[M].台北:"中央"研究院历史语言研究所,1998:975-992.
② 索予明,口述;冯明珠,代笔.烽火漫天拼学术:记李庄时期的"中央"博物院[A]//蔡玫芬.八微毫念:"国立"故宫博物院八十年的点滴感想[M].台北:故宫博物院,2006:29.
③ 许倬云.心路历程[M].厦门:厦门大学出版社,2015:186.
④ 杜正胜.新史学与中国考古学的发展[J].文物季刊,1998(01):33-52.
⑤ 李济.李济文集(卷5)[M].上海:上海人民出版社,2006:146.
⑥ 岱峻.民国衣冠:风雨中研究院[M].北京:北京联合出版公司,2012:220.

对中国历史的正确认识,提高中国考古学工作水平及其世界地位。他在考古学天地里整整遨游50年,半个世纪的钻研、发掘,为开拓和建立中国的科学考古学筚路蓝缕,对殷墟发掘与殷商文化研究做出卓越贡献。他以研究学术为安身立命的毕生志愿,始终保持自由独立的学风,将全部精力用于研究殷墟甲骨、明清史料,学术研究与现实关怀不相关涉,"不食人间烟火",为外界人士所诟病。在政府严格控制学界、学术研究被政治阴影笼罩的紧张局势下,他以自己较高的学术地位和大无畏抗争精神,保证同仁不受政治干扰,体现一种无畏无惧和顶天立地的学术正气。

第二节 李济的治学特色

一、历史叙事中的实证与想象

历史本是一门充满人文关怀的人文学科,它记载着人类发展,沟通着过去、现在与未来。科学家不能应付有血肉、有灵魂的人类情感,而历史家不得不用想象的力量,"历史知识的产生永远有赖于历史研究者的主观。历史知识永远是对研究者而言,有意义的往事的'重整'"①。在英国历史学家柯林武德看来,"历史的思维是一种想象的活动,我们力图通过它来向这种内在的观念提供详细的内容"②。而在美国学者魏斐德看来,历史思维是一个双向过程:"一方面历史学家在头脑中重演往事,另一方面是移情性想象的描绘。"③因此,历史就像洞穴里的幽暗世界,历史学家应该根据科学的事实,运用巧妙的构思、生动的文笔书写精彩的历史题材,"客观方法与艺术想象,并存而相互为用"④。

历史学家与文学家的不同之处在于,前者的工作要力求真实,而后者

---

① 胡昌智.历史知识与社会变迁[M].台北:联经出版事业公司,1988:70.
② [英]柯林武德.历史的观念[M].何兆武,张文杰,译.北京:商务印书馆,1997:344.
③ [美]魏斐德.讲述中国历史(下)[M].梁禾,译.北京:人民出版社,2013:813.
④ 杜维运.变动世界中的史学[M].北京:北京大学出版社,2006:57.

只有一项单纯的任务,即构造一幅一贯的有意义的画面。那么,文学家完全凭想象写文章吗?答案是否定的,文学家所描写的是人类的灵魂和情绪,而这是人类历史最重要的一面。科学事实的发现是一种累积工作,文字资料是支离破碎,考古资料提供的画面也多是模糊的片段,并不完备,总有若干缺口;而历史事实同样也可以有许多可能的意义。这些空白、缺口、意义,就要看文学家的手段了,只有依靠"历史想象"的参与,才能从史料中发现有血有肉的历史,得出深入而巧妙的推论,进而发掘其背后的思想要素。"以一定程度的想象及合理推测,对事物的解释事实上提供了通往探讨诸如人们怎样认识自身和世界等话题的门径。"[1]比如,标榜"只求证、不言疏"的史料派盟主傅斯年,也并未实现"史料赋给者之外,一点不多说"的学术理想,其代表作《性命古训辩证》大量运用想象力,最明显的是,他在书中讲"天",便有很多推测之辞。甚至号称"有一分证据说一分话"的胡适,其代表作《说儒》也是靠想象力来填补证据的不足[2]。

李济对法国学者步日耶的先史学小人书《历史圈外》很是推崇,书中图景的资料均是极翔实的科学事实,没有一点虚构。此书用巧妙制作的三十一幅故事图画,生动描绘了人类五十万年前进的历史:如何与猛兽竞赛求生存;如何利用环境制作工具;如何互助改良生活方式;如何看待自己的灵魂;如何追逐大动物群;如何发展艺术……若干想象力的补充部分,也是由纯粹的科学结论推纳而出,而推论的根据都是最可靠的考古发掘事实。如第一景描述的是北京人用火的场景,男的首先用摩擦法擦木起火,妇人拿着一圈干草树叶引火。而周口店"北京人"化石地点曾发现火烧的木炭、灰烬,证明那时的人类已有控制火力的能力了。

"然想象之际,易滋错误,失之毫厘,差以千里,学者于此,宜慎之又

---

[1] [美]杜朴,文以诚.中国艺术与文化[M].张欣,译.北京:北京联合出版社,2014:23-24.

[2] 余英时.学术思想史的创建及流变——从胡适与傅斯年说起[A]//"中央"研究院历史语言研究所.学术史与方法学的省思:"中央"研究院历史语言研究所七十周年研讨会论文集[C].台北:"中央"研究院历史语言研究所,2000:12.

第六章 追求走出书斋的学问:李济的治学特色

慎"①,想象力"常常把似乎很小的分别,推演得格外显著;也可以把那好像很大的距离,轻轻地合拢"②。也就是说,历史想象应该是有节制的,不是超出证据验证之外的想象力。史学家要受一定规则的约束③:史家的画面必须在空间和时间中定位;一切历史都必须与它自己相一致;历史学家的图画必须有相关的证据加以证明。这些规则"约束史家不能随意想象,出圈出格,例如把那骨头当做蚂蚁的;同时也使得想象得以进行"④。若不对历史想象加以适当的控制,便可能会产生没有客观基础的错觉甚或偏见,"误认天上的浮云为天际的森林"⑤。因此,历史解释不是诗性趣味,"历史叙事的主观性必须被限制在一种具有客观约束的分析框架中"⑥,治史者要时刻保持高度的自制力,将想象限制在所发现的材料基础上,谨防将历史事实纳入假想的知识框架之中,避免"天马行空"。也就是说,我们不能因为个人好恶而对科学事实进行取舍,无论用什么样的文学手段写作历史,前提是发挥想象力不能违背客观存在的科学事实。比如,科学家用若干方法标定的时间程序,历史家就必须无条件接受。这是学术界应有的"自约精神",而这种"自约精神"在董作宾身上得到很好的体现。他不仅能够认识每件材料的科学价值,还认识到材料的可用范围;"他能作最大胆的假设;但很少让他的丰富的想象力把他领入歧途——作那些超乎这些材料性质以外的推论"⑦。因此,董作宾的殷历研究便成为让人信得过的古史研究。

历史学家的科学努力是去除武断、不公和偏见,"不是通过自身的去人格化,而是让自己的个性服从严谨的批判和谨慎的论证,从而保证研究

---

① 李悌君.关于中国古史问题及其研究法[J].励学,1936(06):21-34.
② 李济.李济文集.上海:上海人民出版社,2006:98.
③ [英]柯林武德.历史的观念[M].何兆武,张文杰,译.北京:商务印书馆,1997:343.
④ 李洪岩.史学文本与历史认识[A]//[德]魏格林,施耐德.中国史学史研讨会:从比较观点出发论文集[C].台北:稻乡出版社,1999:40.
⑤ 萧公权.问学谏往录[M].北京:中国人民大学出版社,2014:39.
⑥ 赵汀阳.惠此中国:作为一个神性概念的中国(引言)[M].北京:中信出版社,2016:3.
⑦ 李济.李济文集(卷5)[M].上海:上海人民出版社,2006:218.

的科学"①。那么,如何写出让人信服而富于建设性的历史呢？李济提出了三点建议②:一是史学家应该充分地采用自然科学研究的成果,比如,文字记录以前的人类历史时代的推断,"差不多完全是靠着地质学与古生物学的理论与观察"③。地质学家与古生物学家研究东亚的材料和成果,把这一区域发生的近1200万年的历史演变演化成了科学的描写。二是要防备不成熟的半吊子科学历史观,小心冒牌的科学和有计划的欺骗,拒绝用时髦的社会学理论解释中国上古史。尤其是借用科学的理论,发挥个人的偏见,是最应该引起史学家高度警觉的。三是中国历史是人类历史的一面,应该把它放在全人类历史背景上去研究,而不能囿于狭隘的中国范围,从地域研究中体现全球视野。事实上,这是李济多年来努力的目标,并且也不断进行自我尝试。

比如,他在论述殷墟文化的多元性时曾推想道:"要是我们能把上列的诸实物,每一件的移动的历史都弄清楚,我们对于殷商以前黄河流域与他处的交通,也可以明白好些;也就可以知道,小屯时代的殷民族,能采南国之金,制西方之矛,捕东海之鲸,游猎于大河南北,俨然为一方之雄,而从事于征伐、文字、礼乐诸事,全东亚没有敢与它抗衡的,不是一件偶然的事!"④

又如,李济推想小屯石刀起源于新疆戈壁附近。⑤ 其推理基于四项遗迹:1.小屯石刀的第一、第二型与沙拉乌苏河的碧玉打制石刀在形制上类似;2.阿克苏沙石磨成的石刀与小屯石刀在作法及形制上酷肖;3.小屯与阿克苏新石器遗址并见黑色细致的陶片;4.日照的玉器。他根据1和2两项遗迹肯定小屯石刀与沙拉乌苏河打制石刀及阿克苏磨制石刀有关系;根据3和4两项遗迹,他假定在殷商时代或更早的时期,山东海岸及

---

① [法]雷蒙·阿隆.历史意识的维度[M].董子云,译.上海:华东师范大学出版社,2017:81.
② 李济.李济文集(卷1)[M].上海:上海人民出版社,2006:415-416.
③ 李济.李济文集(卷2)[M].上海:上海人民出版社,2006:7.
④ 李济.李济文集(卷2)[M].上海:上海人民出版社,2006:289-290.
⑤ 李济.李济文集(卷3)[M].上海:上海人民出版社,2006:350-351.

河南东部已有求玉商人到新疆,说明两地已有交通,进一步推断小屯石刀发源于新疆。当然,小屯石刀发源于新疆戈壁的说法,最多只是个"大胆假设"①:一是阿克苏与山东之间未必有交通关系;二是日照的玉器原料纵或来自新疆,但两地之间也未必有直接的交通联系;三是小屯石刀虽与沙拉乌苏河打制石刀、阿克苏磨制石刀类似,但两者间也未必存在因袭关系;四是如无其他证据,亦不能就此断定小屯石刀起源于新疆。小屯石刀可能模仿自新疆石刀,而新疆石刀又何尝不同样可能因袭小屯?因此,要使"小屯石刀发源于新疆"说成立,我们尚需先假定:一是小屯石刀与新疆石刀间必有因袭关系;二是小屯石刀因袭新疆石刀,而非后者模仿前者,然而目前尚不能提供确切的证明。

再如,当郑州商代遗址发现时,许多考古学家提出"郑州出土的平底爵形器属于早于安阳殷墟时代的商代青铜器"。此假设的根据是:郑州的商代遗址为早于安阳殷墟的商代遗址,所以郑州出土的商代器物也是早于安阳出土的殷商时代的器物。对于这样的假设,虽然可以省去很多细节而有助于解决若干繁杂的问题,但李济从田野考古的经验出发认为:不可能说得如此简单。例如,郑州市铭功路西侧的两座墓葬出土的随葬品中,不但石器、骨器、玉器和带釉的陶器是安阳小屯出土较多的,大部分青铜器也常见于小屯丙区墓葬中。由此不难看出,尽管有很多郑州发现的商代遗址和遗物可能早于安阳殷墟时代,但是并非所有郑州出土的商代器物都早于殷商时代。因此,在下结论之前,我们应该把郑州出土的墓葬及其随葬器物分别进行检查和鉴定。一方面,从地层上来看,郑州市铭功路西侧的两座商墓没有代表早于安阳殷商时代的证据,而其中一座墓葬打破了两个商代灰坑,至少证明这是商代文化晚期的墓葬;另一方面,从器物形制上看,它们或许只代表与小屯丙区墓葬同时的器物。

因此,考古学家要想说明地下现象,就必须经过详细的观察、描写及说明,不应只注意遗物本身的特征,还得注意它发现的出土地点、地层、位

---

① 许冠三.史学与史学方法[M].台北:万年青书店,1971:343-347.

置和出土后的经历,而这些特性不只是确定遗物年代的根据,也是推定史事的基点。只有先熟知遗迹的一切特性,才能找出遗迹彼此间的关系。当然,推求往事前的分析工作要做得精细,检查工作也要做得严密。"史家贵能大胆之假设,尤贵能小心的求证,如空立假设,不求事实以证明之,则假设终不能成立,若能求得证据若干条,以证此假设之不误,则此假设则成定理矣。"①

综上所述,研究历史不仅要有适当的考证,还要有客观的解释。当研究工作遇到史料可疑之处,必须要加考证;最后再把考证出的正确史料,用于求真求实的历史解释上。而李济提出的假设既表现了大胆,又暗含想象力。"他主张必须有科学的假设,但反对让过剩的丰富想象力把自己引入歧途。"②

二、多学科综合的科际整合

"考古学要'复原'历史的真实,就要广泛综合历史学、人类学、社会学等学科以及多种自然科学方法与技术手段,才能达到透视古代历史的基本目的"③。美国人类学④主张民族学、语言学、考古学和体质人类学合为一体,因此,受过美国人类学洗礼的李济,"自从他专业生命方才起步的时候便采取了研究中国古史各个学科兼行并进的方式"⑤。他有一种跨学科的研究取向,注意将考古发掘与文化阐述结合起来,一再强调考古学研究必须接纳民族学、人类学等学科的资料与方法,经常求助于相关学科的专家学者,坚持多学科综合的科际整合研究方法。"在自然科学的威权

---

①李悌君.关于中国古史问题及其研究法[J].励学,1936(06):21-34.

②李光谟.为了人类知识的增进和传播——考古学宗师李济传略[J].东南文化,1998(1):8-20.

③黄爱梅,于凯.器之藏:考古学视野下的中国上古文明[M].上海:上海教育出版社,2005:13.

④[英]威廉·亚当斯.人类学的哲学之根[M].黄剑波,李文建,译.桂林:广西师范大学出版社,2006:6.

⑤张光直.考古人类学随笔[M].北京:生活·读书·新知三联书店,1999:171.

第六章 追求走出书斋的学问:李济的治学特色

下,近代史学家也要求史学科学化。"①

建立现代史学,首要问题是材料的扩充和工具的革新,即对材料的鉴别、整理和利用,以及对新材料的挖掘。"中国古史不专在故纸堆中,而是要采用自然科学方法去找新材料。"②多学科互补的科际整合就是要尽可能地发现新材料,在解决旧问题的同时,又带来新课题。"如考古学者,对于各科学研究所得之详细基础,不之注意,而欲以纯粹之考古学方法使用之,则其方法必生绝大困难,而其论证亦必不易成立。"③不论是西洋玩意儿,还是中国固有文化,"只要与研究论题有关,不论是哪种资料,哪种学科,都可以毫无顾忌地拿来使用"④,像人类学、民族学、考古学等新兴学科的研究成果,都可以作为研究上古史问题的有效佐证。学生夏鼐也认为,"要弄考古学,非有人类学的根基不可。关于文化的起源、变迁等,须有一规模较大的理论在后面,始能把握住考古学材料的意义"⑤。

由于考古所得的资料是最直接的可靠史料,因此傅斯年十分看重考古学。他认为古代历史多靠考古去研究,因为除古物外,没有其他可靠史料作为上古史研究的凭藉。实物胜过书本,而有记录的实物则胜过没记录的实物。"以周朝钟鼎文和商代彝器上所刻的文字去纠正古史的错误,可以显明在研究古代史,舍从考古学入手外,没有其他的方法。"⑥从文字材料到地下考古实物,史学进一步向实证靠拢。在其代表作《夷夏东西说》一文中,傅斯年便综合运用历史文献学、地理学、古文字学、统计学等多学科研究方法;而《性命古训辩证》一文中,除了参考战国时期文章,傅斯年还大量运用钟鼎文和甲骨文资料,不仅充分运用史料比较方法,又对

---

① 陈启云.治史体悟:陈启云文集(一)[M].桂林:广西师范大学出版社,2007:147.
② 李济.关于中国古代史的新史料与新问题[A]//徐正榜,陈协强.名人名师武汉大学演讲录[M].武汉:武汉大学出版社,2003:45.
③ 葛定华.考古学之辅助科学与研究方法[J].河南大学学报,1934(1):1-8.
④ 张光直.人类学派的古史学家——李济先生[A]//李光谟.李济与清华[M].北京:清华大学出版社,1994:196.
⑤ 夏鼐.夏鼐日记(卷二)[M].上海:华东师范大学出版社,2011:52.
⑥ 傅斯年.考古学的新方法.傅斯年选集[M].天津:天津人民出版社,1996:185.

文本进行语言学分析,系统考察和辨析性命观念在古人思想观念中的历史变迁,堪称语言学与历史学结合的典范。在傅斯年多学科交叉研究方法的影响下,史语所同仁多采用科际整合方法,运用新工具,发掘新史料,发现新问题,开拓新领域,撰写出一批颇有学术价值的著作,如陈寅恪《唐代政治史论稿》《隋唐制度渊源略论稿》,董作宾《殷历谱》,赵元任《湖北方言调查报告》等。他们具有国际眼光和实证精神,"在超越国故的见解上,在学术使命的认识上,在发掘新问题、找寻新材料、使用新工具的实践中,他们开启了一个举世瞩目的'史语学派'"[①]。

在提倡科际整合的研究方法方面,能与傅斯年并驾齐驱的是近代史家梁启超先生,"任公主张史学与其他学科的结合,以探索历史演变之规律,开创出以科际整合来治史的路向。因此,二十世纪以来中国史学发展的整体趋向,和任公的思路颇为同调"[②]。

史语所"不但走上科际整合这条路,形成中心课题,其成员并且在治学态度、方法甚至人生观,都有相当一致的地方"[③],作为其中的一名重要分子,李济自然也不例外。去台后的李济最迫切的期望,就是帮助像张光直那样"年轻力壮又有作学问志趣"的年轻一代,把傅斯年先生所燃的新史学圣火传递下去。[④] 先生认为,史学家应充分采用自然科学的成果,在其陶质之化学分析中就运用了物理观察和化学分析方法,"比重所代表的物理性质,很可以说明那质料本身的纯净程度;用此证明化学分析的结论,实为一比较可靠的旁证"[⑤]。比如,古器物的研究方面,"除了田野的原始记录和文献记载外,更要依赖若干自然科学和实验科学的发现与发

[①] 岱峻.发现李庄[M].成都:四川文艺出版社,2009:40.
[②] 黄克武.近代中国的思潮与人物[M].北京:九州出版社,2012:236.
[③] "中央"研究院历史语言研究所.学术史与方法学的省思:"中央"研究院历史语言研究所七十周年研讨会论文集[C].台北:"中央"研究院历史语言研究所,2000:18.
[④] 李济致张光直的通信[A]//李卉,陈星灿.传薪有斯人:李济、凌纯声、高去寻、夏鼐与张光直通信集[M].上海:三联书店,2005:21.
[⑤] 李济.李济文集(卷3)[M].上海:上海人民出版社,2006:89.

第六章 追求走出书斋的学问：李济的治学特色

明作参考"①，只有透过各个不同的相关学科提供知识和技术上的协助，才能将整个课题探讨明白。他认为，"古代史不应仅限于以古史做史料，而应当将地质学、气候学、自然环境的研究、考古学的遗址与器物、民族学的数据以及文献数据综合在一起，编成一部忠实的纪录"②。因此，研究中国古史问题，不只属于人文科学的领域，也是与自然科学紧密相连的课题，"历史学取材的范围也受了自然科学的重大影响。人类的遗迹留在地面下的很多；它们都代表人类生活的成绩，都可以当作史料用"③。同时，在考古材料和研究课题的性质上，一般汇集到的考古材料可能牵涉多种学科范畴，并且许多考古问题也包含着若干复杂的变异因子，非透过相关学科的协助不可。因此，"要想搞好考古学的研究，一定要对许多关系密切的学科有一定程度的了解，例如科技史、狭义的历史学（包括文献学和考据学）、民族学、地质学、体质人类学、生物学、化学等"④。

考古学家所发掘的资料只是被古人所遗弃或储存的，只是人类文化体系的一个层面，因而是残缺不全的。比如，甲骨文字不是原始的，在此之前很长的历史发展时期有待研究，而盘庚迁殷到武丁时期之间无疑是一片空白，我们仅根据殷墟甲骨文的记载，并不能全面说明整个商朝的发展。因此，利用考古学重建古史，无疑需要借助古文献、古文字、考古学、民族学、地理、生态等相关学科知识与方法。李济认为，田野考古学与民族学是采集史料的两种新方法，"这两把钥匙用得适当的话，替史学家打开了两座储藏史料的宝库；库内所藏丰富的极珍贵的资料，只有进了这大门的人才能有些具体的印象"⑤。从史前考古和民族学那里，史学家可以学到关于文化类型的许多知识，关于地方文化特色以及各种文化类型间相互关系的有关知识。比如，为了获得边疆民族文化知识，"中央"博物院

---

① 李济.李济文集(卷5)[M].上海：上海人民出版社，2006：146.
② 许倬云.许倬云问学记[M].桂林：广西师范大学出版社，2008：99-100.
③ 李济.李济文集(卷1)[M].上海：上海人民出版社，2006：423.
④ 夏鼐.夏鼐文集(第三册)[M].北京：社会科学文献出版社，2017：31.
⑤ 李济.李济文集(卷5)[M].上海：上海人民出版社，2006：36.

研究人员发扬"传教士的精神"开展史地调查,每到一处便和当地族人吃住在一起,"学习他们的语言,接受他们的习惯,参加他们的宴享集会,同情他们的死伤灾难,遇着困难争斗,即替他们排解,遇着普通的疾病,即以自己所携的药品为他们救治"①。同时,"一些敏感的考古学家往往能够从民族学资料中获取可资对比的材料,来解决考古学中遇到的疑难问题"②。如凌纯声的古代名物制度研究,林惠祥的有段石锛研究,冯汉骥的云南石寨山铜器研究等。在此过程中,他们也可能学到一些基本理念:"任何天然的或人为的障碍都无法阻止那些基本的发明创造的传播,如果它们是全人类所需要的话,同时,任何一种基本的发明创造都不能视为属于某个特殊地域集团或特选的民族,或为他们所垄断"③,这些理念是治疗狭隘局部观念的良方和矫正剂。而民族学对解释器物的功能也有很大帮助,"看红印度人打制石器及用石器的方法,就增进了史前学家对于石器时代生活无限的了解;看他们围猎野牛的方式,万年以前洞穴艺术发展的背景好像就重演出来了"④。

综上所述,由于涉及学科及材料如此广泛,古史研究十分需要"科际整合"的研究方法。"不仅新旧材料和社会科学的新知,要相互配合运用,专家的研究报告必须加以采纳,即使自然科学的技术,也要加以借用。"⑤如1926年,西阴村发掘中发现了一颗茧壳,李济先后请清华大学生物学教授刘崇乐和美国华盛顿的史密森研究院进行鉴定,证实了这个茧壳属于家蚕老祖先的茧壳。1929年,在研究殷墟出土的陶质化学成分时,李济曾委托地质研究所对白陶、硬陶、灰陶标本进行化验;1931年,在安阳发掘到较大铜器后,李济便与协和医学校的步达生联系,提出对其作一个精密的化学分析。随后,步达生介绍英国皇家科学工业学院采矿业教授

---

①李济."国立中央"博物院筹备处概况[J].社会教育季刊(重庆),1943(4):22-26.
②知原.面向大地的求索:20世纪的中国考古学[M].北京:文物出版社,1999:257.
③李济.李济文集(卷1)[M].上海:上海人民出版社,2006:308.
④李济.李济文集(卷1)[M].上海:上海人民出版社,2006:344.
⑤王仲孚.中国上古史专题研究[M].济南:山东人民出版社,2017:382.

第六章 追求走出书斋的学问：李济的治学特色

哈德罗给李济,李济便函商求助。哈德罗对送去的殷墟四件标本做了检验,并写出详细报告,"由于氧化过甚,只能用显微镜观察,其数据为含铜量80%～85%,含锡量15%～20%"①。而殷墟出土的各种动物骨骼,李济则向新生代研究室的杨钟健和德日进求助。抗战期间,这种多学科合作研究更是大受限制,李济只能自己动手专设一间实验室,做陶器比重吸水率实验,运用物理观察和化学分析方法处理殷墟陶器。另外,先生还对金属标本进行金相分析等,大大提高了考古学研究的精确度。

"'科际整合模式的考古学研究'是作为建立台湾考古学特殊风格和标识的最佳取经"②,1972—1976年,在李济学生张光直先生的推动下,台湾开展了"浊大计划"③,堪称科际整合的范例。这个计划的全名为"台湾省浊水溪与大肚溪流域自然史与文化史科际研究计划",是由"中央"研究院、"国立"台湾大学和美国耶鲁大学共同合作的研究计划,并由行政院国家科学委员会、美国国家科学基金和美国哈佛燕京学社提供资助。计划围绕几个考古学和民族学上的问题,联合考古、民族、地质、地形、动物、植物六个学科,目的是对浊水溪、大肚溪流域进行古今的人地关系研究,并将科际合作和生态研究的概念带入台湾考古学。而在李济的学生夏鼐带领下,大陆地区考古学也广泛运用科际整合的研究方法,"各种自然科学和技术科学的方法和技术被逐渐应用,考古学与其他各有关学科之间的协作也不断加强"④。比如,大陆地区的"夏商周断代工程"与"中华文明探源工程"两个重大科技攻关项目,即采取历史学、考古学、天文学等多学科交叉的方式,把自然科学与人文社会科学结合起来,联合研究中国历史与古代文化,揭开夏商周三代文明的神秘面纱,展现中华文明起源与早期

---

① 中国社会科学院考古研究所.殷墟的发现与研究[M].北京:科学出版社,1994:256.
② 李匡悌:考古学与科际整合[A]//"中央"研究院历史语言研究所.学术史与方法学的省思:"中央"研究院历史语言研究所七十周年研讨会论文集[C].台北:"中央"研究院历史语言研究所,2000:271.
③ 张光直.台湾省浊水溪与大肚溪流域考古调查报告[M].台北:"中央"研究院历史语言研究所,1977:1-26.
④ 夏夏鼐.夏鼐文集(第一册)[M].北京:社会科学文献出版社,2017:267.

三、专精与广博

一方面,"'学必立本'即先识大体,必先对所治学问的'知识有宽博成系统之认识,然后可以进而为窄而深之探讨'"①;另一方面,通论必须建立在许多专题研究的基础上,因为每个通论性题旨都包括无数层次的问题。因此,学术研究必须处理好专精与广博的关系。李济认为,"目前可以说没有什么好的期刊,因为现在的学术刊物,几乎都没有详细的资料描述;尽都是些交互作用的所谓理论性文章"。同时,现在学者"很少对某一问题做一长期性、整体性的钻研;而且时常更换自己的研究范围"。他强调,"对某项问题,若不做长期性、整体性的探讨,若不以扎实的资料为基础的研究是不牢靠的……他觉得学术性的期刊,至少要有一些较为详细,而且有系统的资料陈述的篇幅,不必每一篇文章都是理论性的;因为理论并非一蹴而就的,基础资料不稳的理论会造成一些失误,所以理论必须经过千锤百炼的!"②他慨叹说:"人的一生是很短暂的,无法兼顾太多,与其求广博,不如求其精到!因此资料的搜集与长期定心致力某一范围的研究是很必要的!"③由以上谈话可以看出,先生的治学态度体现了西方专精精神与中国博雅趣味的结合。

安阳殷墟发掘是李济专注一生的学术课题。1928年史语所成立后,李济即把全部精力放在了殷墟的发掘、整理与研究工作上,成为决定其三十年命运的"精神负担",常自叹息"将来如何交代"。安阳殷墟连续十五次的大规模发掘取得了重要成绩,再现了三千多年前的王都概貌,证明了

---

① 桑兵.晚清民国的国学研究(序言)[M].北京:北京师范大学出版社,2014:5.
② 尹建中.念李老师济之[J].人类与文化,1979(13):12-13.
③ 同上。1956年2月25日,李济在与弟子的一次通信中提到,当时想作"论殷商文化之北方成分"一文,但担任行政工作,"就是如此耗费时间",因此总提不起笔来。如1958年时,李济身兼四职,即史语所所长、考古组主任、台大文学院代院长、考古人类学系主任,每天忙乱不堪。见李卉,陈星灿.传薪有斯人:李济、凌纯声、高去寻、夏鼐与张光直通信集[M].上海:三联书店,2005:9,129.

第六章 追求走出书斋的学问：李济的治学特色

中国传统文献上关于商朝的记载并非向壁虚构，把中国的信史和文明史至少提早到了商代晚期，把这段历史建立在坚实的物质和文字史料的基础之上，使辉煌的青铜文明展示在世人面前，建筑了可靠的、有血有肉的晚商时期中国历史。安阳发掘证明了甲骨文的真实性，充实了殷商文化的史学知识，使考古资料成为谱写中国文明史的重要来源，为先史学与古器物学建立了坚强据点。

在强调文字的史学传统与强调"吉金"的器物传统里，许多在传统学问里视而不见的资料，如墓葬、葬式、器物纹饰、形制与出土状况、弃置的兽骨、建筑遗迹乃至遗址本身，这些资料原先不具任何意义。在李济看来，这些考古所掘得的是文字记录以外的"哑巴材料"。"根据这些东西（殷代遗物）来考察中国的上古时代，和单单靠那些可以随意雌黄涂抹的书籍里的记载来进行的考察相比，完全不可同日而语。"①就某种意义上来说，"地下材料和现代一般社会人文科学发展可以扣合起来，将人类主演的故事可以打成一片"②，由此看出中国先民的构成经历与生活状态。因此，安阳发掘的革命性意义，就在于以田野技术突破"哑巴材料"的窒碍；证实了甲骨文的真实性及其在中国文字学上的地位，对殷商时代中国文化的发展作了丰富而具体的说明；证明中国早期文化承袭了不同方面的传统，中国的可靠历史可追溯到商代，而像《史记》这些早期文献所载的原始材料真实性也得到重新肯定。

李济一生最关切的学术情怀是探寻中华民族之本与文化之源。他以一种跨文明比较的视野来考察文明，喊出了"打倒以长城自封的中国文明观"这一超越狭隘民族主义的解说。其博士学位论文《中国民族的形成》，对中华民族的构成和成分作了细密分析与讨论。后来，他曾将1954年赴美期间的三次系统演讲编成《中国文明的开始》出版，对其领导的安阳发掘成果作一系统的叙述，对中华民族的滋生成长以及中国文明的起源发展作出推论；论证了中国人与蒙古人种之间的密切关系；为中国史前研究

---

① [日]内藤湖南.东洋文化史研究[M].林晓光,译.上海:复旦大学出版社,2016:5.
② 李济.李济文集(卷5)[M].上海:上海人民出版社,2006:86.

提供了丰富多彩的背景,对中国古代文明作出了科学的描述,为中国文明起源的探索奠定了坚实基础。李济的最后一本专著《安阳》,对安阳田野工作、出土物整理、保管及室内研究等方面做了详细交代,从安阳发掘与中国古史和传说关系的角度,探讨了经济生活、制造工艺、建筑遗存和殷商人体质等研究成果。

事实证明,在当时考古成果所允许的范围内,李济以科学的方法追根溯源,已经基本上回答了中华民族原始及中国文明形成的问题。一方面,关于中华民族的原始问题,他认为,"中华民族形成的历史,不但可以追溯到殷商时代,也许在更远的时候,在一万年前的周口店上洞的时代就开始了"①。中国丰富的历史文献和考古遗存,可供我们研究新石器时代形成中的中华民族。由殷墟头颅骨的研究可知,殷商时期的人可分长头种、中头种及圆头种三种。殷商时期华北平原聚集着许多不同民族的支系,而原始中国人正是由这些民族集团融合而成的,但就体质来说,"包括很广泛,大体上是蒙古种居中——黄皮肤黑头发是蒙古种的特征"②。同时,"今天的中国人尽管高度杂成,但却能够统一在一种独特的文化之下"③。总之,李济对中华民族的形成问题,大致意见如下:"①基本成分,大半出于蒙古种血统。但蒙古种可分为若干不同的宗派:蒙古种的这些宗派是否是在中国大陆境内或邻近区域演变完成的,尚是一个待解决的问题。②很显然地,除了蒙古种外,中华民族在尚未形成期间,这一地域内已有若干非蒙古种的血统成分,散居各处。③中华民族的形成,固然由于血统近似的基本原因,但生活的同化力,也是极为重要的因素。"④另一方面,关于中国文明的形成问题,中国文明自发生以来便表现出强劲的连续性,以跨文明、跨地域的文化融合观来阐释中国文明,李济看到了"文化是渐

---

① 李济.李济文集(卷1)[M].上海:上海人民出版社,2006:425.
② 李济.李济文集(卷5)[M].上海:上海人民出版社,2006:87.
③ [M]李济.李济文集(卷1)[M].上海:上海人民出版社,2006:315.
④ 李济.李济文集(卷1)[M].上海:上海人民出版社,2006:453.

第六章 追求走出书斋的学问：李济的治学特色

进的,是互相变化的。一部分属于自己创造,一部分是人家送给我们的"①。而充满活力、生命力和向心性的商文明,围绕着一定中心,在与其他文化的互动中得以发展。在生命的最后时期,八十高龄的他仍坚持每日清晨写作四小时以上,"他预计至少还可写完一部中国上古史,在此之后,他还计划在一生的最后,再写一本和当年哈佛博士论文同名的书《中华民族之形成》,再回到六十年前入哈佛时的心愿上'寻求中国人的始源出来'"②。

李济认为,"中国古史应该是人类的一部,应该要放在人类的圈子里去"③。因此,他"不把中国看作一个孤立的单位,而把它看成只是整个人类世界的一个局部"④。比如,他对安阳锋刃器进行研究,把中国古史推向世界古史的舞台;从世界史眼光研究青铜器,使我们了解中国古代文化在世界文化上的地位,以及青铜时代中华民族在工业技术上的成就。由李济拟定的《中国上古史编辑大旨》认为,"撰稿人须尽量利用一切有关的资料"⑤,这是其一贯坚持的观点,即"学科尽管有学科的界限,我们作中国上古史研究的人一定要广要博,要使用一切有关资料,同时也自然要照顾到各个学科对这些资料研究的成果"⑥。

正如其弟子张光直所言:"他(李济)的考古学的一大特色正是它具有人类学的特点,是广博的,不是狭隘的、专业化的;是重比较、向外开放的,不是关闭自守的。"⑦张光直本人则继承李济的衣钵,力图将中国古代文明的形成放在世界古代文明框架里来考察,强调指出:"我们还得把中国的材料与中国的研究成果与世界其他各地的情形作比较""不了解世界的

---

① 李济.关于中国古代史的新史料与新问题[A]//徐正榜,陈协强.名人名师武汉大学演讲录[M].武汉:武汉大学出版社,2003:49.
② 李子宁.挖出中国上古史(续完)[J].中原文献,1987(4):12-16.
③ 李济.关于中国古代史的新史料与新问题[A]//徐正榜,陈协强.名人名师武汉大学演讲录[M].武汉:武汉大学出版社,2003:44.
④ 李济.考古学[A]//陈衡哲.中国文化论集:1930年代中国知识分子对中国文化的认识与想象[M].王宪明,高继美,译.福州:福建教育出版社,2009:149.
⑤ 李济.李济文集(卷5)[M].上海:上海人民出版社,2006:153.
⑥ 李济.李济文集(卷1)[M].上海:上海人民出版社,2006:5.
⑦ 李济.李济文集(卷5)[M].上海:上海人民出版社,2006:6.

变局便不能了解中国的常局"①;"有许多在中国境内的历史问题,其意义和它的解决途径是要靠中国境外的资料和研究来启示、辅导和共同解决的;同时有许多中国境内的资料,其重大的意义又不限制在中国境内历史问题的解决"②。

因殷墟发掘引发李济对考古学的偏重,但为了弥补博士论文中体质资料的不足,先生仍忙里偷闲从事体质人类学研究,"这是对一种学问作专门研究的负责精神,这种努力不懈、锲而不舍的负责精神,乃是研究任何一种学问所必须具备的科学研究精神,最值得青年人效法的"③。

总之,治学特色方面,李济既有深厚的中国传统文化根基,又受到西方科学知识的洗礼;既以考古学研究人类古代文化,又以人类学研究现代人类民族文化,开创了中国学术研究的一条新途径。他治学态度不仅兼收并包,还具有严谨、创新、客观等特点,较好地兼顾了客观实证与历史想象、术业专攻与科际整合、研究专精与视野广博。他重视精确记录,不但要将田野工作提高到实验室工作的标准,而且站在人类学角度开辟史学新途径。他坚持人类学与考古研究相结合,运用科学的想象和假设,将崇真求实精神和客观实证方法贯彻到考古发掘中去。研究方法方面,他既能开拓学术新领域,又能指明学术方向与方法。比如,其考古学研究树立了地层学与类型学相结合的典范,将中国古器物研究推向一个全新的、更科学的道路上。再如,其人类学研究坚持心理学、双语互证与人类学相结合的方法,以人类学思想和方法为指导,通过考古发掘和研究,最终通向古史重建之路;善用体质人类学知识,证明中国人种的多元。又如,其史学研究坚持走一条独特的"新史学之路",藉由田野考古向远古推本寻源,讲述一连串历史情境,将考古学、人类学、自然科学等纳入史学范畴,利用出土文物印证历史,解决各种古史问题,促使古史研究实现革命性转化。

---

①张光直.中国青铜时代(前言)[M].上海:三联书店,1983:3.
②张光直.中国东南海岸考古与南岛语族起源问题[A]//陈光祖.东亚考古学的再思:张光直先生逝世十周年纪念论文集[C].台北:"中央"研究院历史语言研究所,2013:168.
③芮逸夫.悼念李济之先生兼述其在人类学上的贡献[J].人类与文化,1979(13):4-7.

参考文献

一、图书

[1]"中央"研究院历史语言研究所."中央"研究院历史语言研究所七十五周年纪念文集[C].台北:"中央"研究院历史语言研究所,2004.

[2]"中央"研究院历史语言研究所.学术史与方法学的省思:"中央"研究院历史语言研究所七十周年研讨会论文集[C].台北:"中央"研究院历史语言研究所,2000.

[3]北京大学考古系.考古学研究(二)[M].北京:北京大学出版社,1994.

[4]北京市文物研究所.田野考古学入门[M].北京:燕山出版社,1994.

[5]蔡凤书.中日考古学的历程[M].济南:齐鲁书社,2005.

[6]蔡玖芬.八徵耄念:"国立"故宫博物院八十年的点滴感想[M].台北:故宫博物院,2006.

[7]蔡尚志.长眠傅园下的巨汉[M].台北:故乡文化出版事业经纪公司,1979.

[8]曹兵武.文物与文化:曹兵武文化遗产学论集[M].北京:故宫出版社,2013.

[9]查晓英.中国现代考古学的思想谱系[M].成都:四川大学出版社,2014.

[10]陈壁生.经学的瓦解[M].上海:华东师范大学出版社,2014.

[11]陈存恭,陈仲玉,任育德,访问;任育德,记录.石璋如先生访问纪录[M].台北:"中央"研究院近代研究所,2002.

[12]陈功甫,卫聚贤,陆懋德,等.中国史学史未刊讲义四种[M].上海:上海古籍出版社,2016.

[13]陈光祖.东亚考古学的再思:张光直先生逝世十周年纪念论文集[C].台北:"中央"研究院历史语言研究所,2013.

[14]陈衡哲.中国文化论集:1930年代中国知识分子对中国文化的认识与想象[M].王宪明,高继美,译.福州:福建教育出版社,2009.

[15]陈启能,姜芃,等.世界文明通论·文明理论[M].福州:福建教育出版社,2010.

[16]陈启云.治史体悟:陈启云文集(一)[M].桂林:广西师范大学出版社,2007.

[17]陈世骧.进化论与分类学[M].北京:科学出版社,1978.

[18]陈星灿.20世纪中国考古学史研究论丛[M].北京:文物出版社,2009.

[19]陈星灿.考古随笔(三)[M].北京:文物出版社,2020.

[20]陈星灿.中国史前考古学史研究(1895—1949)[M].北京:社会科学文献出版社,2007.

[21]岱峻.李济传[M].南京:江苏文艺出版社,2009.

[22]岱峻:发现李庄[M].成都:四川文艺出版社,2009.

[23]杜维运.变动世界中的史学[M].北京:北京大学出版社,2006.

[24]杜正胜,王汎森.新学术之路[M].台北:"中央"研究院历史语言研究所,1998.

[25]段振美.殷墟考古史[M].郑州:中州古籍出版社,1991.

[26]冯恩学.田野考古学[M].长春:吉林大学出版社,1993.

[27]高平叔.蔡元培年谱长编(第4卷)[M].北京:人民教育出版社,1998.

[28]顾颉刚.古史辨[M].上海:上海古籍出版社,1982.

[29]顾明栋.汉学主义:东方主义与后殖民主义的替代理论[M].张强,段国重,冯涛,等译.北京:商务印书馆,2015.

[30]胡昌智.历史知识与社会变迁[M].台北:联经出版事业公司,1988.

[31]胡厚宣.全国商史学术讨论会论文集(《殷都学刊》1985年增刊)[C].安阳:殷都学刊编辑部,1985(2):436.

[32]胡厚宣.殷墟发掘[M].上海:学习生活出版社,1955.

[33]胡文怡.认识夏鼐:以《夏鼐日记》为中心[M].上海:上海古籍出版社,2016.

[34]黄爱梅,于凯.器之藏:考古学视野下的中国上古文明[M].上海:上海教育出版社,2005.

[35]黄克武.近代中国的思潮与人物[M].北京:九州出版社,2012.

[36]黄铭崇.中国史新论(古代文明的形成分册)[M].台北:"中央"研究院;联经出版公司,2016.

[37]黄尚明.中国考古学之父——李济传[M].武汉:华中科技大学出版社,2019.

[38]黄兴涛.重塑中华:近代中国"中华民族"观念研究[M].北京:北京师范大学出版社,2017.

[39]蒋炳钊,吴春明.林惠祥文集(中)[M].厦门:厦门大学出版社,2013.

[40]康熙民,孟庆金.在传播科学中传承文明:博物馆研究论文集[C].北京:文物出版社,2007.

[41]劳干.劳干先生著作集[M].福州:福建教育出版社,2022.

[42]雷颐.孤寂百年:中国现代知识分子十二论[M].桂林:广西师范大学出版社,2015.

[43]雷颐.雷颐自选集[M].桂林:广西师范大学出版社,2000.

[44]雷颐.时空游走——历史与现实的对话[M].济南:山东教育出版社,1999.

[45]李伯谦.感悟考古[M].上海:上海古籍出版社,2015.

[46]李焯然.中心与边缘:东亚文明的互动与传播[M].桂林:广西师范大学出版社,2015.

[47]李光谟.从清华园到史语所:李济治学生涯琐记[M].北京:清华大学出版社,2004.

[48]李光谟.李济与清华[M].北京:清华大学出版社,1994.

[49]李弘祺,等.史学与史学方法论集[M].台北:食货出版社,1980.

[50]李怀宇.知识人:台湾文化十六家[M].桂林:漓江出版社,2012.

[51]李卉,陈星灿.传薪有斯人:李济、凌纯声、高去寻、夏鼐与张光直通信集[M].上海:三联书店,2005.

[52]李济.安阳[M].北京:中国社会科学出版社,1990.

[53]李济.考古琐谈[M].武汉:湖北教育出版社,1998.

[54]李济.李济文集[M].上海:上海人民出版社,2006.

[55]李济.殷墟陶器研究[M].上海:上海人民出版社,2007.

[56]李济.中国文明的开始[M].北京:外语教学与研究出版社,2011.

[57]李济.中华民族的形成[M].南京:江苏教育出版社,2005.

[58]李霖灿.西湖雪山故人情:艺坛师友录[M].杭州:浙江大学出版社,2011.

[59]李庆伟.追迹三代[M].上海:上海古籍出版社,2015.

[60]李学勤.考古学、博物馆学(20世纪中国学术大典)[M].福州:福建教育出版社,2007.

[61]李亦园,杨国枢,文崇一,等.现代化与中国化论集[M].台北:桂冠图书股份有限公司,1985.

[62]李亦园.李亦园自选集[M].上海:上海教育出版社,2002.

[63]李亦园.师徒·神话及其他[M].台北:正中书局,1983.

[64]李亦园.学苑英华:人类学的视野[M].上海:上海文艺出版社,1996.

[65]梁柏有.思文永在:我的父亲考古学家梁思永[M].北京:故宫出版社,2016.

[66]梁启超.梁启超家书[M].天津:百花文艺出版社,2017.

[67]梁思永.梁思永考古学论文集[C].北京:科学出版社,1959.

[68]林沄.林沄学术文集[M].北京:中国大百科全书出版社,1998.

[69]刘大椿,吴向红.新学苦旅——科学·社会·文化的大撞击[M].南昌:江西高校出版社,1995.

[70]刘莉,陈星灿.中国考古学:旧石器时代晚期到早期青铜时代[M].上海:三联书店,2017.

[71]刘梦溪.中国现代学术经典·李济卷[M].石家庄:河北教育出版社,1996.

[72]刘青峰.让科学的光芒照亮自己——近代科学为什么没有在中国产生[M].成都:四川人民出版社,1984.

[73]刘寅生,谢巍,何淑馨.何炳松纪念文集[M].上海:华东师范大学出版社,1990.

[74]卢连成.青铜文化的宝库:殷墟发掘记[M].成都:四川教育出版社,1996.

[75]栾丰实,王芬,董豫.龙山文化与早期文明——第22届国际历史科学大会章丘卫星会议文集[C].北京:文物出版社,2017.

[76]罗志田.二十世纪的中国:学术与社会(史学卷)[M].济南:山东人民出版社,2001.

[77]罗志田.近代中国史学十论[M].复旦:复旦大学出版社,2003.

[78]马亮宽.历史语言研究所与中国现代学术体制的建构[M].北京:社会科学文献出版社,2021.

[79]马思中,陈星灿.中国之前的中国:安特生、丁文江和中国史前史的发现[M].瑞典:斯德哥尔摩东方博物馆,2004.

[80]牛世山.神秘瑰丽:中国古代青铜文化[M].成都:四川人民出版社,2004.

[81]欧阳哲生,郝斌.五四运动与二十世纪的中国:北京大学纪念五四运动80周年国际学术研讨会论文集(上)[C].北京:社会科学文献出版社,2001.

[82]欧阳哲生.傅斯年全集[M].长沙:湖南教育出版社,2003.

[83]欧阳哲生.胡适文集(12)[M].北京:北京大学出版社,1998.

[84]潘光哲.何妨是书生:一个现代学术社群的故事[M].桂林:广西师范大学出版社,2010.

[85]潘雄.西方人类学史:兼论人类学及其分科与流派[M].汕头:汕头大学出版社,2007.

[86]裴文中.裴文中史前考古学论文集[C].北京:文物出版社,1987.

[87]裴文中.中国石器时代[M].北京:中国青年出版社,1964.

[88]齐家莹.清华人文学科年谱(清华文丛之八)[M].北京:清华大学出版社,1999.

[89]清华大学校史研究室.清华大学史料选编第一卷:清华学校时期(1911—1928)[M].北京:清华大学出版社,1991.

[90]屈万里.少年十五二十时[M].台北:联合报社,1979.

[91]桑兵,等.近代中国学术思想[M].北京:中华书局,2008.

[92]桑兵,张帆,於梅舫,等.国学的历史[M].北京:国家图书馆出版社,2010.

[93]桑兵.晚清民国的国学研究[M].北京:北京师范大学出版社,2014.

[94]桑兵.学术江湖:晚晴民国的学人与学风[M].桂林:广西师范大学出版社,2017.

[95]沈颂金.考古学与二十世纪中国学术[M].北京:学苑出版社,2003.

[96]石舒波,于桂军.圣地之光:城子崖遗址发掘记[M].济南:山东友谊出版社,2000.

[97]石兴泽,石小寒.奔波于学术的门里门外:傅斯年师友交往录[M].济南:山东画报出版社,2020.

[98]石莹丽.梁启超与中国现代史学:以跨学科为中心的分析[M].北京:中国社会科学出版社,2010.

[99]石璋如.殷墟发掘员工传[M].台北:"中央"研究院历史语言研究所,2017.

[100]石璋如遗稿.安阳发掘简史[M].台北:"中央"研究院历史语言研究所,2019.

[101]孙隆基.新世界史(第一卷)[M].北京:中信出版社,2015.

[102]谭旦冏."中央"博物院廿五年之经过[M].台北:中华丛书编审委员会,1960.

[103]唐继根.考古与文化遗产论集[M].北京:科学出版社,2009.

[104]唐磊.三十年三十人之激扬文字(思想社会卷)[M].北京:中信出版社,2008.

[105]唐小兵.十字街头的知识人[M].北京:中国人民大学出版社,2013.

[106]王汎森,潘光哲,吴政上.傅斯年遗札[M].北京:社会科学文献出版社,2015.

[107]王庚武.更新中国:国家与新全球史[M].黄涛,译.杭州:浙江人民出版社,2016.

[108]王家凤,李光真.当西方遇见东方:国际汉学与汉学家(一)[M].台北:光华画报杂志社,1991.

[109]王明珂.反思史学与史学反思:文本与表征分析[M].上海:上海人民出版社,2016.

[110]王铭铭.民族、文明与新世界:20世纪前期的中国叙述[M].北京:世界图书出版公司,2010.

[111]王晴佳.新史学讲演录[M].北京:中国人民大学出版社,2010.

[112]王然.什么是考古学:俞伟超考古学理论文选[M].北京:中国社会科学出版社,1996.

[113]王世民.考古学史与商周铜器研究[M].北京:社会科学文献出版社,2017.

[114]王叔岷.慕庐忆往:王叔岷回忆录[M].北京:中华书局,2007.

[115]王巍.问学之路:考古学人访谈录Ⅲ[M].上海:上海古籍出版社,2017.

[116]王文俊,等.南开大学校史资料选(1919—1949)[M].天津:南开大学出版社,1989.

[117]王元化.学术集林(卷一)[M].上海:上海远东出版社,1994.

[118]王仲孚.中国上古史专题研究[M].济南:山东人民出版社,2017.

[119]卫聚贤.中国考古学史[M].北京:中国文史出版社,2015.

[120]魏邦良.传奇不远:一代真才一世师[M].太原:北岳文艺出版社,2023.

[121]魏格林,朱嘉明.一战与中国:一战百年会议论文集[C].北京:东方出版社,2015.

[122]吴国富.文化认同与发展[M].北京:民族出版社,2011.

[123]吴相湘.民国百人传(第四册)[M].台北:传记文学出版社,1979.

[124]夏鼐.夏鼐日记[M].上海:华东师范大学出版社,2011.

[125]夏鼐.夏鼐文集[M].北京:社会科学文献出版社,2017.

[126]夏晓虹,吴令华.清华同学与学术薪传[M].北京:三联书店,2009.

[127]萧公权.问学谏往录[M].北京:中国人民大学出版社,2014.

[128]徐坚.暗流:1949年之前安阳之外的中国考古学传统[M].北京:科学出版社,2012.

[129]徐坚.名山:作为思想史的早期中国博物馆史[M].北京:科学出版社,2016.

[130]徐坚.时惟礼崇:东周之前青铜兵器的物质文化研究[M].上海:上海古籍出版社,2014.

[131]徐玲.博物馆与近代中国公共文化(1840—1949)》[M].北京:科学出版社,2015.

[132]徐玲.留学生与中国考古学[M].天津:南开大学出版社,2009.

[133]徐正榜,陈协强.名人名师武汉大学演讲录[M].武汉:武汉大学出版社,2003.

[134]许冠三.史学与史学方法[M].台北:万年青书店,1971.

[135]许冠三.新史学九十年[M].长沙:岳麓书社,2003.

[136]许倬云.心路历程[M].厦门:厦门大学出版社,2015.

[137]许倬云.许倬云问学记[M].桂林:广西师范大学出版社,2008.

[138]杨翠华.中基会对科学的赞助("中央"研究院近代史研究所专刊65)[M].台北:"中央"研究院近代史研究所,1991.

[139]杨鸿烈.史学通论[M].长沙:岳麓书社,2012.

[140]杨朗.李济文存(导言)[M].南京:江苏人民出版社,2017.

[141]姚大力.追寻"我们"的根源:中国历史上的民族与国家意识[M].北京:三联书店,2018.

[142]余西云.西阴文化:中国文明的滥觞[M].北京:科学出版社,2006.

[143]余英时.中国文化与现代变迁[M].台北:三民书局股份有限公司,2015.

[144]岳南.那时的先生:中国文化的根在李庄(1940—1946)[M].长沙:湖南文艺出版社,2016.

[145]臧振华.中国考古学与历史学之整合研究("中央"研究院历史语言研究所会议论文集之四)[C].台北:"中央"研究院历史语言研究所,1997.

[146]张光直,李光谟.李济考古学论文选集[M].北京:文物出版社,1990.

[147]张光直.考古人类学随笔[M].北京:生活·读书·新知三联书店,1999.

[148]张光直.考古学:关于其若干基本概念和理论的再思考[M].北京:三联书店,2013.

[149]张光直.中国考古学论文集[C].上海:三联书店,1999.

[150]张经纬.四夷居中国:东亚大陆人类简史[M].北京:中华书局,2018.

[151]张新斌,李龙,王建华.河南考古史[M].郑州:大象出版社,2019.

[152]张学海.纪念城子崖遗址发掘60周年国际学术讨论会论文集[C].济南:齐鲁书社,1993.

[153]张亚辉.历史与神圣性:历史人类学散论集[M].北京:世界图书出版公司,2010.

[154]张玉法.中国现代史论集(第六辑:五四运动)[M].台北:联经出版公司,1981.

[155]张忠栋,李光炽,林正弘.科学精神与科学方法(现代中国自由主义资料选编5)[M].台北:唐山出版社,2001.

[156]张忠培.中国考古学:走进历史真实之道[M].北京:科学出版社,1999.

[157]招子明,陈刚.人类学[M].北京:中国人民大学出版社,2008.

[158]赵汀阳.惠此中国:作为一个神性概念的中国[M].北京:中信出版社,2016.

[159]郑大华,邹小站.西方思想在近代中国[M].北京:社会科学文献出版社,2005.

[160]郑德坤.郑德坤古史论集选[M].北京:商务印书馆,2007.

[161]郑雄.苍凉的辉煌:清华国学研究院和她的时代[M].上海:复旦大学出版社,2021.

[162]知原.面向大地的求索:20世纪的中国考古学[M].北京:文物出版社,1999.

[163]中国社会科学院考古研究所.殷墟的发现与研究[M].北京:科学出版社,1994.

[164]中国社会科学院考古研究所.殷墟与商文化:殷墟科学发掘80周年纪念文集[C].北京:科学出版社,2011.

[165]钟扬,李伟,等.分支分类的理论与方法[M].北京:科学出版社,1994.

[166]朱传誉.李济传记资料[M].台北:天一出版社,1979.

[167]朱维铮.周予同经学史论著选集(增订本)[M].上海:上海人民出版社,1996.

[168]宗璞,熊秉明.永远的清华园——清华子弟眼中的父辈[M].北京:北京出版社,2000.

[169]左玉河.中国近代学术体制之创建[M].成都:四川人民出版社,2008.

[170][澳]约翰·默逊.中国的文化和科学[M].庄锡昌,昌景珮,译.杭州:浙江人民出版社,1988.

[171][德]安德烈·冈德·弗兰克,巴里·K.吉尔斯.世界体系:500年还是5000年[M].郝名玮,译.北京:社会科学文献出版社,2004.

[172][德]魏格林,施耐德.中国史学史研讨会:从比较观点出发论文集[C].台北:稻乡出版社,1999.

[173][德]约恩·吕森.跨文化的争论:东西方名家论西方历史思想[M].陈恒,张志平,等译.济南:山东大学出版社,2009.

[174][法]爱弥尔·涂尔干,马塞尔·莫斯.原始分类[M].汲喆,译.上海:上海人民出版社,2000.

[175][法]雷蒙·阿隆.历史意识的维度[M].董子云,译.上海:华东师范大学出版社,2017.

[176][加]布鲁斯·G.崔格尔.理解早期文明:比较研究[M].徐坚,译.北京:北京大学出版社,2014.

[177][加]李在中.朵云封事[M].北京:北京出版社,2018.

[178][美]Robert F. Berkhofer Jr.超越伟大故事:作为文本和话语的历史[M].邢立军,译.北京:北京师范大学出版社,2008.

[179][美]布鲁斯.崔格尔.考古学思想史[M].徐坚,译.长沙:岳麓书社,2008.

[180][美]杜朴,文以诚.中国艺术与文化[M].张欣,译.北京:北京联合出版社,2014.

[181][美]费侠莉.丁文江:科学与中国新文化[M].丁子霖,蒋毅坚,杨昭,译.北京:新星出版社,2006.

[182][美]罗泰.宗子维城:从考古材料的角度看公元前1000至前250年的中国社会(引论)[M].吴长青,张莉,彭鹏,等译.上海:上海古籍出版社,2017.

[183][美]罗兹·墨菲.东亚史[M].林震,译.北京:世界图书出版公司,2012.

[184][美]王国斌.转变的中国:欧洲变迁与欧洲经验的局限[M].李伯重,连玲玲,译.南京:江苏人民出版社,2005.

[185][美]威廉·A.哈维兰,哈拉尔德·E.L.普林斯,邦尼·麦克布莱德,等.文化人类学:人类的挑战[M].陈相超,冯然,等译.北京:机械工业出版社,2014.

[186][美]魏斐德,梁禾.讲述中国历史(下)[M].北京:人民出版社,2013.

[187][日]内藤湖南.东洋文化史研究[M].林晓光,译.上海:复旦大学出版社,2016.

[188][瑞典]安特生.甘肃考古记[M].乐森璕,译.北京:农商部地质调查所,1925.

[189][苏]列·谢·瓦西里耶夫.中国文明的起源问题[M].郝镇华,等译.北京:文物出版社,1989.

[190][意]阿纳尔多·莫米利亚诺.论古代与近代的历史学[M].晏绍祥,译.北京:北京大学出版社,2015.

[191][英]柴尔德.历史的重建:考古学资料的阐释[M].方辉,方堃杨,译.上海:三联书店,2008.

[192][英]格林.丹尼尔.考古学一百五十年[M].黄其煦,译.北京:文物出版社,1987.

[193][英]柯林武德.历史的观念[M].何兆武,张文杰,译.北京:商务印书馆,1997.

[194][英]李约瑟.文明的滴定[M].张卜夫,译.北京:商务印书馆,2016.

[195][英]威廉·亚当斯.人类学的哲学之根[M].黄剑波,李文建,译.桂林:广西师范大学出版社,2006.

二、报纸文章

[1]发掘殷墟发现更完整之字骨,证明商代商用石器[N].民国日报,1931-05-08(6).

[2]发掘殷墟今秋所获不多[N].民报,1934-11-09(1).

[3]救国.李济之来英讲考古[N].晶报,1937-04-06(2).

[4]考古主任之济南掘古谈[N].盛京时报,1930-12-20(3).

[5]两年半工作:考古成绩展览河南安阳出土山东城子崖出土两大部分之重要物品,研究中国上古史新材料之获得[N].时报,1931-02-23(3).

[6]卫斯.我国近代考古学史上的标志碑——西阴遗址首次考古发掘的经过与意义[N].山西日报,2006-02-21(3).

[7]杨罕.珞珈山上木铎声清:胡适、李济讲学旁听记[N].武汉日报,1948-10-05(5).

三、相关论文

[1]安可,叶娃.中国考古的类型学[J].南方文物,2023(3):248-256.

[2]查晓英."正当的历史观":论李济的考古学研究与民族主义[J].考古,2012(6):82-92.

[3]查晓英.李济的中国民族史研究:"去民族化"与发展科学[J].中山大学学报(社会科学版),2012(6):119-129.

[4]陈畅.三位中国考古学家类型学研究之比较[J].四川文物,2005(6):87-92.

[5]陈芳妹."科学化"的青铜古器物学的建立[J].故宫文物月刊,1995(149):24-41.

[6]陈洪波.史语所的实践与中国科学考古学的兴起(1929-1949)[D].上海:复旦大学,2008.

[7]陈梦家.殷代铜器三篇[J].考古学报,1954(1):15-59.

[8]杜而未.敬悼李济之先生[J].人类与文化,1979(13):8.

[9]杜正胜.新史学与中国考古学的发展[J].文物季刊,1998(1):33-52.

[10]冯天瑜."劳心"与"劳力"的合离变迁[J].中国历史评论(第四辑),2014(8):1-18.

[11]傅斯年.历史语言研究所工作之旨趣[J]."国立中央"研究院历史语言研究所集刊(第一本第一分),1928:3-10.

[12]葛定华.考古学之辅助科学与研究方法[J].河南大学学报,1934(1):1-8.

[13]顾颉刚.与钱玄同先生论古史[J].读书杂志,1923(9):3-4.

[14]韩俊红.追忆中国考古学之父李济先生[J].学术界,2008(5):233-236.

[15]胡肇椿.考古学研究热潮中:现在考古学者应取之态度与方法[J].考古学,1932(1):9-21.

[16]黄士强.李济老师的治学态度[J].人类与文化,1979(13):11-12.

[17]黄英烈.忆三叔李济博士[J].湖北文献,1983(66):40-43.

[18]俊明.20世纪科学史上的骗局[J].百科知识,1999(7):23-25.

[19]李沨."皮尔当人"的秘密[J].科学通报,1954(5):66-67.

[20]李光谟.李济与友人通信选辑[J].中国文化,1997(15-16):366-387.

[21]李光谟.为了人类知识的增进和传播——考古学宗师李济传略[J].东南文化,1998(1):8-20.

[22]李光周.洞洞馆里的思念[J].人类与文化,1979(13):13.

[23]李季.中国古文明起源漫谈系列之三——龙的传人与龙山文化[J].百科知识,1999(4):61-63.

[24]李济教授八十谈往[J].湖北文献,1974(32):90-91.

[25]李霖灿.济老四忆:为李济先生百年诞辰而作[J].故宫文物月刊,1995(149):6-13.

[26]李如东.超越方法论民族主义:从李济中国早期文明研究反观亚欧民族学问题[J].西北民族研究,2023(3):26-39.

[27]李悌君.关于中国古史问题及其研究法[J].励学,1936(6):21-34.

[28]李玄伯.古史问题的唯一解决方法[J].现代评论,1924(3):15-16.

[29]李子宁.挖出中国上古史(上)[J].中原文献,1987(1):1-6.

[30]李子宁.挖出中国上古史(续三)[J].中原文献,1987(3):6-11.

[31]李子宁.挖出中国上古史(续完)[J].中原文献,1987(4):12-16.

[32]李子宁.挖出中国上古史(中)[J].中原文献,1987(2):4-10.

[33]刘斌,马文灵.美国弗利尔美术馆所藏英文版《西阴村史前的遗存》研究[J].考古,2023(6):107-120.

[34]刘斌,张婷.河南地区考古对中国早期考古学术语形成的贡献(1921—1949)[J].西部考古,2017(14):375-401.

[35]刘楠楠.民国时期"中央"研究院发掘殷墟相关史料一组[J].民国档案,2022(2):5-32.

[36]刘文锁.论李济[J].考古,2005(3):86-94.

[37]刘中伟.李济晋南汾河流域考古调查和西阴村发掘的学术目的[J].江汉考古,2023(5):139-144.

[38]邱鹤.建设中国古史的商榷[J].大夏,1931(2):53-59.

[39]芮逸夫.悼念李济之先生兼述其在人类学上的贡献[J].人类与文化,1979(13):4-7.

[40]宋文薰.我国考古学界的老前辈李济博士[J].百科知识,1980(6):22-23.

[41]孙庆伟.有心还是无意:李济汾河流域调查与夏文化探索[J].2013(3):108-116.

[42]汤惠生.中国考古类型学的形成与发展——考古类型学系列研究之二[J].文博,2006(5):21-29.

[43]唐美君.悼念济之师[J].人类与文化,1979(13):10-11.

[44]王晓庆.论李济科学考古思想的建构[D].武汉:湖北大学,2014.

[45]夏鼐.批判考古学中的胡适派资产阶级思想[J].考古通讯,1955(3):1-7.

[46]夏鼐.皮尔当人疑案的解决及其教训[J].科学通报,1954(8):54-56.

[47]夏鼐.五四运动和中国近代考古学的兴起[J].考古,1979(3):193-196.

[48]徐新建.科学与国史:李济先生民族考古的开创意义[J].思想战线,2015(6):1-9.

[49]杨富斗.对西阴村遗址再次发掘的思考[J].三晋考古(第一辑)1994(7):14-17.

[50]杨天通.李济的考古学理论与实践[D].上海:华东师范大学,2011.

[51]姚绍华.近四十年中国考古学上之重要发现与古史之展望[J].新中华1936(19):70-81.

[52]张峰.傅斯年与中国现代考古学的建立[J].学术探索,2010(4):97-102.

[53]张光远.谈殷商帝王文物及五千多年前蚕茧在故宫:中国考古先锋李济博士百年诞辰纪念[J].故宫文物月刊,1995(149):14-23.

[54]张光直.台湾省浊水溪与大肚溪流域考古调查报告[M].台湾:"中央"研究院历史语言研究所,1977:1-26.

[55]张立东.李济与西阴村和夏文化[J].华夏考古,2003(1):95-99.

[56]张永康.中国考古学概述[J].湖南大学季刊,1935(1):52-61.

[57]张子辉.李济民族史观探析[J].青海师专学报.教育科学,2004(6):230-233.

[58]郑师许.十年来之中国考古学[J].大夏,1934(5):159-172.

[59]郑师许.通俗考古学丛书编辑计画[J].考古社刊,1934(1):17-28.

[60]钟江华.李济与中国近代考古学之构建[D].南昌:江西师范大学,2011.

[61]周予同.最近安阳殷墟之发掘与研究[J].中学生,1930(9):1-8.

[62]朱茉丽.徘徊在科学化追求与民族情感之间——李济学术思想探析[J].史学史研究,2017(2):42-50.

[63]朱茉丽.试论李济中国上古史重建的路向与方法[D].济宁:曲阜师范大学,2013.

[64][瑞典]安特生.An Early Chinese Culture[J].袁复礼,译.地质汇报,1923(1):1-45.

[65][英]霍布森.中国考古学上的新发现[J].朱建霞,译.自然界,1927(2):173-176.

附 录

李济学术纪行

1896 年

6月2日,李济出生于湖北省钟祥县城内双眼井,父亲李权、母亲涂氏夫人。

1900 年

在父亲教育方法的影响下,李济勤奋好学,首念《三字经》,后念"四书",略过《诗经》,便念《周礼》。

1905—1907 年

父亲通过北京会考,到北京任学部七品小京官的职衔,李济随全家迁到北京。

1908—1910 年

李济在湖北省立江汉学堂读书半年后,考入琉璃厂厂甸五城中学。其间,师从福建林琴南先生学习国文课;课外听父亲讲《孟子》,持续了两年之久。

1911—1912 年

庚子赔款开办的留美预备学校——清华学堂开始招生,李济投考被录取。中华民国成立后,清华学堂改为"清华学校"。

1913 年

5月,李济与同学成立了以砥砺品行学问为宗旨的学生团体——"新少年会",后改称为"仁友会",宗旨是"改良社会、服务国家"。

1914—1915 年

在清华学校,学校教学以英文为中心,就连图画、音乐、体育等课也有外教上课。国文方面,师从湖南饶麓樵老师学《荀子》,深得先生赏识,认为李济的读书笔记"可与《困学记闻》比拟"。在"国语演说会""国学研究会"中参加辩论会,并任学校演剧队队长、在课外集会中演奏古琴。

1916年—1917年

李济在清华学校高等科就读期间,作为演剧队成员参加学校在米市大街青年会举行的义演,并当选为学报经理部经理、"仁友会"会长等。在美国华尔考博士影响下,李济对心理学感兴趣,准备报考美国克拉克大学教育与心理学专业。

1918年

李济完成清华学校七年半学习,顺利毕业。8月14日,乘船赴美公费留学,入马萨诸塞州克拉克大学攻读心理学专业。留学期间,与徐志摩相识,同住一个公寓,共同参加红十字会员大会;与寓友订爱国章程、办朝会、唱国歌。12月,先生和徐志摩等人前往波士顿,听王正廷演说,加入中国留学生组织的"国防会",结识梅光迪、赵元任、吴宓等人。

攻读心理学专业期间,社会学韩金斯教授对李济"先读序及章节目录标题,就能了解全书大概"的读书方法十分钦佩。霍尔老校长将阅览室甚至书库全部对学生开放,提倡学生抽出时间泛读,养成广泛阅读的兴趣;李济后来对优生学的兴趣即来自于此。

1919年

李济进入克拉克大学留学的第二年,深受韩金斯教授的影响,没有继续攻读心理学研究生,改念社会学专业。在此期间,与徐志摩的往来书信中表明,两人开始关注国内五四运动前后的新事物,对《新青年》杂志、胡适的《中国哲学史》(上卷)等感兴趣。在硕士论文写作过程中,李济深感人口学的基本训练离不开数学,而自己数学基础不好,于是在老校长霍尔的鼓励下,计划改学人类学。

1920年

年初,李济申请硕士研究生学位,以《人口的质的演变研究》为题开展研究,内容涉及个体差异及其原因、人口质的演变以及素质的改善三方面。6月,通过硕士论文答辩,并被美国社会学会吸收为会员。同月,前往俄亥俄州米勒橡胶公司参加劳动一个月。

夏季,进入哈佛大学人类学系,在人类学研究所攻读博士学位,先后与张欣海、叶企孙、李熙谋等同学合住。

师从虎藤学习体质人类学、解剖学和史前考古学;从狄克森学习亚洲、美洲和大洋洲民族学;并选修了几门大学本科学生课程。

1921 年

3月,李济前往美国东部各大学和波士顿地区,对中国留学生和侨民111人开展人体测量学调查。暑期期间,协助虎藤教授洗刷埃及人头骨,掌握人头骨处理的经验和方法。又跟随麦独孤教授作关于"小白鼠学习游泳并将本领遗传给下代"的心理学实验。其间,教务长切斯采用博物馆实物教学法讲授希腊考古学,激起考古学的学习兴趣。

经过一年的人类学探索,他选定"中华民族的形成"为博士论文方向,查阅中国古籍、传教士著录和城垣建筑资料,研究4478个城市的兴衰、4657个大姓的迁徙问题;将中国少数民族历史问题和现代社会问题相印证,从而探寻中华民族的迁徙线索和人口状况,归纳出汉民族发展演变的趋向,推导了中国少数民族的迁移问题,开创了中国人种学研究的先河。

1922 年

12月,李济在美国人类学会年会上作了题为《中国的若干人类学问题》的学术报告,提出考察中国的人类学,要从考古学、民族志、人体测量学、语言学的角度出发;比较拼音字文明与象形字文明的优缺点及其对各自文化发展的影响,探讨中国现代化步伐缓慢的基本原因即象形字不能实现检索化。英国哲学家罗素曾在其1922年出版的《中国问题》一书中,大段引证先生关于"中国象形文字与西方拼音文字重要区别"的见解。此文于1923年刊载于《哈佛研究生杂志》(第123期)。

1923 年

5月,李济以"极佳"的评语通过博士论文答辩,6月被授予博士学位。当时的中国留学生很少留在美国,先生也选择了回国发展。

暑期回国后受聘为南开大学人类学、社会学教授。

10月,南开大学成立教授会,选举李济等5人为学年委员,负责组织教员活动,对教学工作提改进意见。

中旬,李济遇到改变其学术命运的地质调查所所长丁文江,在其资助下,偕勘探专家谭锡畴前往新郑试掘,发现现场遭到严重破坏,墓葬已被洗劫一空,加上土匪骚扰而草草收场。发掘工作虽然失败,但收获宝贵经验无数,并对新郑人骨进行研究,写成了《新郑的骨》一文,并于1926年公开发表在《中国科学社论文专刊》(第31卷)上。

11月初,李济在南开大学经济学会上发表演讲,后发表在《南开周刊》(第75期)(1923年11月9日)上。先生认为,研究学问与所处环境密切相关,研究"漫无头绪"的中国问题"如理乱丝",必须由无法之中寻方法,始可按步研究,大问题自易解决。

1924年

经学长凌冰向张伯苓校长推荐,李济任南开大学文科主任。其间,在研究新郑遗骨过程中,结识了美国华盛顿弗利尔艺术馆毕士博。

4月,李济前往湖北省立师范大学、武昌各学校以及工厂等地作人体测量。

西北大学与陕西省教育厅联合举办"暑期"学校,李济前往西北大学讲学,内容为社会学大要、人类学概要、人类进化史等。其间,初识鲁迅,两人共同参加了"易俗社"演戏纪念活动。

1925年

3月,毕士博来信邀请李济参加弗利尔艺术馆的中国考古活动,先生虽表示同意,但有两个毋庸置疑的前提:一是必须与中国学术团体合作;二是出土古物必须留在中国,后来成为文物保护的基本原则。毕士博复信表示同意,承诺"绝不会让一个爱国的人,做他不愿意做的事情"。随后,以清华名义展开发掘,由弗利尔艺术馆负责经费,李济主持合作事宜。

4月26日,在丁文江推荐下,李济应聘回母校清华大学,担任国学研究院特约讲师,兼任历史学系教授,王庸为其助教(直到1928年6月);讲授普通人类学、人体测量学、古器物学和考古学;与杰出学者王国维、梁启超、陈寅恪、赵元任四大导师同执教鞭;薪水400元,其中,弗利尔艺术馆支付300元,剩余100元由清华大学支付。因外出考古发掘或出国参会,李济"每学期回院讲学不过数周"。

其间,李济前往湖北黄陂、黄冈、武昌等处实地开展体质调查,从身高、鼻阔及颅圆等方面发现居民体质构造差异,根据测量结果,写成《湖北人种测量之结果》一文,在中国科学社第十次年会上作专题报告。

李济在地质调查所《地质专报》《中国古生物志》上,发表古人类学家步达生的两篇中译文:《甘肃史前人种说略》《奉天沙锅屯及河南仰韶村之古代人骨与近代华北人骨之比较》。

10月28日,李济在《晨报副刊》发表《谈古琴的运命》一文;31日,先生开始上"人文学"普通演讲课,每周两小时。

11月12日,李济出席国学研究院第三次教务会议,议决设置古物史料陈列室、外出考察及与外界协作考古发掘等事宜。

1926年

1月5日,清华大学校务会议通过议案:明确研究院的宗旨是"只作高深专题研究,不授普通国学",李济表示赞成。14日,先生在大学部讲演"考古学"。

2月5日,李济与地质研究所袁复礼前往山西南部汾河流域开展考古调查,在介休县考察窑房、对86名本地人作人体测量,在交头河、西阴村等史前遗址收集陶片,发现多处历史遗迹,并在安邑县查看县长收集的大量佛教造像碑以及古代碑碣。

6月24日,国学研究院与历史学系举行联席会议,议决双方合办考古学陈列室,双方教授共同组成委员会,推举李济为委员会主席,主持考古学室工作。

弗利尔艺术馆与清华大学双方合作,李济主持西阴村史前遗址考古发掘,合作方式为:清华大学国学研究院组织考古团;主要由弗利尔艺术馆负责发掘经费;中英文各写一份发掘报告,分别由清华大学和弗利尔艺术馆出版;所得古物暂归清华大学保管,以后交中国"国立"博物馆永久保存等。先生按照考古学标准细致发掘,所得文物两千多件,是中国历史上首次由中国人独自主持进行的科学考古发掘。

6月5日,李济与沈兼士、翁文灏、葛利普、袁复礼、步达生、周诒春、颜惠庆、曹云祥、蒋梦麟十人联名致信英庚款董事会,要求从英庚款基金中拨款建设一所中国人类学和考古学博物馆。

7月14日,李济与弗利尔艺术馆订立《山西省历史文物发掘管理办法》。

10月15日至12月初,李济与袁复礼再度前往发掘山西省夏县西阴村史前遗址,所得遗物大半为破碎的陶片,还有兽骨、花瓦、石器、骨针及各种杂件,另有半个人工切割过的蚕茧、一个泥质小杯。这是中国境内首次由中国人自己主持进行的科学考古发掘。回到北京后,及时整理发掘物,并举办展览和演讲活动。

12月10日,梁启超在得知西阴村史前遗址发掘成果之后,致信次子梁思永,要介绍其跟随李济先生作田野考古工作。

1927年

1月10日,国学研究院专门举办一次茶话会,欢迎李济和袁复礼西阴村发掘归来。会上听完二人关于发掘工作的介绍后,有人对半个蚕茧的切割有怀疑。比如,有人说,"我不相信,年代那么久,还是这样白""既然是新石器时代的遗物,究竟用什么工具割它?"王国维认为,那时候"未始没有金属工具",并引明义士的观点:"牛骨、龟骨是用耗子牙齿刻的",建议找一有历史根据的地方进行发掘,一层层掘下去,看它的文化堆积情况,所得结论才更科学可靠。会后,梁启超给次子梁思永写信,引导其努力成为"中国第一位考古专门家"。

2月24日,李济在国学研究院第8次教务会议上,报告山西考古发掘情况及收获。

李济撰写的现代考古发掘报告——《西阴村史前的遗存》,作为清华学校研究院丛书第三种发表,同时送交弗利尔艺术馆英文本一份。

7月,梁思永回国,在国学研究院任梁启超的助教,并在考古学研究室研究李济从西阴村发掘出来的文物资料,写成硕士论文《山西西阴村史前遗址的新石器时代的陶器》。

李济撰写的论文《山西南部汾河流域考古调查》发表在美国《史密森研究院各科论文集刊》（第 78 卷 7 期）上。

10 月，蔡元培致信李济，诚聘其为"中央"研究院地质研究所筹备委员。赴陕西作调查，因受北伐战事影响，平汉路有几段不能通车，坐海船去西北，途经大连时拜访丁文江。

给弗利尔艺术馆撰写《西阴村史前遗址的发掘》一文；在《中国古生物志》上发表步达生论文中译文：《周口店储积中一荷谟形的下白齿》。

1928 年

3 月 12 日，李济与傅斯年、蔡元培、陈寅恪等 20 人受聘为"中央"古物保管委员会委员。

5 月 12 日，李济出席学生姚名达等组织的"史学会"成立会议。

秋季，李济赴美国与弗利尔艺术馆商谈，弗利尔艺术馆赋予李济全权，负责与中国学术机关合作考古事宜。

6 月，"中央"研究院成立。10 月，历史语言研究所在广州中山大学正式成立，分设史料、汉语、文籍考订、民间文艺、汉字、考古、人类学及民物学、敦煌材料研究等八组，电邀李济回国主持考古组。13 日，董作宾以"中央研究院掘地层委员会"的名义，主持安阳小屯遗址首次试掘，正式开启殷墟考古事业。

12 月，李济回国，南下广州会晤傅斯年，并在中山大学演讲《中国最近发现之新史料》，载广州中山大学《语言历史研究所周刊》（第 5 卷 57 和 58 期合刊）。演讲中，他提倡科学考古、建立博物馆、保存古物，批评安特生甘肃发掘急于求成、毁坏材料，并认为其彩陶西来说不妥。随后，他辞去清华国学研究院教职，正式担任史语所专任研究员兼考古组主任。同时，北上开封会晤董作宾，了解安阳殷墟首次试掘成果，确定下一步的发掘工作安排；此后，董作宾负责研究甲骨文，先生具体负责发掘工作。

李济博士论文由哈佛大学出版社正式出版专书，定名为《中国民族的形成：人类学探究》。

1929 年

以"中央研究院考古组发掘团"名义,李济领导安阳殷墟第二次、第三次发掘;基于现代学术立场,与工作同仁约定:一切古物归公,私人不得收藏古物。这一约定成为中国考古学、民族学的工作规则和优良传统。

3月,史语所由广州迁北平,接收北平午门博物馆,改称之为"中央"研究院历史博物馆筹备处,李济任筹备委员。

6月,史语所迁入静心斋。所务会议议定,将八个组合并为三个组,一组为历史学,从事史学及文籍考订;二组为语言学,从事语言学及民间艺文;三组为考古学,从事考古学、人类学及民物学,其中,李济担任第三组主任。

10月,李济主编的现代考古学刊物——《安阳发掘报告》(第一期)出版,刊登第一、第二次殷墟发掘的部分研究结果,包括其《发刊语》《小屯地面下情形分析初步》和《殷商陶器初论》。"中央"研究院院长蔡元培先生为此刊物写了序言,指出研究成果显示中国考古学的发展方向,即立足整体、注重系统性,求客观知识的态度。

因史语所带少量古物回北平引起误会,河南民族博物院何日章以"河南地方文明之表率尽移置于他方则不可"为由,阻挠考古组发掘工作,并组织河南地方发掘队赴安阳挖掘。

给弗利尔艺术馆撰写《小屯村陶器初论》报告稿。

1930 年

1月,李济被所务会议推举为史语所秘书,受聘担任"中央"研究院自然历史博物馆顾问。

5月,李济前往南京,调查六朝古墓。其弟子卫聚贤发掘南京栖霞山张家库六朝墓葬,发现新石器时代遗物。

6月,鉴于史语所的工作旨趣与弗利尔艺术馆的工作目标矛盾凸显,李济辞去弗利尔艺术馆职务。

7月,李济获中华教育文化基金董事会赠予的考古学讲座一席。

10月,李济前往山东调查,确定发掘龙山遗址。11月4日,"中央"研究院与山东省政府合组山东古迹研究会,由先生为委员兼工作主任,领导龙山镇城子崖遗址发掘;6日,先生在青岛大学工学院礼堂召开的山东古迹研究会城子崖遗址发掘新闻发布会上做主题发言;14日,先生在吴金鼎陪同下,考察临淄、城子崖等遗址,决定将城子崖作为第一个发掘地。经过科学发掘,城子崖遗址出土大批黑陶及贞卜兽骨,被先生命名为"龙山文化",认为此文化为中国东部文化圈由史前期到历史时期的重要桥梁。

李济在其主编的《安阳发掘报告》(第二期)发表《民国十八年秋季发掘殷墟之经过及其重要发现》《小屯与仰韶》《现代考古学与殷墟发掘》等论文。

李济给弗利尔艺术馆写《一九二八——一九二九年殷墟发掘报告》。

1931 年

2月19日,李济在"中央"电台作《"国立中央"研究院三年来之考古工作》的演讲。21日,史语所举办考古组田野工作成绩展览会,陈列河南安阳、山东城子崖出土物品,整理独具心裁,陈列分类清晰,各件附有说明,并印《考古工作概况及物品目录》现场发放;先生在"中央"大学教室演讲《由发掘所得关于中国上古史之新材料及新问题》,引起极大反响。22日,史语所招待学术界、新闻界,先生报告河南殷墟及山东城子崖发掘经过。

中华教育文化基金董事会决定从今年起拨给史语所田野考古经费每年三万银元。

随着中原大战结束,史语所与河南省政府达成合作协议,以"殷墟发掘团"的名义继续进行殷墟发掘。

3月2日,李济写信给毕士博,详细说明双方在安阳发掘合作中所发生的不愉快事件和误会,驳斥对方的不实之词,并应允在年内送去最后一份英文报告。

3—5月,领导第四次殷墟考古发掘,此次发掘扩展到东部的后冈和西部的四盘磨,分别由梁思永、吴金鼎负责,特点是地带广、用工多、收获大。

6月,史语所将考古组移至北海蚕坛。

10月,史语所对龙山镇城子崖作第二次发掘。

10—12月,殷墟发掘团组织第五次殷墟发掘,在后冈发现仰韶文化、龙山文化与小屯商文化的地层叠压关系。

考古组开展河北磁县陶磁业调查,前往河南汲县、浚县、洹滨、偃师以及胶东地区开展考古调查。

李济在其主编的《安阳发掘报告》(第三期)发表《俯身葬》一文,考查三座墓葬的异同,认为皆为殷商时期墓葬,并解释墓葬的土层及殉葬物。在《山东省立图书馆季刊》(第1集第1期)上发表《发掘龙山城子崖的理由及成绩》一文,为陈衡哲主编的英文版《中国文化论集:1930年代中国知识分子对中国文化的认识与想象》撰写《考古学》一文,提交给在上海举办的太平洋关系协会第四次年会。

李济给弗利尔艺术馆撰写《河南安阳小屯村殷墟遗存性质的初步考察》报告稿。

1932年

2月8日,李济与董作宾同去开封,仿照山东古迹研究会,与河南省政府组织河南古迹研究会,共同发掘辛村、小屯两地,所得遗物得以比较参证,借鉴殷商的文化源流。由先生任委员兼田野工作主任。双法拟定办法八条,即一、由"国立中央"研究院与河南省政府各聘委员二人至五人,组织河南古迹研究会;二、"国立中央"研究院委员由"国立中央"研究院历史语言研究所推荐李济、郭宝钧、董作宾、张中孚四人担任,河南省政府委员由河南省政府教育厅推荐关百益、王幼侨、王海涵、林伯襄四人担任;三、设委员长一人,工作主任一人,秘书一人,由委员互选;四、工作暂分调查、发掘、研究三步,由"国立中央"研究院负责科学指导,河南省政府负责保护;五、会址设于开封,并于发掘处设立办事处。六、工作费用由"国立中央"研究院与河南省政府分担,遇必要时,由"国立中央"研究院独担;七、发掘所得古物均存置本会内,以便研究,惟因研究之方便,得由本会通过提出一部分在他处研究,但须于一定期内交还本会;八、发掘工作暂以浚县为试办区。随后,前往洛阳调查伊阙造象、北邙冢墓、金墉城及太学遗址等。

4—5月,李济主持第六次安阳发掘,主持浚县辛村(西周战国墓地)第一次发掘,视察大赉店发掘工作。

10月,李济视察浚县辛村第二次发掘及殷墟第七次发掘。

考古组前往淇滨、内黄以及豫北、鲁南等地开展考古调查;组织高井台子、四面碑发掘。

在北平北海蚕坛设讲座,李济为考古组青年同事讲授《考古人类学导论》,并聘请其他专家作专题报告。

12月,史语所开始南迁上海。26日,在亚尔培路中国科学社图书馆,李济讲演《河南考古最近之发现》,并陈列展览浚县出土的西周古物。讲演中,先生介绍了殷墟第四至七次发掘结果,发现殷商建筑以版筑为基础,对研究殷商宫室制度大有裨益;同时,讲解了浚县墓葬发现的马殉葬、墓旁另筑马坑以及车马装饰,由此可以寻得古战车制度的相关知识。

李济为傅斯年、蒋廷黻、徐中舒等编写的《东北史纲》写英文节略,提交国联李顿调查团,说明东北三省在历史上即为中国领土。

李济在《云南会计学会学术研究专刊》(1932年第1期)上发表《我们为什么要研究经济学》一文,从经济学的定义入手,解释经济学与人生的关系,介绍研究经济学的两种方法,即归纳与演绎。

本年,因安阳殷墟考古的巨大成就,史语所荣获被称为"汉学界的诺贝尔奖"的法国儒莲奖。

1933年

1月,李济与杨杏佛联袂赴北平;中旬,与胡适、蒋梦麟等筹建民权保障同盟北平分会,于30日正式成立,发展各大学教授校长会员四十二名。李济被选为执行委员、执委会副主席。

春,史语所由北平迁上海小万柳堂。

3月,"中央"研究院决定史语所与社会科学研究所合并,称历史语言社会研究所,聘李济为副所长。6日,李济接受《益世报(北京)》专访,介绍安阳殷墟前七次发掘所得商代文字铜器、陶器、军器、动物遗骨以及建筑遗迹,通过研究都城基础建筑,推知殷商时代社会生活情形,并概述浚县周代古墓、山东龙山镇发掘情形。

4月,"中央"博物院筹备处在南京成立,其宗旨是"汇集几千年来先民遗留下来的文物和灌输现代知识应有的资料,作永久的保存,系统的陈列,藉以提倡科学研究,辅助民众教育"。"中央"博物院筹备处聘任李济为人文馆筹备主任。李济视察刘庄发掘、辛村第三次发掘。

5月15日,李济出席中国考古会首次理事会议,被推定为调查委员会委员。

11月,李济视察第八次殷墟考古发掘、辛村第四次发掘以及安上村、曹王墓发掘。前往董福营、淇滨、鲁东、豫西、临淄、滕县、南阳、汲县、豫北等多处开展考古调查。李济受聘为上海市立图书馆、博物馆、体育场筹设委员会委员。

12月,李济代表"中央"博物院筹委会与前军长何遂接洽,以三万余元低价购买大批家藏古物,包括瓷器593件、铜器544件、瓦器460件、玉器189件、石器180件、玻璃器73件、木器53件、泥器42件、骨器26件、铁器17件、托沙器13件、漆器9件、牙器8件、铅器5件、竹器2件以及皮器、纸器各1件,还有大量造像,共计两千余件。

本年度李济在其主编的《安阳发掘报告》(第四期)发表《安阳最近发掘报告及六次工作之总估计》一文,将1929—1932年六次殷墟发掘成果作一总结;并为改刊写《编后语》。在《庆祝蔡元培先生六十五岁论文集》上发表《殷墟铜器五种及其相关之问题》一文,就前四次发掘发现的矢镞、句兵、矛、刀与剑以及斧与锛五种铜器分别作了深入研究。在《珞珈月刊》(1933年第1卷第1期)上发表《关于中国古代史的新史料与新问题》一文,系其于11月26日在武汉大学的演讲笔记。

1934年

3月,李济被南开大学聘为学校评议会委员。在《东方杂志》(第31

卷第7号)上发表《中国考古学之过去与将来》一文,提出(一)一切地下的古物完全是国家的,任何私人不能私有;(二)国家应该设立一个很大的博物院训练些考古人才,奖励科学发掘,并系统地整理地下史料;(三)应各大学之需设一考古学系。

4月,原社科所与史语所合并之议撤销,该所的民族学组并入史语所,改称人类学组。

4月11日,戴季陶通电"中央"政府,要求严禁一切地下发掘活动;16日,李济致信丁文江,严正批评戴季陶制造舆论反对科学考古事业,请丁文江设法唤起北方之舆论,开展公开讨论。

4—5月,殷墟发掘团发掘南霸台、塌坡、马峪沟、赵沟、陈沟等处遗址。

5月,李济视察第九次殷墟考古发掘。

5月28日,所务会议建议将"中央"研究院历史博物馆筹备处并入"中央"博物院筹备处。

7月,李济任"中央"博物院筹备处主任;26日,在首次建筑会议上被推定为建筑委员会常务委员。

8月,李济兼任第四组主任,12月辞去,由吴定良接任,研究领域整合为人类学与民族学。

夏,李济当选为国际人类学与民族学会理事。

10月,史语所由上海迁南京北极阁鸡鸣寺路一号新址。李济被任命为"中央"古物保管委员会常务委员。

10月,史语所组织云南民族及人种调查。李济在《第五届太平洋科学会议文件集》(第4卷)上用英文发表《当代中国考古工作概述》一文。

10月30日,国联会致函国民政府,"以古物为国家文化表证、应互为保管、以存固有文化,特在国联下设国际古物保管会,凡会员国均须派代表一人参加"。李济以故宫博物院理事身份,被行政院定为国联古物会出席代表,若有盗卖文物的情形,可通过该会处理退回。

冬初,李济视察侯家庄西北冈第十次殷墟考古发掘,此次发掘获得精美铜器和石器多件。先生与梁思永都确认侯家庄为帝后陵寝,而小屯则为殷都遗址。

12月,殷墟发掘团组织同乐寨和青苔的发掘。

本年,考古组前往鲁东、洹滨、豫西、新郑、广武以及洹水上游和寿县等地开展考古调查。李济在"中央"研究院(上海)作《河南考古之最近发现》的学术演讲,载《国闻周报》(上海)第11卷第24期;在上海《东方杂志》(第31卷第7号)发表《中国考古学之过去与将来》一文,主张"一切古物应归国有""设立国家博物院""在大学设立考古学系";主编中国考古报告集之《城子崖》,并为之作序。

1935 年

2月8日,三周年纪念日之际,河南古迹研究会在开封第二次展览河南出土文物。

李济将梁思永提出的高达二万银元以上预算,提交至"中央"研究院总干事丁文江,丁动用"中央"博物院的研究经费,予以批准。

2月26日,李济在广西乐群社大礼堂演讲《吾们对于中国古代文化之认识》,详述商汤时代的文化生活,阐明商汤文化之前尚有龙山文化与仰韶文化,藉以说明中国古代文化富于弹性且能适应环境、为世上最优美的文化;最后指出,中国抗战取得最后胜利以悠久文化为基础。

3月5日,史语所添设人类学实验室。16日,行政院公布《采掘古物规则》《外国学术团体或私人参加采掘古物规则》及《古物出国护照规则》,公布后当即将全国第一号"采取古物执照"发给第十一次殷墟发掘领队梁思永。

李济前往侯家庄西北冈,视察殷墟第十一次发掘。此次发掘收获颇丰,包括牛鼎、鹿鼎、石磬、铜盔、戈、矛等多件石器、玉器以及精美的象牙碗、鸟兽形仪仗等。

5月18日,中国博物馆协会在北平成立,李济当选为执行委员会常委。

6月20日,李济当选为"中央"研究院评议会聘任评议员(直至去世）。同时,受聘为"中央"博物院第一届理事。

9月5日,殷墟发掘团在侯家庄西北冈、山彪镇及大司空村组织第十二次殷墟发掘,规模最大、雇人最多,发掘面积达9600平方米;结果表明,殷商建筑中版筑占有重要地位,殷商时代杀人殉葬具有真实性,物质文化达到极高水平以及统治阶级极其奢靡。

1936年

1月30日,李济代蔡元培分别撰写致豫皖绥靖公署主任刘峙、安阳公署王专员的信,说明位于冠带巷2号的安阳殷墟发掘团办事处所有房屋,是史语所向房主租借的房屋,双方订有长期合同,且院内设备用具、考古资料甚多,无法让与95师,请予严加保护,以免影响学术工作。

春,李济前往小屯视察殷墟第十三次发掘。本次发掘采用"卷地毯"的方法,于6月12日发现H127龟甲档案库,出土有字甲骨17906片,包括300多块完整龟甲。

4月13日,李济在"国立中央"大学首都讲演会上演讲《中国民族与中国人种》,他从人种学的角度说明中华民族三千年的演化历程,虽然体质上因地域产生差异,但语言、信仰以及思想文化均相同。因此,中华民族实为一大民族,代表东亚人种的安定势力。

4月15日,"中央"博物院第一届理事会召开,李济等十三人被聘为理事,蔡元培任理事长。

5月—7月,安阳殷墟发掘团组织瓦屋村和大孤堆的发掘。

8月,"国立中央"研究院历史语言研究所专刊——《田野考古报告》(第一册)出版,李济撰写《田野考古报告编辑大旨》,指出田野考古工作者的责任,是"用自然科学的手段,搜集人类历史材料,整理出来,供史学家采用";编写考古报告的旨趣在于将各处发掘工作积累的知识系统地汇集起来,再由史学家自由地比较采取。

暑期,李济应邀赴四川讲学。

9月—12月,安阳殷墟发掘团开始大司空村第二次及殷墟第十四次发掘。

11月,蔡元培主持"中央"博物院院址奠基式。"中央"博物院理事会拟订"与中央研究院合作暂行办法"。

李济在《独立评论》第188期发表《怀丁在君》一文,追念丁文江对中国科学事业的贡献,称其为"中国提倡科学以来第一个好成绩"。

12月,应英国大学联合会的邀请,李济于20日乘坐英轮"卡摩林号"经上海前往伦敦讲学。

1937年

1月,李济抵英讲学;先后在威尔士、伦敦、剑桥、里兹、利物浦、爱丁堡、曼彻斯特等地作了14次演讲,宣传中国考古事业的成绩,参观各国博物院与考古工作,并代"中央"博物院采购物品及标本。

应瑞典王储古斯塔夫·阿道尔夫邀请去瑞典讲学。

在德国各地参观了多座博物馆。

2月,第二次全国美展在南京举行,侯家庄西北冈及小屯出土器物参加展出。

3—6月,安阳殷墟发掘团进行殷墟第十五次发掘。同一时期,另进行琉璃阁、毡匠屯、固围村的考古发掘。史语所迁抵长沙,"中央"博物院迁往重庆。

4月,李济出席在伦敦召开的国际科学联合会总会大会。

6月返国。受傅斯年所长委托,李济负责主持史语所西南搬迁事宜。

6月13日,李济担任中国科学化运动协会天津分会主办的"高级小学科学演说竞赛会"评委。

12月,因战事吃紧,史语所拟迁昆明。在此之前,考古组部分人员在长沙陆续离所,投笔从戎。

本年,考古组前往洹水下游、西湖、登封、西康、北平、大同、包头、五原、归绥、长沙等地开展考古调查。

1938年

史语所于撤退昆明途中,取道桂林,暂驻月余,在阳朔设工作站。由傅斯年代理研究院总干事,先生奉命代理所长。

2—3月,史语所迁往昆明。组织考古组成员前往宝鸡、昆明、大理、苍山等地开展考古调查。

"中央"博物院部分文物迁至乐山。

9月,吴金鼎、曾昭燏等由英返国,参加"中央"博物院筹备处工作。史语所、"中央"博物院筹备处及中国营造学社由昆明市内迁往龙泉镇。

1939年

3—7月,史语所与"中央"博物院合作,发掘云南马龙峰;九月开始至次年一月,由"中央"博物院对清碧、佛顶峰、中和寺、龙泉峰等地进行考古发掘。其中在中和山麓南诏遗址获有字瓦片一百余,内有书"大罗全四年"字样者一片,成为研证南诏史的重要资料。

在龙泉镇"中央"博物院的工作地点设立简单实验室,李济亲手做殷墟出土各类陶片的比重实验。被推选为云南民族学会会长。

5月,史语所选送部分安阳出土器物及部分图片图表,参加苏联莫斯科中国艺术展览会;苏联考古家基塞廖夫获见此批珍品后,推断其在叶尼塞河上游发现的卡拉苏克文化之年代。

6月10日,李济在云南民族学会作题为《民族学发展之前途与比较法应用之限制》的学术演讲。演讲中,谈到不同文化养成的学者了解其他民族文化的困难,进而提出运用比较法的局限性;分析在对不同民族文化比较时如何使工作取得最大程度的可靠性问题;提出要学会运用另一民族的语言文学进行思考,不应把本民族文化放在固定的位置上,而是利用自己的语言和思想习惯,先从研究自己的文化做起。讲稿于1941年发表在《国立云南大学社会科学学报》(第1卷1期)上。

12月,派吴金鼎前往大理附近作考古调查。

1940年

1—6月,前后两次派"中央"博物院吴金鼎、曾昭燏调查大理、喜州至苍山麓史前遗址及数处南诏遗址。

3月,当选为"中央"研究院第二届聘任评议员。

3—4月,"中央"博物院组织发掘苍山白云甲址。

4月,史语所派李光宇赴长沙将存长文物运送重庆;又经桂林,将存桂文物运送昆明。

根据殷墟发掘所得材料及李济的《殷墟青铜器五种及其相关之问题》《民国十八年秋季发掘殷墟之经过及其重要发现》《安阳最近发掘报告及六次工作之总估计》等文章内容,谢华、叶蠖生、尹达等人所写的讨论殷商社会性质的几篇论辩文章,在延安《中国文化》杂志陆续刊登,得出殷商时代为奴隶社会和殷商时代为以氏族社会为主导的社会形态这两种不同结论,并展开热烈论争。

李济在"中央"研究院地质研究所化验室及化学研究所协助下,对小屯陶器质料进行化学分析,写成《小屯陶器质料之化学分析》一文,后于1952年发表在《"国立"台湾大学傅故校长斯年纪念论文集》。

秋季,史语所、"中央"博物院筹备处由昆明迁至四川南溪李庄镇。

本年,李济被选聘为英国及爱尔兰皇家人类学会荣誉会员。

1941年

1—4月,史语所与"中央"博物院合作前往宜宾、南溪、新津、彭山、成都、郫县一带开展考古调查;9月,合作进行西康理番的考古学及人类学调查。

4月,李济受聘为"中央"博物院第二届理事。

6月9日,史语所举办"考古文物展览",展出安阳殷墟的头骨、有字甲骨、发掘现场照片以及人类进化图等。

7月至次年3月,史语所、"中央"博物院、中国营造学社三家合组川康古迹考察团,开展彭山发掘,在豆芽房、砦子山等地掘获崖墓六十座,发现重要石刻及特殊雕刻。

12月,日军侵占香港,史语所原存香港的文物悉告损失。

1942年

3月,日军侵占长沙,史语所存在长沙圣经学校的部分文物悉告损失。

4—11月,史语所与"中央"博物院、中国地理研究所合组西北史地考察团,前往敦煌、黑水流域及甘州进行考古调查。

8—10月,西北史地考察团在阳关葬地、古董滩、察克图燧峰等地进行考古发掘。

11月,选送殷墟出土各期之甲骨文字图片,赴重庆参加教育部组织的第三次全国美展。"中央"博物院筹备处由月亮田迁至李庄镇张家祠。主编《云南苍洱境考古报告》,作为"中央"博物院专刊乙种之一出版。

12月,调查川南苗族文化。

本年成立"历史语言研究所管理委员会",照顾同仁生活;继续发掘彭山崖墓,除完成砦子山墓地发掘外,又进行陈家编、李家沟、牧马山等墓地发掘。

1943年

1月,由"中央"博物院、史语所以及四川省立博物馆合组琴台整理工作团。

3月,"历史语言研究所管理委员会"改称为"员工消费合作社"。

1—3月,李济任组长的西北史地考察团调查彬县、乾陵、醴泉、咸阳,并前往洛阳进行石刻调查。2—6月,在老虎煞、丰镐村及岐阳堡等地进行考古发掘;4—8月,在西安、耀县碑林、斗门、户县、武功、凤翔、宝鸡、临潼秦陵等处进行考古调查。

3—9月,琴台整理工作团对成都西郊琴台进行考古发掘,收获有玉台、胡床、带字玉玺、玉册、银罐与玉带,壁画与浮雕及立体雕等珍贵文物,悉数交给四川博物馆。

4月,日本须山卓把李济的博士论文译成日文《支那民族の形成》出版。

10月,"中央"博物院在李庄举办史前石器和周代铜器展览。

11月12日,在"中央"图书馆再次举办同一展览,尤其是古石器部分,分期分系统排列,观众从中可以概要了解人类史前三四十万年历史的发展情形。李济为展览专门写了一篇《远古石器浅说》的文章,从进化论角度,深入浅出地介绍人类如何开始使用工具以及石器演进历程。他强调指出,只要认真把科学方法运用到史学上来,中国完全有可能写出四十万至五十万年的历史。

在重庆,与傅斯年、罗香林等发起组织"中国史学会"。

李济在《社会教育季刊(重庆)》(第1卷第4期)发表《"国立中央"博物院筹备处概况》一文,简要介绍"中央"博物院成立的背景、宗旨和发展历程,从"边疆调查与边疆教育的推行、内地的工作以及正式的展览"三方面概述了"中央"博物院的工作成绩,拟订了推行社会教育的六点计划,包括"以科学方法作长期的系统陈列""设临时展览会""扩充演讲、电影等活动""充分与中小学合作""举行流动展览"以及"对户外标本作简单有趣的说明"。

1944 年

4月,"中央"研究院、"中央"博物院、北京大学、中国地理研究所合组西北科学考察团,在敦煌、洮沙、民权等地进行考古调查,发掘敦煌老爷庙墓地。8月,调查月牙泉被盗墓地。10月,在月牙泉与玉门关外发掘,获汉简三十余枚。

8月,李济为李霖灿《麼些象形文字字典》作序,指出,"无论在记录科学或实验科学中……最应该宝贵的是继续发现新的事实:材料的新,概念的新,方法的新,解释的新,都值得表扬。只有如此,方能使一门学问继续进步"。

本年,李济撰写《小屯地面下的先殷文化层》一文,在"中央"研究院《学术汇刊》(第1卷2期)上发表。先生在重庆中央广播电台播讲《博物馆与科学教育》。

1945 年

1月,西北科学考察团发掘大方盘长城遗址。

3月,清理战时文物损失委员会平津区办事处成立,李济任副主任委员。

5月,发掘洮沙阳洼湾墓地。

6月,调查民勤沙井遗址。

8月,调查四川理番戎语。

9月,史语所派石璋如随研究院第二批人员还南京,筹备史语所返都事。

11月,李济赴重庆筹划"中央"博物院筹备处复员工作;发掘武威古墓。

撰写《研究中国古玉问题的新资料》一文,在《历史语言研究所六同别录》(中)出版。

1946年

3月,李济组织复原工作委员会。

春,返回南京,旋以盟国对日委员会中国代表身份,与张凤举赴日本各地调查并接收日军方及各方战时劫夺自中国的文物,尤为关心"北京人"头盖骨的下落,先后5次寻找,可惜一无所获。5月初返国。

史语所及"中央"博物院筹备处由李庄经重庆返回南京。

夏季,在史语所所址初识郭沫若。后来郭沫若在《南京印象》一书中,称颂身着破旧衣衫待客的李济代表了"我们中国的光荣的一面",对于李济在学术上对他的坦诚相待颇受感动。

10月,考古组前往调查杭州古荡、良渚、笋山等地。

1947年

主编的《中国考古学报》第二册出版。在前言中,李济谈到改名的缘由:从《安阳发掘报告》改为《田野考古报告》是反映田野工作的扩大;从《田野考古报告》改为《中国考古学报》,则反映近期内田野工作无法恢复,只能做些室内工作。

协助曾昭燏修订《博物馆》一书。

本年,李济辞去"中央"博物院筹备处主任,集中精力整理殷墟发掘报告。

10月,李济参加"中央"研究院院士候选名单评审组人文小组的工作,小组最终审定了一个55名候选人的名单。

1948年

元月19日,李济在"国立"政治大学讲演《中国古文化之新认识》,以北京人的发现、殷墟发掘为切入点,介绍中国对于古代文化追寻的成绩,已将人类历史推至三十万至五十万年前,对世界文化贡献极大。

4月,在"中央"研究院第二届评议会第五次年会上,李济当选为"中央"研究院首届院士。

9月,李济出席第一次院士会议,当选为"中央"研究院第三届聘任评议员。

4—7日,李济与北京大学校长胡适联袂赴武汉讲学,分别以《中国青铜时代之初期》和《日本一个月》为题在武昌和汉口作了演讲。在《中国青铜时代之初期》讲演中,李济认为,人类最初使用铜器的时代大约在公元前三千年,发生在中亚细亚;车子的发明可能和青铜同一时期;中国的青铜时代,大概从殷朝开始,约在公元前一千四百年。

10月下旬,李济致函苏秉琦,对苏氏所撰《斗鸡台沟东区墓葬》一文作了颇高评价。

12月,史语所由南京直迁台湾,李济与徐森玉负责督运所中全部图书、仪器、标本等千余箱,连同故宫、"中央"博物院重要文物一并船运至基隆港。

本年,李济撰写《记小屯出土之青铜器》(上、中)。解释了为什么对青铜容器要比照陶器分类法加以分类。首先是按最下部形态区分为:圜底器、平底器、圈足器、三足器、四足器五大类,然后再从各类中细分为各种"形"的器,如锅形器、鼎形器、翠形器等。针对梅原末治和高本汉所用"利器"和"武器"的笼统分类,提出了使用"锋刃器"这一名称较为科学,再下分为:尖器、端刃器、边刃器、双刃器,这种分类法对古器物学分类是一大突破。

李济主编的《中国考古学报》第三册出版;任总编辑的中国考古报告集之二——《小屯·第二本·殷墟文字甲编图版》《小屯·第二本·殷墟文字乙编图版上辑》出版。撰写并发表了《殷墟文字甲编·跋彦堂自序》一文。

1949 年

2月,李济兼任台湾大学文学院历史系教授;领导史语所在台北圆山贝冢的考古调查。

5—6月,李济领导并参加史语所在大马磷、营浦等地的考古调查。

7月下旬,李济率台大历史系及史语所同仁共十人前往台中瑞岩对泰雅人进行一次体质人类学调查。

8月,李济创办并主持台湾大学文学院考古人类学系。

10—12月,李济组织史语所与台大考古人类学系合作对大马磷台地开展考古发掘。

任总编辑的中国考古报告集之二——《小屯·第二本·殷墟文字乙编·图版中辑》出版。

1950 年

台湾大学考古人类学系招收第一届新生,先生讲授大一新生的必修基础课程——考古人类学导论。

李济受聘为台湾故宫博物院、"中央"博物院、"中央"图书馆联合管理处第一届理事。

台湾大学《文史哲学报》(1950年第1期)发表先生于1948年在南京"中央"研究院作的演讲《中国古器物学的新基础》一文。文章分析了中国原有的古器物学经过八百年惨淡经营还没有打开新局面的原因,列举了历年考古发掘所得的实物,以及痕迹、现象等古器物学的研究对象,改变旧古器物学的研究领域。

撰写《中国民族之始》一文,对中华民族的人种问题作了通俗介绍。撰写《豫北出土青铜句兵分类图解》一文;发表上年度所作瑞岩民族学调查初步报告的体质部分。翻译了昂利·步日耶的《历史圈外》一书的节译本《猎熊》,并写了一篇介绍此书的专文《历史圈外:介绍一本有关先史学的小人书》。

1951 年

撰写《殷墟有刃石器图说》,发表在《历史语言研究所集刊》第23本傅斯年学生纪念专号(下)。

1月,受聘任清点"中央"博物院及故宫博物院存台文物委员会委员。

10月,史语所与台大合作,组织对唭里岸、江头两遗址的考古调查。

为加强对大学生体质的调查,积累关中国人的身体测量数据,同时也给考古人类学系同学增加实践机会,经台湾大学同意,由先生对本年度入学新生组织体质调查;调查结果公布于台大校刊第155期,李济写了一个引言。

为加强人类学基础建设,先后发表《从人类学看文化》《中国史前文化》等导论性文章,论述人类学问题与文化的历史联系;还把著名美国人类学家克罗泊写的《人类学》一文译成中文发表。

1952年

7月,李济当选为台湾"中央"、故宫两博物院共同理事会第二届常务委员。

8月,为石璋如《考古年表》作序,强调资料"品质"的重要性以及科学事业一代代人接力的延续性。

为《大陆杂志》撰写《北京人的发现与研究之经过》(上、下)。通俗介绍"北京人"发现史,对周口店发掘的科学性表示极大推崇。

连任清点"中央"博物院、故宫博物院存台文物委员会委员。

本年还发表了《关于台大考古人类学系之创设》一文。

1953年

1月,史语所组织发掘桃园尖山遗址,4月进行台湾环岛考古调查,发掘台中水尾溪、铁砧山、狗蹄山等遗址。

5月,由先生任主编的台大《考古人类学刊》开始出版,并写《发刊词》。

8月,李济为《科学方法与精神》文集写了《关于在中国如何推进科学思想的几个问题》一文。

11月,史语所与台大合作进行台北圆山贝冢的发掘。率代表团赴菲律宾参加第八次太平洋科学协会会议,在会上作了题为《安阳的发现对谱写中国可考历史新的首章的重要性》演讲。同时,参加第四届远东史前会议,宣读《殷代装饰艺术的诸种背景》和《小屯殷代与先殷陶器的研究》二文,会后并被选为该会议的常任理事。会后发表《太平洋科学会议的性质与成就》一文。

本年为《记小屯出土之青铜器中篇：锋刃器》在台大《文史哲学报》发表,写了一篇后记,指出中国史学家二千年来上了秦始皇的大当,以为中国的文化及民族都是长城以南的事。提出要"打倒以长城自封的中国文化观",到满洲、内外蒙古及西伯利亚一带寻找中国的民族的和文化的根。还发表一篇关于殷墟石刻的文章《跪坐蹲居与箕踞》,根据典籍记载和实物对这几种习惯作了认真考订,认为跪坐是商代统治阶级的起居法和祭祀、待客的礼,周人后来加以发扬,奠定中国"礼教"文化的基础。另外,著文评介马丁·史密斯:《亚洲和北美的越太平洋接触》文集。

任总编辑的中国考古报告集之二——《小屯·第二本·殷墟文字乙编图版下辑》出版。

连任台湾"中央"博物院、故宫两院清点委员。

1954 年

1月,台湾恢复成立中华民族学会,先生任成立大会主席。

李济负责制定台大考古人类学系与台北文献委员会合作发掘圆山贝冢计划,并于3—4月间进行考古发掘。

4月,李济撰写《从中国远古史的几个问题谈起》一文。

10月,李济任台湾"中央"博物院、故宫两院共同理事会第三届理事。19日,由洛克菲勒基金会资助,李济应邀赴美在母校哈佛大学考古人类学系和哈佛燕京社作演讲,于11月赴墨西哥讲学。

本年出版了1953年在太平洋科学协会上作的报告 *Importance of the Anyang discoveries in prefacing known Chinese history with a new chapter*。文章指出,与华北先史时代以及金石并用期的人的头骨相比,殷人的短头成分明显增长,但在种族构成上并无根本性改变。侯家庄出土的颅骨几乎普遍带有蒙古人种的独特特征即铲形门齿。最后强调:"中国是大陆国家,因而这片土地上任何变化都是大陆规模的。中国的文化和种族史的宏大堪与整个欧洲的文化和种族史相比拟。只有这样来观察……才能在中国古代史及其考古遗存的阐释上取得真正进展。"

本年撰写《中国上古史之重建工作及其问题》一文。

发表的文章还有：《太平洋科学会议》《台湾大学现行招生办法之商榷》《如何办科学馆》《安阳侯家庄商代墓葬人头骨的一些测量特征》以及对阿瑟·赖特著《中国思想研究》一书的评介。

1955 年

1月，李济在墨西哥大学讲学完毕后，前往瓦哈卡城考察古迹。

二、三月间，李济应邀在美国西雅图华盛顿大学讲学三次，后将演讲汇集成书，名为《中国文明的开始》。米·罗杰斯教授为本书作序，称先生领导安阳发掘之工作把传说变成了现实，堪与亨·谢里曼对特洛伊遗址的发掘相媲美。6月，经旧金山回国。

8月，在董作宾赴香港教书而并未明确辞职的情况下，先生受研究院之命出任史语所所长（直到1972年12月），同时兼任史语所集刊编辑委员会主任。

本年出版了1953年在第四届远东史前会议上宣读的两篇论文，扼要介绍了先生对殷代装饰艺术的研究和关于小屯陶器研究的概论。

撰文评介了李约瑟的《中国科学技术史》第一卷。

主编出版了《"中央"研究院院刊》第二辑。

1956 年

李济获台国家学术奖文科奖金；组织史语所第二组对高山族的语言学调查；8月，组织第四组对屏东排湾族文化的民族学调查。

9—10月，撰写并发表《试论中国文化的原始》一文，指出中国文化的若干最重要成分开始于新石器时代、青铜时代之际。

本年发表的文章还有：《论追求真理应该从认识自己的身体作起》《对于丁文江所提倡的科学研究几段回忆》《人之初——评李约瑟〈中国科学技术史〉第二卷》《评介麦·罗越〈中国青铜时代的武器：中国故宫博物院所藏杨宁史氏收集品〉》。

由先生任总编辑并亲自撰写的中国考古报告集之二——《小屯·第三本·殷墟器物甲编·陶器上辑》出版。张光直对此书写了评论，除列举各种特点外,并举出了两个缺点:一是各章内陶器分群的标准不统一,张认为最好是以灰、红、黑、白、硬五种的区分作为标准;二是认为文章作者"过于科学",限制了"想象"的活动能力,忽略了对"功能"的专题讨论。先生在次年就此作了答复,除对许多意见表示同意外,强调了应在弄清器物结构之后再谈其功能;另外对张的"过于科学"一词提出异议。

本年主编出版的还有《"中央"研究院院刊》第三辑、《历史语言研究所集刊》第二十七本。

1957 年

在哈佛燕京基金资助下,成立东亚学术计划委员会,李济受聘为主任委员。

4月,在《教育与文化》(第16卷第2期)上,劳干发表《李济教授的学术地位》一文,概述了李济先生的学术功绩,分析了其两点治学精神:一是功力,包括深厚的旧学功底和人类学及考古学造诣,且对于材料丝毫不苟地加以分析及比较,决不轻易放过;二是观念,一本实事求是的精神,决不牵强附会,同时随时注意世界学术的新进展,自然成为中国考古学的权威。芮逸夫发表《李济先生在考古学人类学上之贡献》一文,概述先生的考古学、人类学成就经历、研究要点及其结论。

12月,李济暂行"中央"研究院代理院长。

本年,李济赴联邦德国参加第二十四届东方学家会议及第十届国际青年汉学家会议。

先生所著 *The Beginnings of Chinese Civilization* 一书在华盛顿大学出版,沈刚伯著文加以评介,认为该书初步回答了近代史学家关注的两大问题即:中华民族的来源及形成,中国文明之本质及缔造。沈文认为,作者的见解是:中华民族在新石器时代已是中国土著;吸收仰韶文化而加以发扬的殷商文明,其要点都在中国本土孕育而成;但此民族在史前已非纯一的,青铜文化尤受不少外来影响。

先生为纪念业师虎藤教授并阐述鉴定"原如资料"的原则,撰写了《论"道森氏·晓人"案件及原始资料之鉴定与处理》一文,提出供新史学家参考的几点境界观:若把中国历史当作全人类历史的一部分处理,垃圾堆里也可以找出宝贵史料,是为第一境界;废墟中固有黄金,但检取工作很艰难,应该亲自动手。因此新史学的第二境界是:"百闻不如一见,靠别人不如靠自己";新史学家的第三境界是:"宁犯天下之大不韪而不为吾心之所不安";用作证据的资料之唯一可以避免矛盾的方面,为证明资料本身存在的真实性;故第四个境界可叫作"无用之用是为大用"。

本年发表的文章还有《殷墟白陶发展之程序》《殷商时代的陶器与铜器》《安阳遗址出土之狩猎卜辞、动物遗骸与装饰文样》。

主编出版《历史语言研究所集刊》第二十八本(上、下册),第二十九本(上册)。本年任总编辑出版的有中国考古报告集之二——《小屯·第二本·殷墟文字丙编·上辑(一)》。

1958 年

李济受聘为台"国史"馆史料审查委员。

1月1日至4月10日,李济代理"中央"研究院院务,接任视事。4月,新建考古馆落成并正式启用。6月,胡适请假4个月,再次请先生代理院务。

先生本年撰写《由笄形演变所看见的小屯遗址与侯家庄墓葬之时代关系》一文。文章从出土骨笄的上端雕刻平顶鸟体的形态入手,分析出其五级演变,再和出土各级骨笄的小屯遗址及侯家庄墓葬进行比较研究。

撰写《安阳发掘之回顾》一文。

本年主编有《历史语言研究所集刊》第二十九本(下册)。

1959 年

李济受聘为台"国家"长期发展科学委员会的人文组委员。辞去台湾大学考古人类学系主任职务,仍兼任教授。

发表《文化沙漠》一文,对50年代末台湾的教育文化现状流露极端的不满。分析留学生不愿回台的原因,解剖高等教育的瘫痪原因在于传统文化中没有"纯粹知识"即科学知识的地位。

10月20日,在福特基金会资助下,李济以访问学者身份偕夫人去美国。经西雅图短期逗留,赴麻省哈佛大学访问、研究。

本年先生撰写的文章有《笋形八类及其文饰之演变》、*Examples of pattern dissolution from the archaeological specimens of Anyang*。

本年主编出版有《历史语言研究所集刊》第三十本(上、下册)。

任总编辑出版有中国考古报告集之二——《小屯·第一本·遗址的发现与发掘·乙编:殷墟建筑遗存》,并为此写了序言;另中国考古报告集之二——《小屯·第二本·殷墟文字丙编·上辑(二)》一巨册。

1960 年

春,李济应纽约哥伦比亚大学之邀作学术演讲。

6月,应华盛顿自然历史博物馆及加拿大多伦多大学之邀,李济分别前去代为设计中国藏品整理研究及陈列计划。

7月,李济取道芝加哥转赴西雅图,出席中美学术合作会议。

8月,李济偕夫人乘船取道檀香山、日本、香港地区、澳门地区等返台。

10月底—11月初,李济率代表团参加在台中举行的东亚学术研究计划委员会会议并致辞。当选为"中央"研究院第四届评议员。

主编出版了《历史语言研究所集刊》第三十一本,《历史语言研究所集刊外编》第四种(上册)。

1961 年

1月,长期发展科学委员会举行全体委员会议,李济当选执委。先生对记者李青来发表了一篇自传式的谈话,概述一生的学术活动,后由记者整理发表于《新时代》杂志创刊号,题为《我与中国考古工作》。

6月9日,胡适致信李济,言及文史各科院士的提名"太不成样子",盼李济出面领导提名工作。15日,李济与王世杰、姚从吾、董作宾、凌纯声、劳干等共商提名之事。

9月,美国《生活》杂志第51卷第13期刊登了大型文章《殷商的粗犷生活:丰富的中国宝藏揭示了远东最古老的文明》,配有多幅图片,用五个标题介绍殷墟的发掘成果:征战的狂热;罕见的瑰丽青铜器;可怖的王室葬礼；君侯的荒淫生活；保存下来的古文字。文章最后专门介绍了先生发掘殷墟的功绩。

本年，李济还为美国柯里尔百科全书撰写了 ancient Chinese civilization 的条目。

本年主编发表有《历史语言研究所集刊》第三十二本、《历史语言研究所集刊外编》第四种（下），任总编辑出版的有中国考古报告集之二——《小屯·第二本·殷墟文字甲编考释》。

1962 年

1月，李济写成《再谈中国上古史的重建问题》一文，系统说明编写中国上古史的基本想法，指出这里需要利用七种材料：与人类原始有关的材料；与研究东亚地形有关的科学资料；用考古方法发掘出来的人类文化遗迹；体质人类学的资料；狭义的考古发掘出来的注有文字记录时期的资料；民族学家研究的对象；历代传下来的秦朝以前的记录。同时，其向史学家提出了三点参考意见：史学家应充分采用自然科学的研究成果；应防备冒牌科学，甚至有计划的欺骗，尤应防备借用科学理论发挥个人偏见；中国历史只有放在全人类历史背景上考察才能显现其光辉，孤芳自赏的日子已经过去。认定殷商时代的中国文化已经到了一种高度的发展，其背景是一种普遍传播在太平洋沿岸的原始文化。在这种原始文化的底子上，殷商人建筑了一种伟大的青铜文化，其来源一部分是与两河流域即中亚细亚有密切关系。

2月，李济在国际亚洲史学家第二次年会上作题为《再论中国的若干人类学问题》演讲，回顾了四十年来中国在人体测量学、考古研究、民族学调查和语言研究方面的进展，对中国人类学的进一步研究提出看法。24日，在南港举行的"中央"研究院第五次院士会后的酒会上，先生对科学不能生根的问题表示了看法。吴大猷和胡适认为他的想法太悲观。胡适发言后不久，因心脏病猝发而倒地死去。先生为悼念胡适写的挽词为三句小诗："明天就死又何妨？努力做你的工，就像你永远不会死一样。"

写《故院长胡适先生纪念论文集序》，指出胡先生的一生成就"自有千古",无需任何纪念标志;他留下的工作成绩就是最好的纪念品。

胡适逝世后,由先生代理院长职务两个月。

本年发表的文章还有《我在美国的大学生活》《我的记忆中的梅月涵先生》。

本年主编出版了《历史语言研究所集刊》第三十三本,《历史语言研究所集刊》第三十四本(《故院长胡适先生纪念论文集》上册)。

任总编辑出版的有中国考古报告集之二——《小屯·第二本·殷墟文字丙编中辑(一)》。

1963 年

撰写并发表《殷商时代装饰艺术研究之一——比较觚形器的花纹所引起的几个问题》。

撰写《侯家庄一零零一号大墓序》,对梁思永及史语所十位青年考古学家的贡献及大墓发掘报告的整理工作做了回顾。

4月,李济被选为"中央"研究院第五届评议员。

5月,由中华教育文化基金董事会资助,委托"中央"研究院成立"中国上古史编纂委员会",先生任主任委员,主持上古史之编纂工作。为此,拟定了一个"中国上古史编辑大旨",强调以下诸点:以文化的形成、演变和民族的成长、教养为重点;材料必须是经考证鉴定的文献史料和以科学方法发掘报道的考古资料,撰稿人应尽量利用一切有关资料,尤其是最新资料;中国上古史须作为世界史一部分看,不宜夹杂地域成见;以叙史实为主来组织已成立之研究成果,不是专题考证或史料排比;以普通读者为对象,行文深入浅出,不尚艰深;每章自成首尾,为独立单元,各章之间须互补配合;编辑部在写作过程或完稿后统一协调;批评他人学说时不得人身攻击;初稿完成后由编辑部聘专家征询意见,每章至少有专家一人校阅。

赞助"经济部"参加1964年纽约世界博览会,史语所提供展出安阳出土石虎及甲骨等以及中国文字演进图片。

11月,台北《文星》(第73期)发表"封面人物介绍"——《李济:他的贡献和悲剧》的一万五千字长文，李敖从各方面分析了先生一生事业上的成就和他面临的种种问题。其中，成就方面包括留学时代的学术成就、新郑考古、西阴村考古、安阳发掘成绩，学术研究与爱国以及科学思想的宣扬等。

先生本年撰写并发表的文章还有《张光直著〈古代中国考古学〉一书前言》和《黑陶文化在中国上古史中所占的地位》。

本年主编出版的有《历史语言研究所集刊》第三十四本（《故院长胡适先生纪念论文集》）下册。

任总编辑出版的有中国考古报告集之三——《侯家庄·第二本·一零零一号大墓》。

1964年

李济撰写并发表了《殷商时代青铜技术的第四种风格》，指明贰甲型弦纹爵形器所给予侯家庄东、西两区与小屯乙组的新联系，是研究小屯与侯家庄时代关系很重要的物证，为标定小屯及侯家庄出土器物的时代提供了新的据点。

4月，"中央"研究院与美国国家科学院合组之科学合作委员会成立，在"中央"研究院组织联席会议，决定二院分别成立"中方委员会"与"美方委员会"。李济与王世杰、钱思亮、凌鸿勋等14人受聘为中方委员。

本年开始出版先生主编的中国考古报告集新编古器物研究专刊的第一本——李济、万家保合著《殷墟出土青铜觚形器之研究》一大册，先生撰写该书下编：《花纹的比较》。在发刊词中，先生指出，以前的各集中国考古报告集，是以发掘工作为单位，只限于描写每一遗址或墓葬，是一切进一步研究的起点。这套《新编》则不局限于一个区域或一个时代，也不以田野资料为限，而是对各种古器物本身的历史根据第一手地下知识作系统陈述。这是一种与传统古器物学大相异趣的科学的古器物学。在为第一本写的序中，先生指出了殷代铸铜业技术的改进大部分都反映在装饰的设计与安排上，特别指出了技术与艺术的亲密关系。

口述并发表《南阳董作宾先生与近代考古学》的一个长篇讲话，介绍董作宾一生的学术贡献。

本年还发表了一篇《谈勇于负责》的杂谈。先生指出,国内从事研究工作环境不如国外,老一辈诚然有责任,但民族要延续下去,不能在这一代就中断,有才干的青年如果都留在国外,民族的前途指望什么?认为有两点为中国文化所重视,一是不自欺,即对自己负责,不能护短,而要服从真理;二是职业的勇气,即择善固执,凡是认为对的就义无反顾。

主编并出版的还有《历史语言研究所集刊》第三十五本。

7月,许倬云发表《寻真理的李济之先生》一文,认为先生对知识的追寻锲而不舍,又具有精微的观察能力,因而构成做学问的最根本先决条件。举例说明先生的研究方法合乎"大处着眼,小处着手"的原则,从小材料着手而追索的问题是全部人类的发展史,特别是中国境内人类文化的演进。以全人类为背景而无先入之见,寻求证明资料本身存在的真实性,这就是史学家应追求的境界。

1965年

2月,钱思亮、李济等赴美国参加科学合作第二次联席会议。

8月,李济受聘为台湾故宫博物院管委会常委。

撰写并发表《中国上古史·第一册·史前部分》的第二章《"北京人"的发现与研究及其所引起之问题》一文。

研究并撰写《青铜爵形器的形制、花纹与铭文》一文。

在《故宫季刊》第一卷一期上发表了其在台湾故宫博物院的演讲词《如何研究中国青铜器——青铜器的六个方面》一文。文中提出,应对青铜器表现在其本身的四种现象——制造、形制、文饰、铭文,以及推想和流传下来的另两种现象——功能、名称这六方面的差异和演变,分别加以处理,以明确其相互关系;同时,提出应以形制加以分类。

为庆祝李济七十寿辰,学术同仁编辑了《庆祝李济先生七十岁论文集》(上、下册),由清华学报社出版。

本年还撰写并发表了《想象的历史与真实的历史之比较》一文,介绍了东、西方旧史学的共有传统,以及19世纪自然科学尤其是达尔文学说的创立和人类化石的发现对旧传统的冲击,分析了近代考古学对人类历史的贡献。

本年主编出版的有《历史语言研究所集刊》第三十六本上册。

任总编辑出版的有中国考古报告集之三——《侯家庄·第三本·一零零二号大墓》;中国考古报告集之二——《小屯·第二本·殷墟文字丙编中辑(二)》。

1966 年

李济撰写《中国上古史·第一册·史前部分》的第三章《红色土时代的周口店文化》。

2月,当选为"中央"研究院第六届评议员。

3月,台湾与美国人文及社会科学会议商定,由美方社会科学研究协会等三学术团体派九名代表来台,台湾方面由李济与王世杰、张其昀等代表参加。

6月,史语所选送文物参加旧金山纪念博物馆的文物展览。

7月,史语所制定《与台大合作指导高级学位研究生的合作办法》草案。

8月,成立人文及社会科学特别委员会,推定以李济为首的12人执行委员会。先生赴旧金山参加亚洲艺术讨论会。

本年主编并出版古器物研究专刊第二本:《殷墟出土青铜爵形器之研究》。先生在序言中指出:不能简单地认为,既然郑州的商代遗址早于安阳殷墟的遗址,就可以断定前者出土的商代器物也必然都早于殷墟的器物。地下现象需要详细的观察、描写及说明,才能得到正确解释。

撰写并发表《大龟四版的故事》一文,讲述了1929年殷墟第三次发掘出土刻满贞卜文字的大龟四版及其历史价值;董作宾对它的研究是"头等天份、头等方法与头等材料的结合"。先生强调科学考古工作处理新材料的方法,既需要有作大胆假设的本领,又不要被丰富的想象力引入歧途、作超乎材料性质以外的推论。

发表的文章还有《殷墟出土青铜爵形器之研究下篇:青铜爵形器的形

制花纹与铭文》《二十五年来之"中央"研究院》《关于中美人文社会科学合作的一般问题和建议》《回忆中的蒋廷黻先生》。

1967年

2月,李济应澳洲大学之聘,赴澳大利亚及北美讲学。

4月上旬,李济与王世杰、钱思亮、李先闻、许倬云等,赴美国华盛顿参加台湾与美国科学合作第三次联席会议。

8月,石璋如代行考古组主任职务。先生为《传记文学》撰写《我的初学时代》一文,回顾青少年时代所受传统教育和西式教育,使自己产生了种种疑问,从而带来许多苦恼,加重向国外求学的热望,副作用则是放弃了多读中国古书的念头,一心想去寻找海外奇方。

传记文学出版社出版《感旧录》一书(1985年再版),搜集了先生历年的十六篇自叙、感旧性文字,包括几篇序文和论文。屈万里为之作序,称这些文章虽属记叙性作品,但笔调更为清灵,风格更加隽逸,"实而能华,质而有文",非常人所能企及。

发表的文章还有:为纪念蔡元培百岁诞辰的纪念文章《融汇中西学术的大师》《红色土时代的周口店文化》。

主编出版的有《历史语言研究所集刊》第三十七本(上、下册)。

任总编辑出版的有中国考古报告集之三——《侯家庄·第四本·一零零三号大墓》一巨册。

1968年

李济撰写《青铜翠形器的形制与花纹》,准备写作《安阳发掘与中国古史问题》。

1月16日,所务会议确定将1928年10月22日迁入广州柏园为史语所成立日。

春,台东长滨八仙洞发现旧石器时代遗物,先生前去视察。归来后,组织考古、语言、民族、社会各科的科际综合研究计划,并出面向国家科学委员会申请补助。考古工作由宋文薰负责,所发掘的若干大小洞,得先陶文化资料数千件,并在潮音洞先陶文化层下发现更早文化层。先生将此命名为台湾"长滨文化",为台湾首次发现的先陶文化。

10月22日,李济主持史语所成立四十周年纪念学术报告会,并作讲演,总结史语所四十年的成绩,邀请沈刚伯及赵元任分别作《史学与世变》《中文里音节跟体裁的关系》的学术报告。

本年撰写《华北新石器时代文化的类别、分布与编年》一文,对华北各新石器文化遗址,尤其对五六十年代大陆考古团体发掘所得的新石器时代遗址及其研究,作了集中探讨。

发表的文章还有:《自由的初意》、*Let the east and west understand each other without pride and prejudice*、《古器物研究专刊第三本》(序)。

主编出版的有古器物研究专刊第三本:《殷墟出土青铜觚形器之研究》一大册;《历史语言研究所集刊》(第三十八本、第四十本)上。

任总编辑出版的有中国考古报告集之二——《小屯·第二本·殷墟文字丙编下辑(一)》一巨册;中国考古报告集之三——《侯家庄·第六本·一二一七号大墓》一巨册。

1969年

3月,李济当选为"中央"研究院第七届评议员。

6月下旬,李济在台北参加台湾与美国人文及社会科学合作第三次联席会议。

1968—1969年,撰写标题为《考古琐谈》的一系列短文,刊登在台北《自由谈》杂志上。这一系列文章带有科普性质,以通俗易懂的文字,介绍了中国现代古生物学、人类学、考古学的田野工作和研究活动中发生的一些事情。

本年发表《安阳发掘与中国古史问题》,指出安阳历次发掘所积累资料的最大价值:肯定了甲骨文的真实性及其在中国文字学上的地位;将中国古史与史前史的资料联系起来;对殷商时代中国文化的发展作了丰富具体的说明;证明中国最早的历史文化不是孤立的,而是承袭了来自不同方面的不同传统,表现出综合创造的能力。

研究青铜鼎形器并撰写《青铜鼎形器的形制与花纹》一文。

发表的文章还有:《斝的形制及其原始》《殷商时代的历史研究》、Racial history of the Chinese People。

主编出版的有《历史语言研究所集刊》第三十九本、第四十本下、第四十一本第一至四分。

1970 年

3月,为悼念陈寅恪去世,李济主持史语所同仁的纪念会,敦请俞大维作《怀念陈寅恪先生》的演讲。

出版《历史圈外》一书,书中收集了先生已发表的有关考古学、人类学和上古史的论文、评介共 13 篇。

台北商务印书馆出版了先生的 The Beginnings of Chinese Civilization 一书的中译本:《中国文明的开始》。

本年撰写《青铜鼎形器的形制与花纹》一文。为古器物研究专刊第四本《殷墟出土青铜鼎形器之研究》一书写序言,特别提到用块范的拼凑试验殷代铸铜技术取得的成功;对殷代青铜鼎形器复原的实验,可以为认识当时冶金技术取得好的开端。

发表的文章还有《试谈治学方法》、The Tuan Fang altar set reexamined。

主编出版的有古器物研究专刊第四本——《殷墟出土青铜鼎形器之研究》一大册;《历史语言研究所集刊》第四十二本第一至二分。

任总编辑出版的有中国考古报告集之三——《侯家庄·第五本·一零零四号大墓》一巨册;中国考古报告集之二——《小屯·第一本·北组墓葬》上、下二巨册。

1971 年

8—9月,李济率团参加第十二届太平洋科学协会大会。

开始撰写《殷墟出土伍拾叁件青铜容器的形制和文饰之分析简述及概论》一文。

台北传记文学出版社出版吴相湘主撰的《民国百人传》。该书第四册刊载《李济领导考古发掘》一文,扼要介绍了先生一生的主要学术贡献,称他为"中国现代学人中运用科学方法研究中华民族及远古文化的先驱"。

本年先生撰写的《科学运动的现阶段及其展望》一文，专门谈到用欧洲文字写科学论文的趋势和用汉文翻译外国科学论文的必要性，提出了以下几点应注意的事实：一是文字只是符号，是表达思想的工具，并非先天神秘的东西，人们可以决定它的含义；其定义一经公认，它的功能就具备了。二是中国文字是形、声、意三方面的综合创造，经过种种演变到现在，比西方拼音文字复杂得多，但在使用上各有短长。三是我们祖先创造的世界最优美的文章和纯美学，固然出于民族的气质禀赋，但中国古代作为思想工具的文字实起很大作用，汉唐的作品表现尤为辉煌。四是宋代以来的说理文章，却以语体文为最方便，如《朱子语录》即为一例；白话文运动以来，证明语体文也可以产生艺术作品；但事实表明其最要紧用途为表达科学思想、写科学报告。五是日益发展的新学问、新观念，需要新符号，可以采用铸造新字、借用他国已有的专门名词、死字活用、利用方言词汇等办法。

发表的文章还有《中华民国所颁发的第一号采取古物执照》、*Archaeological studies in China*。

主编出版的有：《历史语言研究所集刊》第四十二本第三至四分，第四十三本第一至四分。

1972 年

《中国上古史》的第一本《史前部分》(待定稿)于本年出版，全书共分十三章。书前登载了编辑部写的"缘起和过程"以及先生拟定的"编辑大旨"。正文中由先生撰写的除第二、三章外，又有本年所写的第十三章《踏入文明的过程——中国史前文化鸟瞰》。其余还有张光直写的九章和阮维周写的一章。全书各章的审阅人分别由高去寻、李济、张光直担任。

1月，撰写古器物研究专刊第五本的序言。

4月，当选为"中央"研究院第八届评议员。

7月，因病由高去寻代理考古组主任职。

12月，任期届满，辞去史语所所长职务。

年底,被批准退休,享受"终身研究员"待遇。

本年主编出版古器物研究专刊第五本:《殷墟出土伍拾叁件青铜容器之研究》一大册。本年主编出版的还有《历史语言研究所集刊》第四十四本第一至三分。

任总编辑出版的有中国考古报告集之二——《小屯·第二本·殷墟文字丙编下辑(二)》一巨册;中国考古报告集之二——《小屯·第一本·中组墓葬》一巨册。

在十七年所长任内,李济除自己的研究工作以及所担负的各种学术活动和职务外,还对建设史语所作出突出贡献:建筑考古馆、傅斯年图书馆;新设立甲骨文研究室、明清档案室、人类体骨研究室;设立殷周铜器实验室(金相学实验室)、语音室、照相室、裱楷室等附属机构;奠立各组、室的研究基础。

1973 年

为撰写《中国上古史稿》(殷商部分)作准备。

夏,日本考古家国分直一教授造访,李济向国分直一表示,"在我闭上眼以前还要写一本书",而且为了向国外介绍中国考古,这本书要在美国出英文本,也要出日译本,但不必出中文本。

10 月,不慎跌伤腿部,因糖尿病不能手术,采用保护性治疗。

本年,仍继续主编出版《历史语言研究所集刊》第四十五本第一至二分。

任总编辑出版的有中国考古报告集之二——《小屯·第一本·南组墓葬》。

1974 年

继续准备中国上古史稿(殷商部分)的撰写工作。

本年,李济为不列颠百科全书第十五版撰写 Anyang 的条目。

继续主编出版《历史语言研究所集刊》第四十五本第三至四分。(自第四十六本起,先生不再担任《历史语言研究所集刊》编委会主任)

任总编辑出版的有中国考古报告集之三:《侯家庄·第七本·一五零

零号大墓》一巨册。

1975 年

继续中国上古史稿(殷商部分)的撰写工作。准备对古器物研究专刊五大册的总结。为撰写 Anyang(《安阳》)一书做准备。

4月,李济当选为"中央"研究院第九届聘任评议员。14日,参加纪念古人类学家德日进神甫的会,作学术演讲半小时。

石璋如发表《李济先生与中国考古学》的长篇文字,庆贺先生八十寿辰。文章共分简历、领导的考古团体、田野发掘的方法、室内研究、主编刊物、重要著作目录共六大部分,约二万五千字。

本年发表《中国地质学对现代中国社会人类科学的影响》一文。

1976 年

写成对五本古器物研究专刊的总结文字:《殷墟出土青铜礼器之总检讨》,继续撰写 Anyang 一书。

继续中国上古史稿的撰写工作,写成并发表"殷商篇"第十二章的未定稿:《殷墟出土的工业成绩——三例》,从土木工程、制陶工业和石器工业的角度论列殷墟发掘的成果。

任总编辑出版的有:中国考古报告集之二——《小屯·第一本·乙区基址上下的墓葬》一巨册;中国考古报告集之三——《侯家庄·第八本·一五五零号大墓》一巨册。

1977 年

4月15日,李济发表《对美国文化的几点认识》的专题演讲,从人类学的观点,对美国文化的优劣提出了四点看法。

费正清夫人费慰梅女士两次访问李济,对他的生平做了采访笔记。

7月,由台北联经出版事业公司出版《李济考古学论文集》(上、下两册)。全书十六开本精装,共收中文论文二十九篇,英文论文七篇,共约五十五万字。

Anyang 一书由美国西雅图华盛顿大学出版社出版。

9月,李济为日文版《安阳发掘》一书作序,序中简述了安阳发掘的缘起,论列了安阳发掘在中国考古工作上的革命性变革成就,以及安阳出土的大量"无言"材料对弄清古代文化的重要性。

12月17日,为纪念胡适诞辰,先生以胡适讲座教授名义作学术演讲:《殷文化的渊源及其演变》。

1978年

元月,张光直在哈佛大学《亚洲研究》杂志上发表《对李济著〈安阳〉一书的评介》。

4月,当选为"中央"研究院第十届聘任评议员。

6月9日,在"中央"研究院成立五十周年纪念会上作题为《"中央"研究院五十年》的报告。

7月,在"中央"研究院第十届一次评议会上当选为"中央"研究院咨议委员会委员。

本年撰写并发表了《六十年前的清华》这篇纪念文字,刊登在新竹出版的《清华校友通讯》新63期上。

写信致费慰梅,感谢她对他的生平所作的口述笔记。信中谈到自己在八十岁以后所感到的"岁月的重担",由于一些"有着同样观点和感情的老朋友的逝去,无疑削弱了我对周围事物的亲密感",对身体条件还能否完全适应自己的心智活动产生了怀疑。

1979年

5月上旬对尹建中说:"理论并非一蹴可及,基础资料不稳的理论会造成失误。所谓理论必须经过千锤百炼……"

夏鼐发表《五四运动和中国近代考古学的兴起》(1979年《考古》杂志第3期)一文,认为蔡元培院长在1928年任命先生担任史语所考古组主任的"选择是明智的"。

6月27日,先生又对尹建中说:"人的一生很短暂,无法兼顾太多;与其求广博,不如求其精到……长期定心致力某一范围的研究是很必要的。"

7月14日,对宋文薰说,自己正计划写一本关于考古的书,又说:"最后一本著作要与最初的著作《中国民族的形成》同名……"

与其义女、音乐史家赵如兰谈论中国古琴的发展和自己早年习琴的体会,并回答她的提问。15日,致函许倬云说:"世事日恶,不知终于会变成什么样子。你年轻,或许会往乐观方面想;我已老衰,眼前实在看不见出路。"

8月1日,台湾大学考古人类学系成立三十周年。先生因心脏病猝发,在台北市温州街寓所逝世。

本年,发表了先生口述的《从清华学堂到哈佛大学——我的学习过程》,刊载于《杏林春暖》文集,后转载在屈万里等著《少年十五二十时》一书。

参考资料

[1]李济.李济文集(卷5)[M].上海:上海人民出版社,2006:433-489.

[2]杨朗.李济文存[M].南京:江苏人民出版社,2017.

[3]朱传誉.李济传记资料[M].台北:天一出版社,1979.

[4]屈万里.少年十五二十时[M].台北:联合报社,1979.

后 记

综观李济一生,其最关切的学术情怀是探寻中华民族文化之源、重建中国古史。他献身学术教育60年,在中国考古学、人类学、上古史等研究方面有开创之功。他致力于在世界背景下观察和思考中国,以宽广的格局将中国历史与全人类历史连缀起来,把中国文化起源问题放在世界历史文化的脉络中进行研究;以文明的尺度来考察中国,用一种跨文明比较的视野来考察文明,以科学的方法追根溯源,在当时学术研究成果允许的范围内,基本上回答了中华民族与中国文明的形成问题。八十高龄的他,仍上台大考古系研究班的"中国上古史"课程,并筹备编辑一套《中国上古史》。

当前,"更多历史学家致力于编撰一部规避任何中心主义、地方偏见的世界史"[1]。正如加拿大著名汉学家蒲立本教授所言,"如果我们不是用一种狭隘的迂腐的气度,而是用一种敏感警觉的心灵去对待人类到处都会遇见的那些长期难解的问题……我们将发现中国历史在数不清的方面有助于理解我们自己的历史,将发现人类真正是一家"[2]。从人类史的观念出发,"公正的'人类学'知识去从人们内心里将不可振拔的'务文其国而野异国''务内其族而外异族'的种种成见投下这么一副猛烈的消毒剂"[3],推倒不同人类群体的文化藩篱,人类在自然史的道路上才能走得更远。因此,"中国考古学之重要,在于以全人类的观点来观察中国古代文化在世界中的位置"[4],这正是当年李济所倡导的"人类史"研究视野。

---

[1] 王庚武.更新中国:国家与新全球史[M].黄涛,译.杭州:浙江人民出版社,2016:5.
[2] 李济.李济文集(卷1)[M].上海:上海人民出版社,2006:306-307.
[3] 杨鸿烈.史学通论[M].长沙:岳麓书社,2012:227.
[4] 夏鼐.夏鼐日记(卷一)[M].上海:华东师范大学出版社,2011:285.

先生以对中国考古学的组织、领导之功,加以个人在考古学、古史学上的造诣,使他成为中国考古工作的主要指导者和组织者。在学术研究方面,李济像匹坚韧、刻苦的骆驼,孜孜不倦地行走,晚年退而不休,用英文写《安阳》一书。在他的苦心经管下,史语所的殷墟出土器物没有流失到外国人手中,可以说是李济等人的一大功劳。

如张光直所说,夏鼐和李济在概念上与方法上的继承性也很明显。1934年,史语所考古组主持的殷墟发掘进行到第九次,夏鼐从清华毕业并获得了庚款留学金。为符合奖学金的条件,他出国前先要做一定的准备。因此,清华大学聘请傅斯年、李济为其导师,派他赴安阳殷墟遗址做考古实习。对李济而言,为发展中国考古事业,必须尽力使中国未来的考古学家接受完整而规范的专业训练,就当时中国考古学研究的状况而论,中国所需之此类人才,自应有下列三种训练:①田野考古之技术;②博物院保存古物之方法;③比较与鉴定古物之能力。由于1930年,英国考古学以旧大陆考古学的传统地位居于世界考古学的主流,比起"除了人类学什么都不是"的新大陆考古学,英国考古学有更多的实学成分,因此建议夏鼐留学英国伦敦大学而不是美国哈佛大学。由于研究史前考古学的人已经很多,为中国考古学的发展和前途着想,李济"嘱夏鼐注意有史考古学"①,而夏也偏重汉代考古,因此,夏鼐和李济在中国考古学的学科定位上,也有着明显的思想渊源。1941年初,夏鼐经滇缅公路抵昆明,后转往李庄,被安排在"中央"博物院筹备处工作。1942年,李济向朱家骅院长推荐,聘夏鼐为史语所副研究员。1948年史语所的迁台,无论对中国考古学,抑或对李济个人的事业都造成了巨大影响。1955年,夏鼐发表《批判考古学中的胡适派资产阶级思想》②一文。他在文章中不点名地批判了李济的器物类型学方法,是受了胡适庸俗进化论的影响,表现出"学术脱离政治""为考古而考古,和历史学不结合"的资产阶级学风。到1979

---

①夏鼐.夏鼐日记(卷二)[M].上海:华东师范大学出版社,2011:30.
②夏鼐.批判考古学中的胡适派资产阶级思想[J].考古通讯,1955(03):1-7.

年再写《五四运动和中国近代考古学的兴起》①时,对于当年的导师李济,也不再持批评态度。

"李济是个对政治活动向无兴趣的学者。他在清华就形成了'属于技术性的较多,涉及价值观念的甚少'的人生观……"②先生以研究学术为自己安身立命的毕生志愿,不慕名利,甘于寂寞,在图书馆或实验室里研究考古、埋头著述。"他鼓励同人向学,自己以身作则,怀抱以学术报国,毫无保留地贡献一己之力,把事情做好……我们不要问在第一线的忠勇将士抵抗得了学人吗?我们要问我们的科学或一般学术抵得过敌人吗?"③他保持自由独立的学风,不论政界人物,从不言及政界学人。"他治史语所,再三声明,学问与政治应分途。当有政治侵犯学界的事发生时,他就怒而持杖去官府力争,不在任何政治压力下让步一分。"④他做事坚持直道而行,"如果你的话是出于真心,无论他(李济)多不愿听也不恼怒"⑤。

"天地之间,物各有主,苟非吾之所有,虽一毫而莫取。"李济坚持自己不收藏古物,"这不但标示着考古学者与古董商人之分别,更显示出一个知识分子对学问的尊重态度。而只有在这个态度之下,一切已经工作才有意义,才不致沦为商人的古董研究"⑥。正是靠着这一信念,安阳发掘才成为"一个纯粹为着追求知识而行动;一个超越个人私欲、尊重材料本身学术价值的科学发掘"⑦。曾有一商人,拿一块名贵的古玉,登门请先生帮忙鉴定,打算卖到国外去,并愿付高价鉴定费。李济问他东西是公物还是私物,如果是私有,他不是珠宝商,不愿鉴定。如果是公物,他乐意找

---

① 夏鼐.五四运动和中国近代考古学的兴起[J].考古,1979(03):193-196.
② 岱峻.李济传[M].南京:江苏文艺出版社,2009:30.
③ 索予明,口述;冯明珠,代笔.烽火漫天拼学术:记李庄时期的"中央"博物院[A]//蔡玖芬.八徵耄念:"国立"故宫博物院八十年的点滴感想[M].台北:故宫博物院,2006:29.
④ 岱峻.发现李庄[M].成都:四川文艺出版社,2009:283.
⑤ 高去寻致张光直的通信[A]//李卉、陈星灿.传薪有斯人:李济、凌纯声、高去寻、夏鼐与张光直通信集[M].上海:三联书店,2005:145.
⑥ 李子宁.挖出中国上古史(续完)[J].中原文献,1987(4):12-16.
⑦ 李子宁.挖出中国上古史(续三)[J].中原文献,1987(3):6-11.

出年代来。后来因为是私物，李济并未帮忙鉴定。由这件事证明，先生公私分明，廉洁自守，绝不贪非分之财。李济后来解释说，那块古玉确实是汉代的，"假如我鉴定了，那个商人会拿我作宣传，我岂不成了珠宝商的老板？我收了他的钱，也丢了文物考古界的人格"①。鉴于此，李济与同仁们约定，一切出土物全部属于国家财产，"提倡不留任何古董或标本在家中，建立文物研究者与古董收集者分流的传统"②。因此，史语所同仁有一个同样的信仰："埋藏在地下的古物都是公有的财产；它们在文化上和学术上的价值最大；没有任何私人可以负荷保管它们的责任，所以一切都应该归公家保管。"③不但十五次的殷墟发掘中都贯彻了这个规约，而且这已成为中国考古界和博物馆界的一个可贵传统。他的学生夏鼐后来领导大考古队时，也向同仁宣布这一条规约。

抗战期间，发生驻防安徽寿县的"国民革命军"司令李品仙盗掘楚怀王墓的大案，李济为此痛心疾首："此辈歹徒之卑劣采集手段，导致广大公众对古器物之出土地点、层位及连带关系全然无从得知；而此种知识乃进一步系统发掘所必具备。古遗址之惨烈破坏，遗物之四散流失，唯有实行以科学发掘为宗旨之考察方得遏止。"④同时，西方以探险考察或旅行名义进行的盗窃中国文物行为此起彼伏，导致大批古文化遗址惨遭破坏，大量中国文物外流。抗战胜利后，李济以专家身份奉派参加中国驻日代表团，赴日本调查、接收战时日本军民劫掠的我国古物，使许多重器得以回归故土，但失踪的"北京人"头盖骨化石却下落不明，成为李济及亿万中国人永远的伤痛。当他到加拿大博物馆参观时，那里摆着好多中国古物，听说某些古董商串通盗坟的人，把古墓里的物品挖开，卖给外国。所以，当回国后与美国合作考古时，他坚持出土物品绝不交给外国人。1957 年 10

---

① 黄英烈.忆三叔李济博士[J].湖北文献，1983(66)：40-43.

② 潘光哲.何妨是书生：一个现代学术社群的故事[M].桂林：广西师范大学出版社，2010：131.

③ 李济.李济文集(卷5)[M].上海：上海人民出版社，2006：210.

④ 李济.致英庚款会调查团[A]//石舒波，于桂军.圣地之光：城子崖遗址发掘记[M].济南：山东友谊出版社，2000：100.

月,日本考古学家梅原末治赴台讲学,其主要目的是看殷墟器物,如李济研究室的骨器、南港陈列室的白陶、石雕及铜器,每次看后均认真画图;后来,李济见梅原先生遇到什么便画什么,收获已很可观,就再也不愿为他开箱找东西了[①],可见其强烈的文保意识与民族情怀。

李济理智上服膺西方学术成就,感情上则奋力雪耻。先生向傅斯年感慨外国人表面尽管客气,心里总以老前辈自居,实在觉得难堪,"实在没法子,也只好像那'猿人'似的弯着脖子走走再说,耐性等着那'天演'的力量,领我们上那真真的人的路上去"[②]。虽然他一生曾多次与外国进行学术合作,但一直拒绝国外的高薪聘请。有些美国大学想请他去长期讲学,他都婉言谢绝,理由是"美国不需要他,不如在祖国学术界工作下去,他实在想以身作则,开发些研究的风气"[③]。他进一步解释说:"在国外教书虽较国内待遇优厚,但培养的是外国青年,我从无名利心,目前国家处境艰难;到国外去有什么光荣?不如留在国内培育后辈青年,以发掘古代文化。"[④]因此,他认为"自己有责任通过在中国同胞中宣扬科学来强大自己的民族"[⑤]。这是李济爱国家爱青年的伟大之处。

李济依据现代器物学理论,将器物分作门、目、式、型、个体等进行依次编排。他对器物类型学演变所作的系统研究,在考古学界有启导作用。"尤其是李济先生对于器物之分类工作所抱持的科学和严谨的态度,以及强调器物分类标准的'一致性'和注重器物的'出土地',更为类型学的运

---

① 高去寻致张光直的通信[A]//李卉、陈星灿编.传薪有斯人:李济、凌纯声、高去寻、夏鼐与张光直通信集[M].上海:三联书店,2005:128.
② 史语所档案,元字25号之4,李济至傅斯年函,1929年1月23日。转引自"中央"研究院历史语言研究所."中央"研究院历史语言研究所七十五周年纪念文集[C].台北:"中央"研究院历史语言研究所,2004:35.
③ 杜而未.敬悼李济之先生[J].人类与文化,1979(13):8.
④ 黄英烈.忆三叔李济博士[J].湖北文献,1983(66):40-43.
⑤ [美]博思源.李济何以成为中国考古学之父[J].陈北辰,译.书城,2010(06):45-52.

用树立了典范……"①但凡涉及类型学的理论,几乎皆有器物演变的论述,这种追根溯源的演化分析成为日后考古学家的重要工作,正如裴文中对陶鬲陶鼎的研究、苏秉琦对器物的研究,两人基本上都是在继承李济类型学方法的基础上加以改进②。而为了使类型系统统一化,夏鼐先生所进行的"集成图谱"③编辑工作与李济的"殷墟陶器图谱"编辑工作如出一辙,不难看出李济对中国考古类型学发展的贡献和影响。

然而,由于当时的出土器物并不全面,如果缺乏历史文献、考古资料等十足证据的支持,便容易陷入假想之中。比如,学者林沄在《商文化青铜器与北方地区青铜器关系之再研究》一文中,对中原系刀和北方系刀进行深入的对比分析,指出商代文化中的"环首连柄刀是从仿制北方系的环首刀而进而改造自身的扁茎刀"④发展起来的。这种推论,与李济"北方系刀受中原影响而演进"的说法相冲突,这说明李济的考证并非完美无瑕。又如,"殷代无有胡戈的结论便被西北冈 1003 大墓所出的铜戈所推翻"⑤。因此,器物类型学必须结合地层学、文献考古学及其他科学相结合,才能找出较完善的演进系统。

当然,"谁也不能保证不被后来的考古学观点、后来发现的新资料所打倒"⑥,只是用最新的资料做最合理的新说明,解释要随材料的变化而变化。比如,李济先生首先对中国文化西来说质疑,虽然也曾倡导仰韶文化与龙山文化东西二元对立学说,但他强调商文明是非常多元的古代文

---

①臧振华.中国考古学的传承与创新——从《历史语言研究所工作之旨趣》说起[A]//学术史与方法学的省思:"中央"研究院历史语言研究所七十周年研讨会论文集[C].台北:"中央"研究院历史语言研究所,2000:162.
②学者徐玲曾对裴文中、苏炳琦在李济之后的类型学理论创造进行了对比分析。见徐玲.留学生与中国考古学[M].天津:南开大学出版社,2009:229-231.
③夏鼐致张光直的通信[A]//李卉,陈星灿.传薪有斯人:李济、凌纯声、高去寻、夏鼐与张光直通信集[M].上海:三联书店,2005:177.
④林沄.林沄学术文集[M].北京:中国大百科全书出版社,1998:271.
⑤杜正胜.新史学与中国考古学的发展[J].文物季刊,1998(01):33-52.
⑥高去寻致张光直的通信[A]//李卉,陈星灿.传薪有斯人:李济、凌纯声、高去寻、夏鼐与张光直通信集[M].上海:三联书店,2005:147.

明,无疑开启了中国文化起源多元学说的先河。① 而张光直先生"从早期借用中美洲考古分期在古典文明之前有一酝酿形成期的概念,以'龙山形成期'涵括中国在迈入文明之前各地类似文化的总称,到以'相互作用圈'模型解释中国各地区考古文化彼此接触、碰撞、交融、提升,最终导致文明的发生;从中国与玛雅文明有一旧石器时代晚期共同的文化地层,到中国—近东/连续—断裂文明起源二元说"②,根据资料的更新和研究的进展而不断修正自己的假说,激起学术界的极大反响与热烈讨论。

学者查晓英认为,李济是考古"现代派"的代表,"在田野发掘方法、资料整理分类、人类学眼光等诸多方面开创了新局面",但"他在实物史料与历史解释之间设置的严密规则却时常为后人所忽视"③;张忠培认为,"他(李济)从不墨守成规,在殷墟的发掘与研究实践中,保持并发扬了优势,又不断进取,形成了中国考古学的优良传统"④;王世民认为,"李济在中国考古学的发展史上,有其卓著的开创之功"⑤;李子宁认为,"李济以自己的人格塑造了安阳发掘的性格;同时,更透过安阳发掘,塑造出中国考古学的性格"⑥;其弟子许倬云认为,李济是一位"考古的实证论者"⑦;李亦园认为,"李济不仅是现代考古学、人类学发展的奠基者,更建立起宝贵的学术工作伦理"⑧,"他严格的治学态度以及处理古物的风范,都是学术界非常敬仰的"⑨;张光直认为,"迄今为止,在中国考古学这块广袤的土地上,在达到最高学术典范这一点上,还没有一个人能超越他","就中国

---

① 陈星灿.考古随笔(三)[M].北京:文物出版社,2020:266-270.
② 陈光祖.东亚考古学的再思:张光直先生逝世十周年纪念论文集[C].台北:"中央"研究院历史语言研究所,2013:3-4.
③ 查晓英.中国现代考古学的思想谱系(引言)[M].成都:四川大学出版社,2014:5.
④ 张忠培.中国考古学:走进历史真实之道[M].北京:科学出版社,1999:4.
⑤ 王世民.考古学史与商周铜器研究[M].北京:社会科学文献出版社,2017:116.
⑥ 李子宁.挖出中国上古史(续三)[J].中原文献,1987(03):6-11.
⑦ 许倬云.历史分光镜(序)[M].上海:上海文艺出版社,1998:2.
⑧ 潘光哲.何妨是书生:一个现代学术社群的故事[M].桂林:广西师范大学出版社,2010:131.
⑨ 李亦园.李亦园自选集[M].上海:上海教育出版社,2002:427-428.

考古学来说,我们仍旧生活在李济的时代"①。

同时,随着资料的累积、视角的扩张以及手段的更新,现代考古学理论与实践"百花齐放""百家争鸣"。但"无论考古学理论和方法如何翻新,对于考古资料的搜集、处理和分析,仍将回归到理解古代人类文化问题的'原始性'和掌握考古资料的'全面性'"②。因此,面对传统旧学的牵绊和西方学术的挑战,我们应该认真思考,在研究视野、课题关怀或者研究方法上,中国考古学是否超越李济与其领导的殷墟发掘团队?

---

① 张光直.中国考古学论文集[C].上海:三联书店,1999:27.
② 招子明,陈刚.人类学[M].北京:中国人民大学出版社,2008:49.